監修●杉原一昭
編集●渡邉映子
　　　勝倉孝治

はじめて学ぶ人の臨床心理学

中央法規

はじめて学ぶ人の**臨床心理学**

はじめに

　「心の世紀」といわれる21世紀に入って3年が過ぎた。20世紀は「物質の世紀」とでもよぶべき世紀であって、科学が進歩し、物質的には豊かな社会になった。世界には飢えに苦しみ、貧困に喘いでいる人々も大勢いるが、わが国などの先進国の人は、豊富な物に溢れ、食べ切れないほどの食物に囲まれ、一見幸せを手に入れたようにみえる。しかし、中には物の豊かさの中で行き先を見失っている人も多くいる。大量生産は深刻な環境汚染をもたらし、豊富な物に囲まれた現代人は不能感や不全感に悩み、IT革命の結果、ヴァーチャルな世界をさまようような事態が生まれている。

　人間には心があるため、他の動物にはない想像力と創造性が発揮できる。ことばや手の使用がさまざまな芸術や文明をもたらし、人間の生活に彩りを添えた。と同時に、人はさまざまな心の悩みももつことになった。本能に従っていればよい動物と異なり、人間は『アルジャーノンに花束を』(ダニエル・キイス作)のチャーリーのように、高い知能をもつがために人間的苦悩を味わう。

　人間は自然を支配したかのように思える現在、そのような人間的苦悩にどう対応したらよいかが人間の大きな関心事となった。「心の世紀」といわれる本質はここにある。心理学、とりわけ臨床心理学は[心]について探究する学問のひとつである。物質については自然科学の進歩によってそのほとんどが解明されたといわれるが、人間の心については未知の部分がまだまだ多く残されており、心理学は発展途上の学問であるといえよう。

　本書は、このように発展途上にある心理学、とりわけ臨床心理学をはじめて学ぶ方たちのための入門書として企画された。本書の特徴は、次の3点にまとめられる。

(1) 臨床心理学の全体をカバー

　本書は、心の問題についての臨床心理学について包括的に解説している。心理学という学問はせいぜい125年あまりの歴史しかないが、臨床心理学は心理学の発展とともに急速に進歩してきた。本書では、心理学および臨床心理学のおもな理論と技法、アセスメント(評価)、研究法、心の病い、臨床心理学の現場、倫理問題、教育・訓練まで、およそ臨床心理学が対象とするほとんどの内容に触れている。1冊の中にこれだけの内容が盛り込まれている類書は少ないのではなかろうか。なお、広範な内容を1冊にまとめるとなると、必然的に詳しく書くことはできなくなる。したがって、本書

で臨床心理学をはじめて学んだ後もっと詳しく知りたい人は、本書の中に掲載してある参考文献などによって学びを深めていただきたいと思う。

(2) 最新の内容を網羅

　本書には、急速に進歩している臨床心理学の内容が盛り込まれている。たとえば、精神分析や来談者中心療法などのような伝統的な理論や技法はもちろんのこと、認知行動療法、システム・アプローチ、EMDR、TFTなどの近年注目されるようになった理論・技法、最近話題となっているADHDやひきこもりなどの心の病いなども取り上げている。本書を読むと、臨床心理学についての最新のトピックスに触れることができる。

(3) わかりやすい記述

　臨床心理学には多くの事項や専門用語が出てくる。中には理解が難しい事項や用語もある。本書では、それらがわかりやすく平易に記述されている。それは、本書が「はじめて学ぶ人の」本になるように極力努めたためである。難しいことを難しく書くことは簡単である。しかし、難しいことを平易に書くことは容易ではない。本書はこの難しさを克服するようにひもといている。

　本書の出版にあたり、ひとかたならぬお世話になった、中央法規出版の尾崎純郎氏、寺田真理子氏に心から謝意を表したい。また、東京成徳大学大学院修士課程の方々にも、さまざまな協力をいただいた。ここにお礼を申し上げる。

2003年4月

杉原一昭
渡邉映子
勝倉孝治

Chap.1 臨床心理学を学ぶ
1. 臨床心理学とは何か ………………………………………………… 2
2. 臨床心理学の誕生と発展 …………………………………………… 4
3. 正常と異常 …………………………………………………………… 8
4. 臨床家の倫理 ………………………………………………………… 10

Chap.2 おもな理論・技法
1. 偉大な足跡 ………………………………………………………… 16
2. 精神分析 …………………………………………………………… 25
3. 分析心理学 ………………………………………………………… 33
4. 行動療法・認知行動療法 ………………………………………… 38
5. 来談者中心療法 …………………………………………………… 46
6. ゲシュタルト療法 ………………………………………………… 50
7. 交流分析 …………………………………………………………… 54
8. システム・アプローチ …………………………………………… 58
9. 家族療法 …………………………………………………………… 62
10. 短期療法 …………………………………………………………… 65
11. 森田療法 …………………………………………………………… 69
12. 内観療法 …………………………………………………………… 75
13. 催眠療法 …………………………………………………………… 79
14. 自律訓練法 ………………………………………………………… 83
15. 遊戯療法 …………………………………………………………… 86
16. 芸術療法 …………………………………………………………… 90
17. フォーカシング …………………………………………………… 98
18. EMDR・TFT ……………………………………………………… 103
19. ライティング法 …………………………………………………… 107

Chap.3　心の仕組みと人の発達
1　パーソナリティ …………………………………… 110
2　発達の理論 ……………………………………… 118

Chap.4　アセスメント・診断
1　アセスメントのプロセス ………………………… 132
2　アセスメントについての方法と問題点 ………… 137
3　心理テスト ……………………………………… 140

Chap.5　トリートメント・治療
1　心を治療するということ ………………………… 148
2　治療構造 ………………………………………… 152
3　心理治療の実践において基礎となること …… 158
4　心理治療のプロセス …………………………… 163

Chap.6　臨床心理学の研究
1　質的研究法(定性的アプローチ) ………………… 172
2　量的研究法(定量的アプローチ) ………………… 178

Chap.7　心の病い
1　心の病いとは …………………………………… 188
2　広汎性発達障害 ………………………………… 192
3　ADHD …………………………………………… 196
4　虐待 ……………………………………………… 201
5　ひきこもり ……………………………………… 205
6　摂食障害 ………………………………………… 209
7　PTSD …………………………………………… 213
8　依存症 …………………………………………… 217

9 統合失調症 ……………………………………………… 220
  10 うつ ……………………………………………………… 224

Chap.8　現場で生きる臨床心理学
   1 学校 ……………………………………………………… 230
   2 病院・医療機関 ………………………………………… 235
   3 福祉 ……………………………………………………… 239
   4 産業 ……………………………………………………… 246
   5 家庭・家族 ……………………………………………… 251
   6 スポーツ ………………………………………………… 255
   7 地域臨床 ………………………………………………… 258

Chap.9　臨床家の訓練
   1 心理臨床家になるための教育と訓練 ………………… 266
   2 記録とスーパービジョン ……………………………… 270

column

column 1	自己愛（ナルシシズム） …………………………… 33
column 2	系統的脱感作 ………………………………………… 45
column 3	自己意識ってなんだろう …………………………… 118
column 4	愛着はスキンシップを通して ……………………… 130
column 5	色彩とアセスメント ………………………………… 136
column 6	心の理論 ……………………………………………… 196
column 7	学校に行きたくない ………………………………… 209
column 8	広がる心理教育 ……………………………………… 228
column 9	SSTで社会的スキルを身につける ………………… 238
column 10	老いや障害を受容するには ………………………… 246

臨床心理学を学ぶ

臨床心理学とは何か

心理学の成り立ち

心理学
1879年にヴントが、ライプチッヒ大学に世界最初の公式の心理学研究室を創設した。一般に、この年を現代心理学誕生の年とする。ヴントは、その実験室で生理学の実験法を取り入れて意識現象の研究を行った。

ヴント
(Wundt, W. 1832-1920)

ウィットマー
(Witmer, L. 1867-1956)

　心理学は19世紀後半に始まった若い学問である。心理学(psychology)は、ギリシャ語のpsycheと、logosを語源とし、心の学問という意味である。

　今日、心理学には数多くの分野があるが、実験心理学と臨床心理学とに大きく分けることができる。実験心理学は、心(行動)を厳密な学問の対象として、客観的・科学的に探求しようとする立場をとるものである。これに対して、「心」に関する問題で悩んだり、困ったりしている人に対して何らかの援助をしようとする試みが、今日の臨床心理学である。「臨床心理学」という語は、ウイットマーが1896年に初めて用いたものであった。ウイットマーの仕事は、学習などに問題のある児童などを教育することであったため、当時の臨床心理学の概念はかなり限定されたものであった。臨床心理学は、その成り立ちからも医学との関連が深く、実践活動が重要な部門となっている。

臨床心理学とは

　「臨床」とは、「床に臨む」ということで、もともと医師が患者の床(ベッド)に臨んで診断し、回復の方法を講じることを示す用語であった。すなわち病や傷、その治療に関連する領域が臨床の領域である。臨床心理学では、この「床」は場＝生活の場、すなわち、人が生きている現実の場ととらえる。こう考えると、臨床心理

学とは、人間が生きている現実の場の中で、何らかの心の問題を抱えている人に対して、心理学的知識と技術を用いて、実践的なかかわりをして問題解決を支援していく学問であるといえる。そして、これは医療分野と深い結びつきをもっているものである。

今日、世界の臨床心理学には、さまざまな理論とそれにもとづいた技法があって、1つの学問としての体系をなしているとはいい難い状態にあるともいわれ、時にはそれが批判の対象ともなる。これは、わが国においても同様である。これらのことについて考えてみよう。

「心」の問題に悩む人々の援助を主要な課題とする実践活動に際しては、人の心をどう見るか、人の発達と社会をどう考えるかなど、さまざまな知識と理論とを必要とすることが1つの理由であるといえる。さらに、「心の病い」の場合には、同じ症状に悩んでいる人でも、その原因や症状の現れ方、解決の仕方などが、その個人の性格・認知、理解のあり方・生活状況等々、その人特有の多くの因子によってまったく異なっているから、同一の症状には同一の対応を基本とする身体医学とは根本的に違う。したがって、心理治療の方法は臨床家の数と同じ数だけあるといわれるのも理由があるといえる。しかし最近、これら各種の理論・技法を統合して、新しい臨床心理学を樹立すべきであるという考え方が、アメリカを中心として広がってきている。

これらのことを考えた上で、アメリカ心理学会（APA）では臨床心理学を次のように定義している。「臨床心理学とは、科学、理論、実践を統合して、人間行動の適応調整や人格的成長を促進し、さらには不適応、障害、苦悩の成り立ちを研究し、問題を予測し、そして問題を軽減、解消することを目的とする学問である」。

臨床心理学の立場に立って人々の病理的現象や存在に直接触れて、心理学的診断や治療、さらには予防に至る活動に携わる人々を心理臨床家という。鑪幹八郎は、「心理臨床家とは、心理学その他の関連科学を学び、心理学的手段を使って、社会の心理学的、福祉的領域で働いている人たちである」と述べているが、

心理臨床家の活躍の分野は広く、またその活躍を期待する人は、増加しつつあるといってよいであろう。

# 臨床心理学の誕生と発展

1 心の問題と人類の歴史

心の問題は、人類の歴史とともに展開してきた。中でも精神に変調をきたした人にどう対応するかは、人々にとっては何よりも重大な関心事であり、この問題に関してさまざまな取り組みが西欧の文明の中で行われてきた。これが精神医学を生み出し、やがて臨床心理学の発展の基礎となった。

 古代

人々は精神的に何らかの問題をもっている人を、悪霊がついていると考えた。その当時の人々は、精神や行動の問題には、祈祷、呪い、宗教行事などで対応を図ってきた。悪霊を逃がすために頭蓋に穴をあけたり、石を投げたり、火あぶりにしたりして「悪魔払い」をした。それらは宗教家の仕事であった。宗教家は古代の心理臨床家、カウンセラーの原型だといえる。日本でも奈良・平安期のころ、精神的変調をきたした人には、悪霊や動物がついたとして僧侶や陰陽師が治療にあたっていた。

紀元前5～7世紀ごろ

　ギリシャのアリストテレス(Aristotle)による「精神論」は、人間の心のありようについてまとめられた最初の著作とされる。同時代、ヒポクラテスが現れ、病人とは罪を犯した汚れのある罪人ではないと説き、「精神的な病の原因は脳髄にある」とし、古代の迷信や魔術を廃して医学の基礎を築いた。彼は、今日「医聖」といわれている。

　しかし、彼とその弟子の死と、ギリシャ・ローマ文化の崩壊とともにヒポクラテス(Hipocrates)の思想も途絶え、中世紀ごろには再び迷信や魔術的思考が強まり、精神病者に対する悪魔払いや魔女裁判が行われた。17世紀まで、精神病者は地下牢に鎖でつながれ、鞭打たれ、非常に粗末な食事が与えられるといった状況が続いた。

18世紀

　このころ、臨床心理学にとって重要なできごとが2つ起きた。その1つは、南フランス生まれの医師ピネルが精神病院の地下牢に閉じ込められていた精神病者を鎖から解放し、人間的な対応を求めたことである。もう1つは、オーストリアの医師メスメルが動物磁気技法(メスメリズム)を開発し、それがヒステリーの治療に画期的な効果を上げ、パリを中心として大ブームとなったことである。古代の精神障害に対応する技法から、近代の精神分析の誕生に至る臨床心理技法の変化の上で非常に重要な役割を果たしたのは、このメスメルの動物磁気技法である。

ピネル
(Pinel, P. 1745-1826)

メスメル
(Mesmer, F. A. 1734-1815)

動物磁気技法(メスメリズム)
1773年、メスメルが27歳の女性エスターリンの発作の治療を行っていた。あるときメスメルが彼女に鉄分を飲ませ、磁石を当てたところ、けいれん発作が起き、その後症状が劇的に消失した。メスメルは磁石から出る磁力が病気を回復させる力をもつと信じた。そして、彼は、この磁力が生体から出ることに気づき、その磁力を動物磁気と呼び、ヒステリーの治療に応用した。これは、その後の研究で、今日の「催眠治療」にあたるものと考えられている。

19世紀

　フランスの神経病理学者シャルコーは、これまで子宮の病とされてきたヒステリーを、神経病理学的研究の対象とした。そして彼によって、治療・実験の手段とされた催眠法の理論づけがなされた。フロイトはシャルコーのもとで学び、精神病理学専門と

シャルコー
(Charcot, J. M. 1825-1893)

フロイト
(Freud, S. 1856-1939)

ブロイアー
(Breuer, J. 1842-1925)

アドラー
(Adler, A. 1870-1937)

ユング
(Jung, C. G. 1875-1961)

クライエント（client）
この語はさまざまな分野で用いられている。たとえば、法律用語としては弁護依頼人、商法では顧客、医学では患者を指している。臨床心理の分野では、相談・治療の対象の人をそれぞれクライエントという。そもそも精神を病んでいる人（患者）の治療は医師のみに認められていた。初めて「クライエント」の語を用いたのはロジャーズである。彼が患者（病む人）ではなくクライエント（来談者）としたのは、治療を受けにくる人と治療をする人とが対等な関係であることを主張したためである。そして、その後、心理治療が医師の独占業務ではなくなった。本書の中では、患者・相談者などをすべて「クライエント」に統一して用いている。

ヒーリー
(Healy, W. 1869-1963)

なった人である。フロイトは、ブロイアーとともに、催眠を治療の技法として用いながら、自由連想法を考案し、患者（クライエント）の話の内容を分析し解釈する方法として精神分析学を創始した。彼の弟子に、個人心理学のアドラーや、分析心理学の創始者であるスイスのユングがいる。この三者の生み出したものが臨床心理学の形成と発展に大きく影響し、今日に至っている。

❷ 臨床心理学の始まりと発展

　1879年、ヴントが、ドイツに心理学実験室を創設した後、心理臨床を目的としたさまざまな機関がアメリカに誕生し、臨床心理学がアメリカを中心として隆盛となる基礎となった。そのおもなものとして知っておいたほうがよいのは、次のことである。

　1896年、ウイットマーによって、アメリカ、ペンシルバニア大学に心理クリニックが創設された。彼はここで身体障害者や学習障害・精神障害の子どもたちの治療教育を目指した。その後、各地の大学に心理クリニックが作られた。彼が「臨床心理学」という用語を始めて使用したことは既に記したとおりである。

　1909年には、精神科医師のヒーリーによって、シカゴに少年精神病質研究所が設立された。これは非行少年のための教育機関である。ヒーリーのこの機関は今日の児童相談所や教育相談所の原型となった。

　このころ、フロイトの精神分析論がアメリカに導入された。これによって、アメリカにおいては子どもの精神衛生への関心が高まった。これは、フロイトの基本的な考え方、つまり、5歳ごろまでの幼児期の子どもの対人体験がそれ以後の精神的障害を決定するということが、アメリカに受け入れられたことであった。しかし、フロイトの「精神分析療法」は、法的には医師以外の者は実施できないことになっていて、心理臨床家はもっぱら心理診断の仕事に従事していた。

こういった状況の中で、ロジャーズは、「カウンセリングと治療」を著した(1942年)。これは、これまで医師に独占されていた心理療法を心理臨床家に解放するきっかけを作った。

🔖 第2次大戦後

アメリカにおいては、復員軍人の神経症に対する心理治療の必要性が高まった。また、急激な技術革新や文化発展についていけず、心理的不適応や障害に悩む人々が増加しその対応が重要な課題となってきた。特に、1960年代のアメリカの社会は、ベトナム反戦運動、ヒッピー(若者の既存体制離れ)、ドラッグ・カルチャー、フェミニズム運動などと大きく揺れ動き、心のケアの必要性が強く求められる状況であった。

臨床心理学の分野では、1960年代には、行動主義心理学にもとづく行動療法が勢力を伸ばしてきていた。また、マズローらによる人間性心理学(humanistic psychology)が大きな潮流となった。人間性心理学は、人間への愛と信頼の人間観にもとづくものであって、時代にマッチしたものとなった。

当時のアメリカの心理学は、ドイツからの亡命心理学者によって隆盛になり、システム論的家族療法(systematic family therapy)、短期療法なども開発され、同時に心理療法の効果と評価の測定に関する討論などもさかんに行われるようになっていた。

🔖 21世紀

21世紀は「心の時代」といわれている。IT革命ともいわれる社会の変革についていくことが難しい人々、経済不況の影響による社会・生活の変化に伴う不安、急激な高齢社会の到来に伴う社会問題の発生などを大きな原因として、心のケアを必要とするケースが多くなっている。その一方、家族制度の変革、コミュニティの弱体化などによる自助力の低下などによって、専門家の援

> ロジャーズ
> (Rogers, C. R. 1902-1987)

> マズロー
> (Maslow, A. H. 1908-1970)

助を必要とする状況がますます強くなっていくと思われる。

3 正常と異常

① 正常か異常か

　臨床心理学は、心の病や心の傷と、その癒しに関する実践的な学問であることは既に学んだ。ところで、臨床心理学を学んで、心理臨床家として心の問題に悩み苦しむ人と付き合うにあたっては、まず「正常」と「異常」ということについてあらためて問い直してみることが必要である。正常な状態とはどういう状況のことだろうか。心安らかで、悩みも苦しみもない状態のことをいうのだろうか。そして、「正常は善で、異常は悪だ」と一般に考えられることが多いが、はたしてそうだろうか。これについても、あらためて考えてみなければならない。このことについて、いくつか例をあげてみよう。

　1935年、アメリカの平原インディアン（この語は現在では差別語である）の息子が父親を殺した事件が起きた。当然、犯人である息子は逮捕されたが、彼は、自分は悪いことをしたのではないと言い張り、母親も同じことを主張した。彼らの精神状態を診断鑑定するために精神医学者ニキールが母と息子とに会った。彼らは「保護神の命令で父親を殺したのであるから、当然のことをしたのだ」と述べ、まったく精神に異常は認められなかった。この部族は、昔から、保護神の命令に従ってすべてを行うべきだとされているのであり、この息子が父親を殺したのも「正しいこと」なのであっ

た。この事件について、後に、文化人類学者ミードは「善悪は絶対的なものではなく、文化によって定まるのだ」と善悪相対論を述べた。これは、社会・文化によって、善・悪、正常・異常の尺度が異なってくるということで、共産主義時代のソ連が宗教を悪とし、今日のロシア共和国では宗教が認められている等々、歴史をみればいくつもの例をみることができる。

ミード
(Mead, M. 1901-1978)

さらに1つの例をあげてみよう。ギリシャ時代、嵐で舟が沈んだ。乗っていた人は海に投げ出され、必死で泳ごうとしていた。そこへ1枚の板が流れてきた。X氏がそれにしがみついていると、目の前に親友が浮かび出た。板を2人で分け合いたいところだが、この板は小さくて1人しか支えられない。2人で板につかまると板は沈んでしまう。さて、X氏はどうしたか。あなたならどうする？　これが親友でなくて母親だったらどうする？　また、あなたの子どもだったらどうするだろうか。これは「カルネアデスの板」といわれる有名な命題である。みんなが一緒にニコニコしながら幸せになれる状態は現実の世の中では少ない、その中でわれわれはどう生きていけばよいのだろうか、ということをこの寓話は示している。

また、ドイツの精神医学者ランゲ-アイヒバウム(Lange-Eichbaum, W.)が、歴史に残るほど大きな仕事をした天才たちの多くは分裂病圏の人だと述べたことは有名である。彼の説によれば、正常であるということは、ただ平凡であるに過ぎないということになるかもしれない。こう考えると、正常はよくて異常は悪いと、単純には決められなくなる。

❷ 正常・異常の判断は簡単ではない

何がよいことで、何がいけないことか。何が正常で、何が異常かということについての判断は、上にあげた例のように簡単ではない。そして、異常と思われる現象が必ずしも「よくないこと」とは限らないということを知ることが必要だとわかる。つまり、私た

ちは、自分の尺度でものごとを簡単に測ってはならないのである。人の一生を考えてみても、児童の反抗、青年期の不安定さなどは、それだけを大人の尺度から測ると好ましくない(悪い)こととされてしまう。しかしそれは、1人の独立した人間として成長するためには大事な発達の一段階である。このように、いわゆる「問題行動」も、その人にとっては、重要な意味をもつことが少なくない。ただ止めさせればよいのではなくて、その意味をしっかり理解して、その後、どう対応していけばよいかを考えることが大切である。

　心理臨床家、ソーシャルワーカー、教育者など、人の援助を専門とする人は、表面の行動だけで、軽々しく人を評価したり、他人を測ってはならないということを基礎にしっかり据えておくことが肝要である。生きるということは限りない苦しみの連続だといっても過言ではないかもしれない。が、その苦しみを1つ1つ乗り越えていくところに人生の喜びとそれに伴う成長があるのだというように考えるところに価値があるのではないだろうか。

4 臨床家の倫理

1 臨床家に必要な倫理とは

　人の援助にかかわる臨床家に必要な倫理とはどのようなものであろうか。先駆的な試みもないわけではないが(金沢吉展、2002)[*1]、残念ながらわが国の臨床心理士養成において、「倫理についての教育」はあまり重要視されていない。

　1990年には臨床心理士の倫理綱領が指定され、佐藤忠司

*1
金沢吉展「心理臨床・カウンセリング学習者を対象とした職業倫理教育」心理臨床学研究、20、p.181-191、2002

(1992)*2なども倫理について言及している。金沢（1998）*3は、これまでに公にされたカウンセリングや精神科およびその関連領域での職業倫理を7原則にわたり紹介している。1つ1つを詳細に説明することはできないが、ポイントだけ紹介する。その原則とは、①相手を傷つけない、傷つけるおそれのあるようなことはしない、②十分な教育・訓練によって身につけた専門的な行動の範囲内で、相手の健康と福祉に寄与する、③相手を利己的に利用しない、④1人ひとりを人間として尊重する、⑤秘密を守る、⑥インフォームド・コンセントを得、相手の自己決定権を尊重する、⑦すべての人びとを公平に扱い、社会的な正義と公正・平等の精神を具現する、である。

*2
佐藤忠司「倫理」氏原寛・小川捷之・東山紘久・村瀬孝雄・山中康裕編『心理臨床大事典』p29-33、1992

*3
金沢吉展『カウンセラー――専門家としての条件』誠信書房、1998

インフォームド・コンセント (informed consent)
「説明と同意」と訳される。もともとは医学用語で、患者の権利（知る権利、選択する権利など）を尊重する理念の表れである。ここでは、臨床家が診断や見立てをクライエントに説明し、治療を選択させることをいう。

❷ 職業倫理と臨床家の実践

ここに指摘した倫理綱領や倫理の原則だけを説明してもその意味するところはよくわからないかもしれない。そこで、ここでは、職業倫理の中から中心的なものを選び出し、職業倫理が臨床家の実践とどのようにかかわっているのかを説明したい。

✏ 専門外の相談

ここで1つ例を出したい。子どもの発達の問題には詳しいが、精神医学的な知識があまりない臨床家がいたとしよう。しかし、ある相談室で、人格障害を疑う事例について面接する必要性に迫られた。ケースカンファレンスの場で、「私の守備範囲ではないので別の臨床家が担当すべきです」と断ったり、「単独でケースを担当するのは難しそうなので、スーパーバイザーをつけてください」と言えるだろうか。もし、この臨床家が新任で、しかも非常勤の臨床家であった場合、どうだろうか。このことを表明することはそう簡単ではないことは、読者にも想像がつくであろう。これは

ケースカンファレンス (case conference)
事例会議のこと。相談・治療機関では定期的に行われている。ここでは、受理面接の報告の後、この相談の担当者、処置の方向性などを話し合うものを指し、「受理会議」ともいわれる。

先ほど紹介した金沢(1998)の原則②に該当する。臨床心理士倫理綱領の第2条にも、臨床心理士は訓練と経験によって的確と認められた技能によって来談者に援助・介入を行うべきだ、と記載されている。つまり、自分の守備範囲以外の問題を担当することは、倫理上問題がある。しかし、だからといって、自分の狭い守備範囲だけに留まり、「自分は人格障害を疑う事例は今後いっさい担当しません」と言うこともまた、倫理基準に抵触する恐れがある。倫理綱領には、知識と技術を研鑽し、高度の技術水準を保つように努めることと記されている。自らの能力を高める努力と同時に、自らの能力と技術の限界についてわきまえておくことを要求されるのが臨床家である。

技法の選択

初学者がもっとも陥りやすい誤りの1つに、自分が授業で習ったばかりのアセスメントの方法や心理面接の技法を、「練習」の意味合いを込めて使ってしまうということである。しかし、どの技法を使うかを決定するのは、臨床家ではなく「クライエントの問題」なのである。クライエントの問題の解決にもっとも効果的な技法を選ぶこともまた、臨床家の倫理である。もし、クライエントを自分の面接技法やアセスメントの「練習台」として使うとなると、クライエントを自分の能力の向上のために利用していることになる。

秘密保持

もう1つ例をあげよう。スクールカウンセラーとして学校に勤務しているとき、担任教師から「うちのクラスのAは最近落ち込んでいるけれど、相談室に行っていますか?」と聞かれたら、あなたはどのように答えるだろうか。

クライエントの許可なしにクライエントの秘密を話してはいけない。来談の事実もそれに入る。これは、金沢(1993)の原則③、

臨床心理士の倫理綱領第3条と関連がある。昨今、スクールカウンセラーと教師の連携が話題になり、来談の事実などは開示してもよいとする雰囲気がないわけではない。しかしながら、倫理綱領に照らし合わせて考えてみると、クライエントの許可なしに、来談の事実を他者に知らせるのは秘密保持の原則と合致しない。こうした倫理の問題も絡めて、スクールカウンセラーと教師の連携が議論されるべきである。

　ところで、こちらの意図とは別のところで秘密が漏れてしまうことがある。ケースカンファレンス、スーパービジョン(p.273参照)などで、記録を面接室から持ち出すと誤ってそれを紛失する場合がある。面接記録は面接室から持ち出さないほうがよい。また、コンピューターの普及で記録をワープロソフトなどで保存する場合は、用心したほうがよい。ハードディスクに保存したままコンピューターを買い換えたり、保存したフロッピーを紛失する恐れがある。

　しかし、いつも秘密を保持していなければならないということではない。秘密を保持していることにより、倫理違反となることもある。たとえば面接中に、クライエントから「自殺したい」と表明されたらどうするだろうか。自他傷害の危険がある場合には、秘密を保持していることが逆に倫理基準違反となる。なぜなら、秘密を保持することで、クライエントの生命に重大な危機を招く恐れがあるからである。まずは、相談室の管理者と連絡をし、適切な相手に情報を開示することが必要となる。

まとめ

　最後に、臨床家自身の健康の状態も職業倫理に関連があることをぜひ付け加えておきたい。臨床家が心身の健康のバランスを崩していると、適切な援助サービスが提供できない。家族の問題で悩んでいるときに、家族の問題の相談には乗れない。勇気をもって、臨床活動を休止することが必要である。

臨床家には自己理解が必要だといわれるが、倫理の側面からも自分や自分の臨床活動について、常にモニターする力が必要である。仮に、倫理に抵触する恐れがある場合は、それを判断できる成熟した自我の確立と、それを具体的行動に移すことができる行動力が求められる。臨床心理学を勉強するとき、面接を実施するとき、頭のどこかに倫理のことを留めておく必要がある。

おもな理論・技法

偉大な足跡

　臨床心理学は、多くの理論的立場と技法とから成り立ち、しかもそれらは傑出した、そして個性的な先駆者の業績との結びつきが大きいことは既に学んだところである。そして、その業績は、先駆者の生活や個性と極めて深い関係がある。これは、人間を対象とする臨床心理学が、他の科学と大いに異なるところである。福島章は、臨床心理学の歴史・系譜を図表2-1のようにまとめているが、本節では、このうちの突出した先駆者の業績と生活史を概観しながら述べていくこととする。

1 フロイト

フロイト
(Freud, S. 1856-1930)

精神分析とは

　心理療法にもっとも大きい影響力をもつ理論・方法は「精神分析」(pyschoanalysis)である。ジークムント・フロイトによって始められ発達した精神分析は、臨床心理学の背景となる人格理論、対人関係論、心理治療など、精神病理学のすべてに多くの貢献をしてきた、きわめて大きな体系をもった理論と方法である。この精神分析は、精神医学や心理臨床の他の立場と結びついたり、協働したりして、心の問題にかかわる世界全体に広がっていった。

　また、精神分析は、多くの、そしてそれぞれに創造的な分派を生み出している。これらは総称して「心理力動的」立場とよばれている。心理力動的立場では、人のパーソナリティは組織化された力と、反対勢力とのシステムであるとしている。そして、どういう力が大事かという点で、この立場の説のそれぞれが微妙に相

図表2-1 心理療法の歴史・系譜

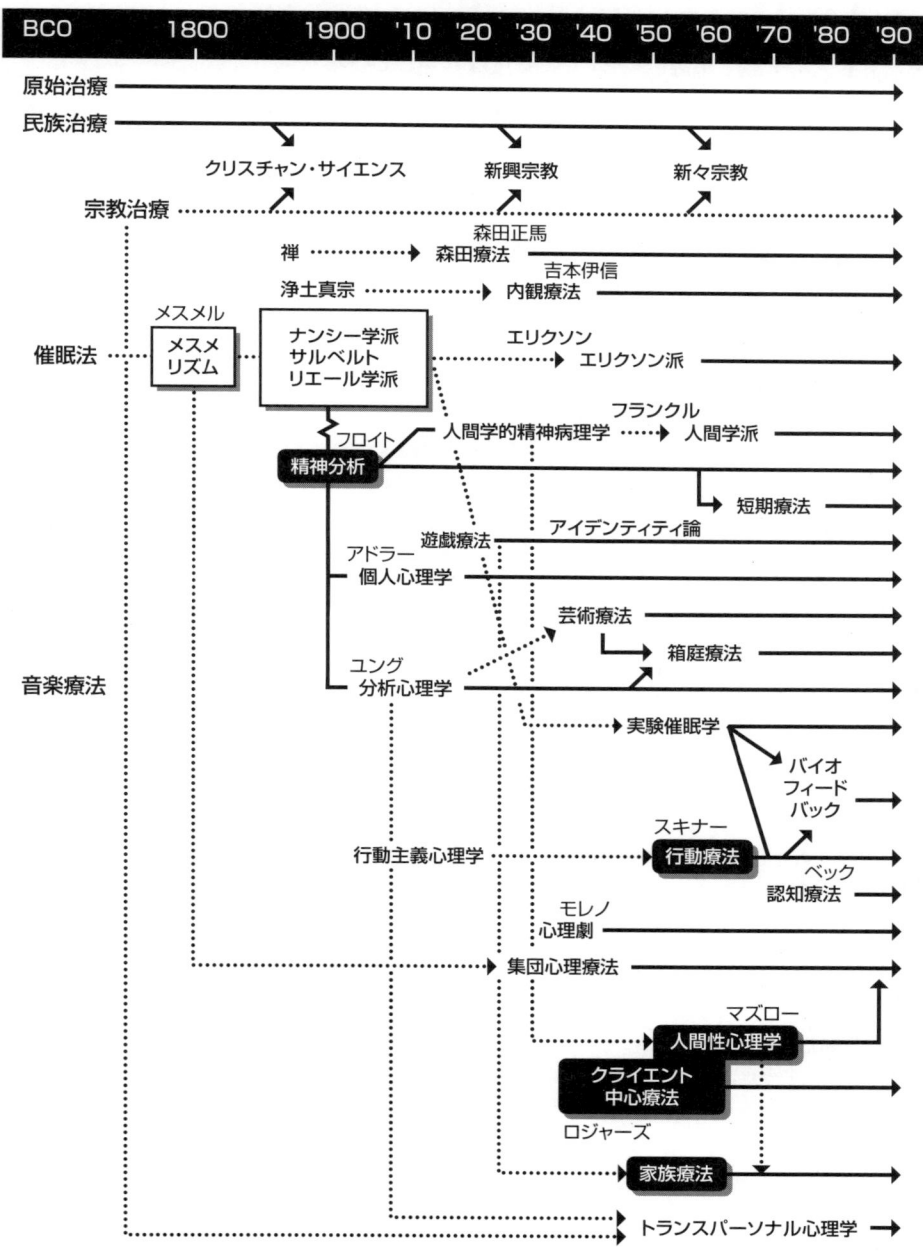

出典：福島章編『心理療法1〈臨床心理学体系7〉』金子書房、p.3、1990、一部改変

違している。しかし、人を駆り立てる主要な力の1つとして、心に痛みを与える願望、感情、経験などから人を保護する力の必要性をあげている点は共通している。

精神分析から発して自分の説を発展させた学者・臨床家には、ユング、アドラー、ランク、ライヒ、サリバン、ホーネイ、フロム、エリクソン、ハルトマンらがいる。さらに最近にはコフートの自己心理学や対象関係論があげられる。

✏️ フロイトの人生

フロイトはチェコスロバキアでユダヤ人の両親から生まれ、ウィーン大学の医学部に学んだ。その後、先輩のブロイアーから、アンナ, O.(仮名)の治療体験談を聞き、フランス留学で催眠を学んだ。やがて、幼児期に受けた性的誘惑体験がヒステリー(hysteria)をはじめとする各種神経症の原因となっているということを発見し、1895年に「ヒステリー研究」を発表した。1896年、父の死後、夢をたびたび見るようになり、それをもとに自己分析を続けたフロイトはやがて「夢判断」を著すことになる。

フロイトは、その後1940年に『精神分析概説』を出版するまで、長期にわたって数多くの著書・論文を著している。これらをみると、フロイトは、長い期間にわたる実践と研究を通じて、自らの理論を大きく変容させていることがよくわかる。つまりフロイトは実践にもとづいて自らの理論・学説を絶えず発展・発達させ続けたすばらしい臨床家であり、研究者であった。

このような彼の周囲には多くの弟子が集まり、研究会も盛んに催されるようになるが、やがてその弟子たちが次々に彼から離反し、フロイト自身も健康を害し、不安定な日々を送るようになっていく。その中で書かれたのが1932年『続精神分析入門』である。おりしもドイツでは1933年にヒットラーが政権を取り、ユダヤ人迫害が始まり、フロイトは1938年ロンドンに亡命することとなった。ロンドンでは、彼は王者を迎えるごとき歓迎を受けたという。彼はそこで

ランク
(Rank, O. 1884-1939)

ライヒ
(Reich, W. 1897-1957)

サリバン
(Sullivan, H.S. 1892-1949)

ホーネイ
(Horney, K. 1885-1952)

フロム
(Fromm, E. 1900-1980)

エリクソン
(Erikson, E.H. 1902-1994)

ハルトマン
(Hartmann, H. 1894-1970)

コフート
(Kohut, H. 1913-1981)

アンナ, O.
精神分析史上の初めての事例として著名な女性。コップの水が飲めないつらい症状があった。催眠状態になったとき、以前、雇い人が犬にコップから水を飲ませているのを見て不快になったことを思い出した。催眠から醒めたとき、彼女の症状が消えていたというエピソードが有名。

毎日4人の患者の分析治療を行い、執筆を続けた。

そして1939年9月22日、癌により83歳の生涯を閉じた。

2 アドラー

アドラーの心理学とは

アドラー
(Adler, A.1870-1937)

　アドラーの心理学は、フロイト心理学の亜流だと長い間考えられていたようである。しかし、フロイトのそれとは大きく異なっていて、人の行動の原因ではなく、行動の目的に注目した点が特徴的であり、きわめて実践的な心理学である。アドラーが、人の行動の目的は、権力への意志であると述べていることは、わが国ではよく知られているが、実は、彼の考えはそれだけではない。「アドラーは、どのようにすれば人は幸福になれるかということに関心をもち続けた」と、野田俊作が述べているようにアドラーの基礎にある哲学は楽観主義であり、この点でも悲観主義的なフロイトとは異なっている。

　このように、アドラーの心理学は実践的・楽観主義という特徴をもつ独自の心理学であるにもかかわらず、わが国では、フロイトやユングよりなじみが少ないように思われる。しかし、学校教育の基本原理として、あるいは産業界での組織運営の原理としては、かなり広く採用されており、特にアドラーの具体的かつ理性的な説明は、学校現場における諸問題の解決に、有力な手助けとなっている現状がある。

　アドラーにとって性格とは、「このような場合にはこのように行動すれば成功し、このように行動すれば失敗する」というような無意識的な信念のシステムであって、認知行動主義的である。また、個人を常に他者との対人関係の場の中にある開放系として考え、個人は1つの統合的システムであると同様に、家族や集団も1つの統合的・有機的システムであって、個人はそのシステム

の部分としての意味をもつと考えていた。これは後のシステム型家族療法につながるものといえよう。

✎ アドラーの人生

アドラーは、ウィーン市郊外で、ユダヤ人商人の第2子として生まれ、ウィーン大学医学部卒業後、一般医として開業していた。あるとき、フロイトの『夢判断』を読んで感銘を受け、精神分析学会に参加し始めた。フロイトはアドラーを弟子と思っていたようである。しかし、エディプス・コンプレックス(Oedipus complex)をめぐる意見の相違から両者の間には感情的な対立が生まれ、やがて決別するに至る。

後にアメリカに移って、英語とドイツ語による著作を続け、世界各地へ講演旅行にも出かけていた。スコットランドへの講演旅行の途中、路上で、心臓発作のため急死した。

3 ユング

✎ ユングとフロイトの出会い

ユング
(Jung, C. G. 1875-1961)

スイスのプロテスタントの牧師の家に生まれたユングは、人形遊びと建築遊びに熱中した幼年時代を送ったと「自伝」に述べている。

1900年に医師の資格を得たユングは、チューリッヒ大学附属の精神病院で助手として働き始めた。そして、早発性痴呆(後に精神分裂病とよばれ、わが国では、今日、統合失調症という)の研究のために言語連想検査を行い、コンプレックスを発見した。この論文を通じてフロイトと関係ができ、ユングはフロイトを支持するようになった。両者には父と息子のような親密な関係ができ、ともにアメリカへ講演旅行に行くなど、その交流は深かった。

フロイトとの決裂

親子のような2人であったが、ユングが独自の研究を進めるにつれ、しだいに両者の見解の相違は明らかになっていった。なぜなら、フロイトはヒステリー患者の治療を通じて、抑圧された性欲を発見したのに対して、ユングは精神病患者の治療の経験から、性欲説に疑問を抱くようになったからである。やがてユングはリビドー(libido)概念の再定義へと歩みを進めた。また、ユングのみた夢がフロイトの夢の解釈ではまったく説明できなかったことなどから、ユングは神話研究に関心を深めていった。その最中に、ユングはアメリカ女性フランク・ミラーの空想を知り、その理解をしようと研究を始めた。そして、彼の理論的立場を確立していき、その成果として、『リビドーの変容と象徴』(1912)を発表した。このときに、フロイトとの関係が決定的に決裂した。この書の中でユングは、「言葉による思考」が外界への適応に向いているのと異なって、「イメージによる思考」が内的適応にとって重要であることを論じている。また、フロイトがエディプス・コンプレックスという父親と子どもとの葛藤を、自我の形成上で重要なことと位置づけたのに対して、ユングは、母性との葛藤を中心に置いた。この母性像について、彼は「原始的イメージ」とよび、これは、やがて元型的イメージへと概念化されていくのであった。

まとめ

ユングの生涯をみていると、分裂病圏の精神状態が濃く示されていて、彼の思考には理解が困難なところが少なくない。しかし、わが国ではユング派の臨床心理学の人気が高い。

4 ロジャーズ

ロジャーズ
(Rogers, C. R. 1902-1987)

決定的な学習体験

アメリカ生まれのロジャーズは、はじめウィスコンシン大学で科学的農業を専攻するが、やがて神学から臨床心理学へと転向する。そして、ロチェスター児童愛護協会児童研究部で心理学者として就職する。ここで、彼は次のような「決定的な学習体験」をする。

ロジャーズは、乱暴者の少年の母親の面接を続けるが、母親の洞察を深めることができなかった。彼が「どうも失敗したようだ。面接をやめよう」と言ったところ、母親は同意した。母親は面接室のドアまで歩いていって、振り返り、「ここでは大人のカウンセリングはやらないのですか」と尋ねた。彼が「やる」と答えると、母親は「それではお願いしたいのです」と言った。母親は戻ってきて、いろいろ話しはじめた。そこから、本物のセラピーが始まって、ついに大成功(母親にとっても、息子にとっても)に終わった。

ロジャーズは、このことから、「私は私自身の賢明さや知識を示す必要性のないときには、クライエントの治療過程の動いていく方向をよりよく信頼できると思うようになった」と述べている。そして、ランク(Rank, O.)らの実践において、①個人の中に成長への志向があること、②治療関係の中での自己洞察や自己受容に焦点が当てられていることを知って自信をもった。1939年、こうした考えをまとめて『問題児の治療』が出版された。この中に受容と深い意味での客観性、個人の尊重、自己理解が述べられている。

ロジャーズの教育と研究

ロジャーズは、オハイオ州立大学で教育と研究に従事することになるが、そこで、1942年『カウンセリングと心理療法』を出版する。この本の意義の1つは面接の逐語記録が、初めて公にされた

ということである。これによって、心理療法のプロセスに初めて科学的研究の窓が開かれたといえる。また、この本の中で、初めて「クライエント」という言葉が使われたことも意義が大きい。〈病む人=患者〉とみる今までの姿勢から、専門的援助を求めに来た人という意味をもったこの語の使用は、ロジャーズの治療関係に対する基本姿勢を物語っていると考えられる。

　1944年、ロジャーズはシカゴ大学から招かれてカウンセリング・センターの設立にかかわることになる。このころはロジャーズにとっては充実した時代であったと思われる。まず、今までの「技法としての非支持的療法」から、「セラピストの態度としての来談者中心療法」へと展開していったこと。また、『治療により人格変化が生じるための必要かつ十分な諸条件』(1957)で、無条件の積極的関心、共感的理解、自己一致または純粋性の3条件をあげたことがそれである。

　62歳になったロジャーズは、西部行動科学研究所に移り、やがてエンカウンター・グループの活動に熱中していくことになる。

⑤ スキナー

🖉 スキナーの人生

スキナー
(Skinner, B. F. 1904-1990)

　行動主義(behaviorism)にもとづく心理療法理論を打ち立てたスキナーは、アメリカ、ペンシルバニア州に、法律家の息子として生まれた。はじめ、イギリス文学を専攻し著述業を志したが、後に心理学を学ぶ決意をし、ハーバード大学大学院に進んで、かなりはっきりした行動主義者になった。彼は、大学院では、6時起床、朝食までの勉強、教室、実験室、図書館で夜9時まで勉強し、映画・演劇・コンサート・クリスマス・正月休暇の返上という厳しい日課による自己管理を2年以上続け、修士号、博士号を取得したという。博士論文は「行動の記述における反射の概念」という理論的研究と、「ネズミの摂食反射」という実験的研究であった。彼はその後も研

オペラント概念

ソーンダイクはネコが問題箱から外に出る行動の観察から「一定の場面で反応が行われ、それに満足の状態が続くと、その場面は反応との結合で強められる。一方、不満足の状態が続くと、その結合は弱められる」とした。これは、さらに修正されて、オペラント条件づけの原理となった。スキナーは、動物を使った観察で、オペラント条件づけの成立過程を考察した。

ソーンダイク
(Thorndike, E. L. 1874-1949)

スキナーボックス
スキナーは、動物をバー（棒）をとりつけた実験箱（スキナーボックス）に入れて、よく馴らせた後、そのバーを動物が押すとエサが皿の上に出るようにした。動物のバー押し反応は、エサという報酬を得るわけである。こうして動物は、バー押し行動を学ぶ（学習する）。このような報酬を強化子（reinforcer）とよび、報酬を与えることを強化（reinforcement）と名づけた。

究生活を続け、オペラント概念を構想し、多くの論文を発表した。

1945年にインディアナ大学心理学科主任教授となり、ついで母校のハーバード大学教授に就任する。大学での「人間行動」に関する入門コースは受講生が多く、彼は『科学と人間行動』を出版して教科書とした。

そのころ、次女の通う学校を参観したスキナーは、教師が学習原理をほとんど無視した授業をするのを見てショックを受け、これをきっかけとして、翌年オペラント条件づけを応用したティーチング・マシンを発明した。

✐ オペラント概念

ワトソン、パブロフら古い反射学研究者が、行動はすべて反射であるとしたのに対し、スキナーは、行動は結果によって選択されるものであるというオペラント概念を発展させた。スキナーのオペラント行動主義は、徹底的行動主義ともよばれ、認知的行動主義などとは区別される。

しかし実験行動分析や、行動療法で用いられる基本用語は、スキナーボックス（図表2-2）とよばれる実験箱での実験から導き出された結果から生まれたものである。これは、強化、強化刺激、消去、弁別、反応分化、シェーピング、維持と強化スケジュール、強化と罰などがそれであると解説している。

スキナーは、心理療法に関する書の中で、人々が示す問題行動は、個々人に対する社会のコントロールの副産物として生じるものだとする考えを述べている。彼によると、こういう副産物を生じさせる他者が行うコントロールは嫌悪刺激ないし罰刺激である。嫌悪刺激は、オペラント行動とレスポンデント行動に同時に一定の変化を生じさせるとした。このように考えを進めていったスキナーは、行動理論の立場からの心理療法を試みた。

スキナーにはたくさんの著書・論文があり、そのいくつかは日本語に訳されている。

図表2-2 スキナーボックス

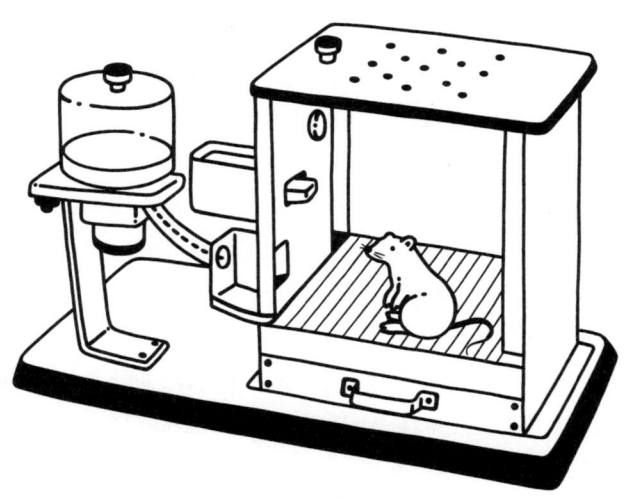

 # 精神分析

1 精神分析の原理

　精神分析は、19世紀末から20世紀初頭にかけてフロイトが創始した神経症の理解と治療のための理論体系である。およそ100年にわたって発展し続け、今日では、その治療の対象は、神経症に限らず、人格障害、精神病、心身症などの精神疾患に広がり、成人だけでなく児童への適用についても試みられている。また、その後に創始されたさまざまな心理療法に多大な影響を与え、心理療法の基礎ともいえる理論である。

🖉 無意識の発見

　フロイトの最大の業績は、「無意識の発見」であるといわれている。人が意識できる心の領域(意識：consciousness)はごく一部に過ぎず、その深層に意識できない心の領域(無意識：unconsciousness)が広がっている(図表2-3)。何らかの理由で自分のものとは認めがたい欲求や願望や感情は、無意識の領域に押さえ込まれて(抑圧)しまうが、なおもそれらの感情は存在し続けて、自覚されないままにその人の行動に影響を与える。そして、そのような感情を無意識で保持しきれなくなると、それが形を変えて神経症などの症状として現れる。そこで、精神分析の治療では、抑圧された感情を意識化させること(無意識の意識化)によって症状の改善を目指す。

🖉 心の構造

　また、フロイトは、心の働きを理解するために、自我(ego)、超自我(super-ego)、エス(es)またはイド(id)という心の構造を仮定した(図表2-4)。エスは、人が生まれながらに持っている「〜したい」という本能的な欲求であり、快楽原則(pleasure principle)に従っている。それに対して、超自我は、両親のしつけなどを通して取り込まれた「〜してはいけない」という価値や規範である。自我は、エスと超自我や外界からの制約との間で生じる心理的葛藤を現実原則(reality principle)に従って調整する役割を果たしている。

　このような心理的葛藤は、多かれ少なかれ、不安や抑うつ、罪悪感などの不快な感情を引き起こす。自我は、これらの感情を和らげて心理的な安定を保つために、無意識のうちにさまざまな形で対処しようとする。この心理的作用を防衛機制(defence mechanism)という(図表2-5)。防衛機制自体は誰にでも認められるものである。しかし、エスからの欲求が大きすぎたり、超自我が強くて高い理想や強固な良心をもっていたり、現実での制約が大きすぎたりすると、不安などの感情が強くなりすぎて、その場に相

快楽原則と現実原則
心的機能を支配する2つの基本原則である。快楽原則は、本能的欲動や衝動が即時的で直接的な満足を得ようとする傾向である。自我機能の発達に伴って、欲求の満足を延期したり迂回路を探したり断念したりするようになり、次第に現実の制約を受け入れて現実に適合した形で欲求を満足させようとする現実原則が優位になる。

図表2-3　意識と無意識

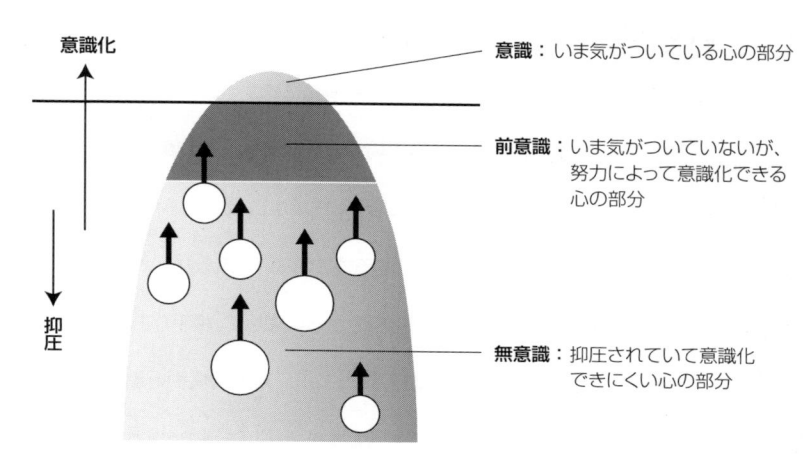

意識化 ↑
抑圧 ↓

意識：いま気がついている心の部分

前意識：いま気がついていないが、努力によって意識化できる心の部分

無意識：抑圧されていて意識化できにくい心の部分

出典：前田重治『図説臨床精神分析学』誠信書房、p.3、1985

図表2-4　心の構造と症状の形成

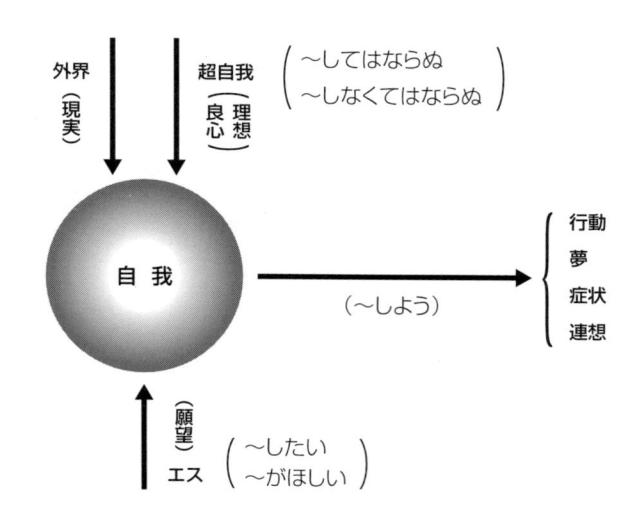

外界（現実）
超自我（良心／理想）（〜してはならぬ／〜しなくてはならぬ）

自我

（〜しよう）→ 行動／夢／症状／連想

願望／エス（〜したい／〜がほしい）

出典：前田重治『図説臨床精神分析学』誠信書房、p.14、1985

Chap. 2　おもな理論・技法

図表2-5　おもな防衛機制

名称	内容
抑圧 (repression)	受け入れがたい感情や思考などを意識から閉め出す。
退行 (regression)	以前の未熟な段階の行動や表現様式に逆戻りする。
取り入れ (introjection)	他者の属性を心理的に自分のものにする。
同一化 (identification)	重要な他者の多くの属性を取り入れて、自分が他者のようになる。
投影 (projection)	受け入れがたい感情を自分から排除して、相手がもっていると見なす。
反動形成 (reaction formation)	受け入れがたい感情を抑圧し、正反対の態度や行動を示す。
打ち消し (undoing)	過去の行動や思考に伴う感情を、反対の行動や思考によって打ち消す。
否認 (denial)	不安などの感情が生じるために、知覚しても存在を認めない。
知性化 (intellectualization)	感情を直接意識する代わりに、過度に知的な活動で統制する。
合理化 (rationalization)	言動を正当化するために理由づけをする。
昇華 (sublimation)	欲求を社会的に認められる行動に変えて満足させる。

応しくない対処がなされることがある。このような不適切な防衛機制が頻繁に用いられるようになると、神経症などの症状として現れ、不適応状態に陥ることになる。

人格発達論

ところで、フロイトは、幼児性欲を中核とした独自の人格発達論を展開した(図表2-6)。彼はこの性欲動という生得的なエネルギーをリビドーと名づけて、これがどの身体部位に限局されるかによっていくつかの発達段階を想定し、各段階に特徴的な防衛機制がみられると考えた。それぞれの段階に不安や葛藤を残したままになっている(固着：fixation)場合、後に心理的に処理できな

幼児性欲
(infantile sexuality)
性器の結合によって満足を得ようとする成人の性欲とは異なり、幼児が口唇、肛門、ペニスやクリトリスなどの部分的な身体部位に快感を求める欲求である。これらは潜伏期に一旦は抑圧されるが、思春期に入ると対象を求めた全体的な性欲として統合される。

図表2-6　心理性的発達論

発達段階	特徴	防衛機制
①口愛期 （誕生〜1歳）	乳児が授乳を受ける際に、口唇に快感を感じる。	取り入れ 投影
②肛門期 （3歳まで）	快感が排泄の感覚と結びつき、溜めたり出したりすることに快感を感じる。	打ち消し 否認
③男根期 （5歳まで）	ペニスやクリトリスに快感を感じる。ただし性的なものでなく、部分的な身体感覚。	抑圧 同一化
④潜伏期 （12歳まで）	性的なエネルギーが蓄積され、性的ではない目的のために利用される。	
⑤性器期 （12歳以降）	幼児性欲が統合され、異性への関心が高まる。	知性化 合理化

いような刺激を受けると、心の状態がその時点（固着点）まで戻り（退行）、その時期に特徴的な防衛機制が顕著にみられ、それが過度な場合には症状として現れる。

❷ 精神分析における治療

精神分析療法の実践

このような心の構造や症状の成り立ちを考慮した上で、自由連想法を用いた精神分析療法が行われる。治療者は、連想された素材の潜在的な意味について、治療者が理解したことをクライエントに伝え、クライエントの意識的な自覚を広げるための介入を行う（解釈：interpretation）。クライエントは、浮かんだ連想を「つまらない」「恥ずかしい」「病気には関係ない」などの理由で話そうとせずに黙り込んでしまうことがある。これを抵抗と考えて、それを取り上げて話題にし、解釈を与える（抵抗の解釈）。このような治療を

自由連想法
(free association)
フロイトが精神分析で治療に用いた方法である。寝椅子に横たわったクライエントに対して、その背後に座る治療者が、「頭に浮かんでくることを、批判や選択をしないで、そのまま話してください」と告げて、患者はそれに沿って連想を続ける。

抵抗（resistance）
専門的な援助を求めた患者が、契約にもとづいて治療を始めたにもかかわらず、その進行を妨げるような言動を取ることがある。これは、治療によって無意識にある抑圧された感情があらわになることを恐れるために生じると考えられる。

転移（transference）
過去の重要な人物、特に両親との関係で体験された感情、思考、行動などを、対人関係のある現在の人物に無意識のうちに置き換えることをいう。どのような心理療法でも生じるが、特に精神分析では純粋な形で治療者に対して生じる。

続けていくうちに、クライエントは退行しやすくなり、転移を治療者に向けるようになる。この感情に症状や問題の背後にある不安や葛藤が集約されると考えて、これを解釈することを治療の中心とする（転移の解釈）。このようにして、自己の内面についての理解を深め、症状や行動を支配していた無意識的な欲求や感情に気づく（洞察：insight）ように導く。

精神分析療法は、正式には週4回以上、1回45〜50分、寝椅子を用いて自由連想法を行う。しかし、実際には、時間的にも経済的にもこの形式での治療は難しいため、現在一般的に行われているのは、週1回程度の対面法を用いた面接による精神分析的心理療法（力動的心理療法）である。この形式では、精神分析療法に比べて退行が生じにくく、治療者―クライエント関係が濃密にはならない。そのため、介入の中心となる転移については、過去の両親との関係ではなく、現在の対人関係での体験に焦点を当てることが多い。また、共感的で支持的な対応が必要であり、技法についても解釈よりも明確化（clarification）や直面化（confrontation）が多用される。

明確化・直面化・解釈

明確化は、クライエントがすでに言葉にして述べていることのうち、あいまいな点を質問によってはっきりさせたり、ある面を強調して繰り返すことによって注意を促したりして、それまでクライエントがそれほど強くは意識していなかった事柄の重要性を示唆する方法である。たとえば、「そのことについて、もう少し詳しく話してもらえませんか」「お父さんがそばにいると、自分がダメな人間に思えてくるんですね」。

直面化は、クライエントが認めざるを得ないような感情や行動を提示し、話すはずなのに言葉にはならない内容を指摘することによって、そこにみられる矛盾や不自然さについて吟味させ、気づきを広げて問題点をはっきりさせる方法である。たとえば、

「優しい人といいながら、お母さんのことを話すときはいつもイライラしているように見えるんですが…」。

これらの明確化・直面化は、意識的・前意識的領域の内容に対して用いられるアプローチであり、これらの技法によってある程度問題の背景が浮かび上がってきたら、無意識的領域の内容に解釈を与えることになる。解釈は、症状や問題行動の背後に隠された願望や感情、葛藤などについての治療者の理解をクライエントに伝え、クライエントの自己理解や洞察を促す方法である。たとえば、「本当は怒っているのに、見捨てられることを恐れて何もいえなくなってしまうのではないですか」などである。

③ 精神分析の現在

フロイトの理論は、多くの弟子たちに受け継がれて、さらに発展していった。その流れは、自我心理学、対象関係論、新フロイト派、パリ・フロイト派、現存在分析学派などに大別できる。中でも、自我心理学と対象関係論は、フロイトの理論の構成要素を継承し、現在の心理臨床に大きな影響を与え続けている。

自我心理学

自我心理学 (ego psychology) は、フロイトが心の中核的な機能を果たすと考えた自我を中心にして人間を理解しようとする流れである。フロイトの末娘のアンナ・フロイトは、子どもに対して精神分析を適用しながら、自我の防衛機制とその発達を体系的に整理した。ハルトマンは、自我は防衛機能だけではなく、不安や葛藤に影響を受けない適応機能ももっているとして、自我の自律性を主張した。エリクソンは、フロイトの心理性的発達論をもとに自我の働きを重視した心理社会的発達論を展開し、ライフサイクルを8つの段階に分け、それぞれに特有の発達課題があり、そ

アンナ・フロイト
(Freud. A. 1895-1982)

自我の自律性
(ego autonomy)
自我には、防衛機能と適応機能がある。後者には、知覚・認知・思考・運動・言語などの機能が含まれ、これらはエスや超自我との葛藤に巻き込まれることはなく、自律的な適応力をもっている。

の課題を克服することによって徐々に成長していくと考えた。

対象関係論

　対象関係論 (object relations theory) は、自我と内的対象との間に成立する関係に焦点を当てて、主体が世界をどのように体験しているのか、ということについて理論化し、パーソナリティの理解や心理療法を進めようとする考え方である。この基礎を築いたのは、クラインである。彼女は、子どもに対する遊戯療法を行い児童分析を実践する中で、母親との対象関係が、対象喪失の体験を経ながら部分対象から全体対象へと発達する様相を示した。また、ウィニコットは、乳児は母親の身体が自分の一部であるという錯覚を抱いているが、主観的な内的世界と外的な世界を橋渡しする移行対象を利用しながら、徐々にその錯覚から抜け出す脱錯覚 (disillusion) の過程を描き出した。

　フロイトによる精神分析は、男根期の問題が契機となる神経症の病理を対象に構成されていたが、乳幼児の直接観察にもとづいて心の発達を理論化した対象関係論は、男根期以前にその契機をもつと考えられる、より重篤な障害である人格障害や精神病の理解や治療への道筋を開いた。

内的対象
(internal object)
対象とは、人間もしくはそれに関連する事物のことである。外界の客観的な存在としての対象とかかわりながら、その対象のイメージを心の中に作り上げていく。このような心の中の主観的な対象を内的対象という。

クライン
(Klein, M. 1882-1960)

ウィニコット
(Winnicott, D. W. 1896-1971)

移行対象
(transitional object)
内的対象と外的対象の中間的な性質をもつ対象、すなわち、客観的に存在するものでありながら心の中では特別な意味をもつ対象を移行対象という。たとえば、乳幼児のころに使っていた毛布やぬいぐるみなど。

参考文献
1) 前田重治『図説臨床精神分析学』誠信書房、1985
2) 小此木啓吾編『現代の精神分析』日本評論社、1998
3) 妙木浩之『フロイト入門』筑摩書房、2000

column 1 自己愛（ナルシシズム）

グリム童話の『白雪姫』の中に、「鏡よ鏡、世界で一番美しいのは誰？」と尋ねる王妃が出てくる。いわゆる自己愛の強い「ナルシスト」のようである。しかし、この自己愛を精神分析の枠組みで考えると、ニュアンスが変わってくる。

精神分析の中で最初に「ナルシシズム」という言葉を用いたのは、かのフロイトである。フロイトは、ナルシシズムを自体愛（自分の身体そのもの、あるいはその一部に愛着をもち、そこからのみ性的快感を得る心的態度）と、対象愛（リビドーが外的対象に向けられる心的態度）の間に位置づけたのである。すなわち、これを人間の精神性的発達の途中で必ず通過する段階とした。そしてフロイトは、ナルシシズムは精神発達に伴って減少または後退すると考えたのである。

これに対して、コフートは自己心理学の中で自体愛と対象愛の間にある自己愛の段階とは別に、自己愛は独自に発達すると考えた。自己心理学においては、人間は自分の気持ちの移し返し、理想の追求、他者と自分との間に同じものを感じるといったことを、自分以外の人や物に一生涯求めることで、健康的な自己を保つと考えられている。

このように、私たちが他者や物にいろいろな気持ちを求めることは、人間に生来備わっているものといえる。

3 分析心理学

分析心理学とは

分析心理学 (analytical psychology) といわれる精神力動的組織論とパーソナリティ論は、ユングによって創始されたものであり、ノイローゼの人の治療という実際問題から生まれたものである。そして、その理論と体系は、フロイトとアドラーの考え方の上に成り立っており、人間に対するより広い視点を打ち出したものである。

ユングは、始めフロイトの協調者として歩むが、双方の相違が次第に明らかになって決別した。

われわれのより所とする現実は、心的現実(psychic reality)である、とユングはいう。マリアの処女懐胎は、多くのヨーロッパ人が信じているところである。それは科学的にはありえないことであるが、それは事実というよりも、その"考え"が存在するという意味で心的現実である。

ユングは、人がそれを信じようとする心的現実に目を向けた。心の現象、心的現実は、因果律的な方法のみでは理解できないのではないか、このような現象に対する接近法は、客観科学的な方法とは異なるとして、現象学的立場をとり、因果律的立場のフロイトとは、はっきりと違う立場をとったのである。

心理学的タイプ論

ユングは、フロイトを外向の人物、アドラーを内向の人物とし、2人の相違点は、事象に対する基本的態度の相違にあると考え、人のタイプについての記述を以下のように試みた。

- 関心や興味が外界の事物や人に向けられ、それらとの関係や依存によって特徴づけられる人を外向とし、フロイトは人の行動を規定する要因として、その個人の外界における人間や事件を考えるので外向の人物であるとした。
- 人の関心が内界の主観的要因に重きをおく人を内向とし、アドラーは、内的な因子(権力への意志)を人の行為の規定因子であるとするから内向の人物であるとした。

この2つの型は、生まれつきの個人の素質に帰せられるとした。そして、この2つの一般的態度と別に、各個人は、おのおのもっとも得意とする心的機能をもっているとユングは考え、それらを思考、感情、感覚、直感の4種の機能とした。

心の構造論

　ユングの心理学の基礎となっているのは、外部の物質的世界とバランスをとっている人の内的世界、つまり「心」というものに対する彼の考え方にある。ユングは、「心」は、精神、魂、観念の結合であるとし、意識と無意識との合体したものが心的現実であるとした。ユングによると、この内的世界は、人の身体の生理過程や、本能にも影響をおよぼし、さらに人の外界の認知をも決定するものである。こういったユングの心的現実の考えは、幻想（ファンタジー）、神話、イメージおよび個々人の行動から収集された資料から確立されてきたものであった。ユングは、無意識の世界に、普遍的無意識が存在することを認めた。これはフロイトの考えとは決定的に異なる点でもある。

普遍的無意識とは

　普遍的無意識(collective unconscious)とは、人類すべて、動物にさえ、共通の広大な隠された心的資源、個人の心の真の基礎であるものに対してユングが名付けたものである。彼はこの普遍的無意識を、患者の告白、彼自身の分析、異文化研究などの資料から発見した。それは、それぞれの人の個人的経験によっていくらか変形したり、民族によって多少異なる色づけがなされたりはしても、さまざまな幻想、夢、神話等に同じ主題が述べられているというのであった。

元型とは

　元型(archetype)は仮説的な概念である。それは、心の奥深く隠されている基本的要素であって、人類の普遍的無意識の内容の表現の中に共通した基本的な型を見出すことができるとしたユングが名付けたものである。ユングのあげた元型の中で、特に重要

なものは、ペルソナ（persona）、影（shadow）、アニマ（anima）、アニムス（animus）、自己（self）、太母（great mother）、老賢者（wise old man）などがある。ユングは「すべての心的な反応は、それを呼び起こした原因と、不釣合いな場合には、それがそれと同時に何らかの元型によっても決定付けられていないかを探求すべきである」と述べている。

　多くの元型のうちで、個人的な心的内容と関連が深く、理解しやすいものは「影」であろう。これについて少し説明することにしよう。影は文字どおりその人の暗い影の部分である。われわれの意識は、自らの価値体系と相容れぬものは無意識下に抑圧しようとする傾向がある。抑圧された斥けられたものは影の部分となる。たとえば子どものときからおとなしく育てられ、乱暴・攻撃的なことをいっさいしないようにしてきた人にとって、攻撃的なことは全て悪いこととして斥けられる。この際、その人の影は非常に攻撃的な性質をもったものとなる。この影は夢の中に現れたり、二重人格者の行動になったりする。また、非常に人格者である父親の息子が放蕩者だったりすることは、家族が1つの人格構造をもつ例と考えられる。

図表2-7　ユングによる無意識の層構造

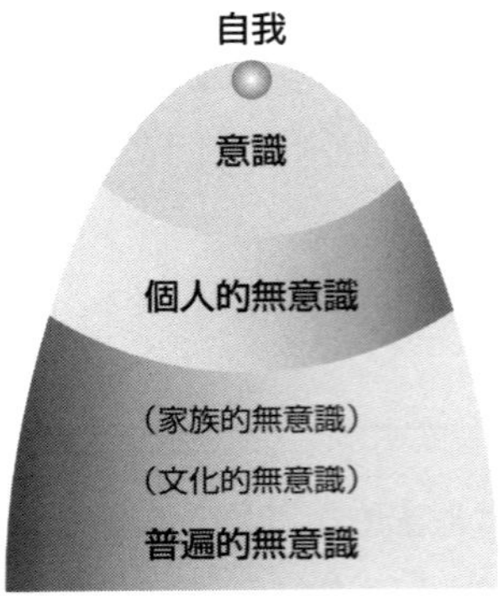

自我
意識
個人的無意識
（家族的無意識）
（文化的無意識）
普遍的無意識

出典：河合隼雄『無意識の構造』中央公論新社、p.33、1977

この元型はその周りにさまざまな矛盾した要因をひきつけ、コンプレックスを形成している。このコンプレックスの力が非常に強力になった場合、それに対処するために自我はいろいろな方法をとることがある、としてユングは、フロイトと違った自我防衛の規制を考えた。また、コンプレックスを明らかにする方法として、「言語連想検査」を行った。

ユングの心理療法

　ユングは、心理療法を告白、解明、教育、変容の4つに分けて考えた。そして、「治療は、クライエントと治療者の全人格が演ずる相互作用以外の何者でもない」と述べ、治療者とクライエントとのぶつかり合いの中で治療は進んでいくとし、治療者の態度と技法について「治療者は、あらゆる先入見を取り去り」「治療者はクライエントに勝る賢者として判定したり、相談したりするのではなく、1人の協同者として個性発展の過程の中にクライエントとともに、深く関与してゆくものである」「クライエントの潜在的な発展の可能性に従うのである」と述べ、クライエントの無意識の可能性に頼ることを協調した。そして、手法としては夢の分析に重点を置いた。

まとめ

　ユングの説は、わが国では非常に広まっていて、彼の学説を学び、実践しようとする人が多く、箱庭療法も広く用いられている。アメリカでは、哲学、芸術、文学、歴史など心理学以外の分野で重要視されていることはよく知られている。

4. 行動療法・認知行動療法

1 行動療法とは

　行動療法 (behavior therapy) とは、人間の行動や思考を変化させることを援助する行動指向化されたさまざまな方法群の総称である。1950年代から1960年代初期のアメリカ、イギリス、南アフリカにその起源をもつが、まとまった体系ではない。アメリカではスキナー (p.23参照)、イギリスではアイゼンク、南アフリカではウォルピ (p.41参照) やラザラスが有名である。

　行動療法に共通の要素として、①心理学研究から広く派生した学習原理の適用、②精神分析で強調される伝統的な医学モデルの拒否、③処遇効果性についての実証的評価の重視があげられる。

アイゼンク
(Eysench, H. J. 1916-1997)

ラザラス
(Lazarus, A. A. 1932-)

学習原理
古典的条件づけやオペラント条件づけなどの動物実験で得られた知見の集大成。

医学モデル
なんらかの病理が存在するとき、そのもとになっている病巣を治療しないと改善しないという見方。心理的な問題においても、心理の深層にある病巣となっている問題だけを解決しないで、表面的な問題だけを解決しても症状が異なって出てくる(症状置換)という考え方。たとえば、親子関係が問題なのに、子どものチックのみを治療すると、夜尿などの他の問題行動があらわれると考える。

実証的評価の重視
実験群と統制群を設けて、事前テストおよび事後テストの差を検討するなど、実験計画法に基づき、治療効

2 行動療法のエッセンス

　行動療法での基礎的な考え方として、次の2つがあげられる。①古典的条件づけ、②オペラント条件づけである。

古典的条件づけ

パブロフの犬

　古典的条件づけ (respondent conditioning) は、パブロフ (1927)[*1]による条件づけで有名である。

　パブロフは、唾液分泌機能を研究するために犬の唾液腺に直結したチューブを取り付けた。犬の前に置かれた皿に自動的に

図表2-8　パブロフの犬

果を検討する。行動療法では、薬理学から派生した、一事例実験デザインなど（例：ABABデザイン）も利用される。

パブロフ
（Pavlov, I. P. 1849-1936）

*1
Pavlov, I. P., Conditioned Reflexes, Oxford University Press, 1927

図表2-9　古典的条件づけの図式化 (アトキンソンら、2000)

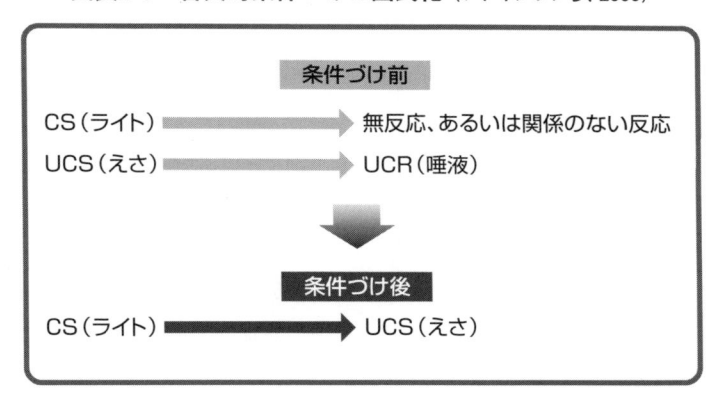

```
         条件づけ前
CS（ライト）  ──→  無反応、あるいは関係のない反応
UCS（えさ）  ──→  UCR（唾液）

         条件づけ後
CS（ライト）  ──→  UCS（えさ）
```

肉パウダーが置かれる装置も開発した（図表2-8）。

　初期の実験は以下のように行われた。研究者が犬の前の窓のライトを点灯する。数秒後肉パウダーが皿に出される。その後ライトが消される。犬が空腹であると大量の唾液が分泌される。この唾液分泌は無条件反応とよばれる。肉パウダーは無条件刺激とよばれる。

　この実験手続きが何度も繰り返されると、肉パウダーが出されない状況でもライトが点灯されるだけで唾液が分泌されるように

無条件反応
（UCR：unconditioned response）
無条件刺激にもともと備わった反応であり、もともと中立であった刺激への条件反応を確立するための基盤として用いられる。

無条件刺激
（UCS：unconditioned stimulus）
あらかじめ条件づけをしないでも、反射などといった、自動的に反応を引き起こす刺激である。

Chap. 2　おもな理論・技法

条件反応
(CR: conditioned response)
その反応をもともと引き起こされない刺激(条件刺激)に、学習され獲得された反応。

条件刺激
(CS: conditioned stimulus)
無条件刺激と関連づけられることによって、条件反応を引き起こすようになった、もともとは中立的な刺激。

ワトソン
(Watson, J. B. 1878-1958)

[2]
Watson, J. B. & Rayner, R., Conditioned emotional reactions, Journal of Experimental Psychology, 3, 1-14, 1920

正の強化(positive reinforcement)
望ましい行動に引き続く快い刺激のことを指し、望ましい行動の生起率を増大させる。たとえば、試験で好成績を取るなど。

負の強化(negative reinforcement)
望ましい行動が生じた後に不快な刺激が取り除かれることを指し、望ましい行動の生起率を増大させる。たとえば、かんしゃくがおさまってから、子どもに部屋を出ることを許すなど。

なる。この唾液分泌が条件反応とよばれる。それに対してライトは条件刺激とよばれる。ライトはもともと唾液分泌を引き起こすような自然な性質をもっていない(図表2-9)。この犬はライトで唾液分泌するように条件づけられたのである。

条件づけが成立したあと、条件刺激(例ではライト)のみを与え続けると、条件刺激(ライト)は条件反応(唾液分泌)を引き起こさなくなる。これを消去(extinction)とよぶ。

アルバート坊やの実験

ワトソンら(1920)[2]によるアルバート坊やの実験は、恐怖症を人工的に作ったものとして有名である。ワトソンは、大きな銅鑼の音(UCS)が小さな子どもに恐怖を与えること(UCR)に着目した。アルバート坊やに白いウサギ(CS)の提示とともに銅鑼の音を聞かせると、白いウサギが恐怖反応を引き起こすこととなった。しかも、たった7回白いウサギと銅鑼の音を対提示するのみでウサギに対する恐怖反応を学習したのである。その後、アルバート坊やは、白いウサギを見ると逃げ出してしまうので消去は難しかった。

現実場面での古典的条件づけは、恐怖や不安の学習、薬・酒・タバコ・食物といった物質や薬物への好みの形成などでみられる。古典的条件づけを利用した治療対象としては、恐怖・不安以外に薬物・アルコール依存、喫煙、夜尿症、性的な問題などがある。

✏ オペラント条件づけ

オペラント条件づけ(operant conditioning)は、結果(強化)による学習ともよばれる。ある行動の直後にどのような強化子が与えられるかによって、その行動の生起率が異なってくるというものである。

基本的な性質として、報酬(正の強化)を受ける行動の生起率が高まる。罰から逃れたり、罰を未然に避けられる(負の強化)行動の生起率が高まる。罰を伴ったり(正の罰)、報酬が得られなくなる

(負の罰)行動は、生起率が低くなる。何の結果も伴わない行動は、生起率が低くなるが、これを消去とよぶ。

現実場面でのオペラント条件づけの例として、ギャンブル、刑罰などの罰金、交通違反の得点制度などがあげられる。

オペラント条件づけを使った治療対象としては、重症な精神病患者の望ましい行動獲得、望ましくない行動の除去、子どもの問題行動の修正(非行および反社会的行動も含む)、強迫性障害、摂食障害、チック、神経性皮膚炎、吃音などがみられる。近年、教室内での児童・生徒の問題行動の統制にオペラント原理を応用した技法なども知られてきている。

正の罰
(positive punishment)
望ましくない行動が生じた後に不快な刺激の提示をすることを指し、望ましくない行動の生起率を減少させる。例えば、試験で悪い成績を取るなど。

負の罰
(negative punishment)
望ましくない行動が生じた後に快い刺激が取り除かれることを指し、望ましくない行動の生起率を減少させる。例えば、いたずらをした後にテレビを見させないなど。

リラクセーション反応
恐怖や不安のない、ストレスを感じていない状態であり、リラックスした状態である。

3 行動療法の主たる技法

リラクセーション訓練と関連する技法

行動療法では、リラクセーション反応を作り出すことが典型的な手続きの1つとされている。たとえば古典的条件づけの考え方を使い、恐怖・不安反応を引き起こす刺激とリラクセーション反応を対提示することなどが行われる。後に詳述する系統的脱感作法である。

リラクセーション反応を作り出す訓練が、リラクセーション訓練(relaxation training)である。ジャコブソン(1938)*3によって開発され、ウォルピ(1990)*4が詳細に記述している。普通4時間から8時間の教示を必要とする。静かな環境で受動的でリラックスできる姿勢で深く規則正しい呼吸をさせ、腕、頭、首と肩、背中、腹部、胸、下肢など筋肉の一部を交互に緊張させ弛緩する。このとき、各部の筋肉の緊張と弛緩を深く経験させる。この緊張と弛緩の差異を経験させ、同時に快となる思考やイメージに焦点を当てることによって精神的に「あるがまま」になることを学習させる。リラクセーション訓練が導入されると、クライエントには毎日20分から

ジャコブソン
(Jacobson, E. 1888-1983)

*3
Jacobson, E., Progressive Relaxation (2nd ed.)., Univ. Chicago Press, 1938

ウォルピ
(Wolpe, J. 1915-1998)

*4
Wolpe, J., The Practice of Behavior Therapy(4th ed.), Pergamon Press, 1990

25分程度実践することが課せられる。

リラクセーション訓練は、イメージ脱感作、系統的脱感作、主張性訓練、ストレス管理プログラム、自律訓練法などの導入として使われるものである。リラクセーション訓練のみでも、ストレスと不安、高血圧、心臓動脈問題、偏頭痛、ぜんそく、不眠症にも効果があるとされる。

系統的脱感作

古典的条件づけの原理にもとづく手法である。基本的な仮定として、不安反応は条件づけられたものであり、それに拮抗する反応(リラクセーション反応)に置き換えることで抑制されるものであるという考え方にもとづく。

系統的脱感作 (systematic desensitization) は次の3つの段階から成り立っている。①リラクセーション訓練、②不安階層表の作成、③系統的脱感作である。

まず、先に述べたような①リラクセーション訓練が導入され、同時に②の不安階層表が作成される。不安階層表とは、クライエントにとって障害となっている特定領域について、不安を生起させ

図表2-10 不安階層表の例 (仮想例)

不安場面	SUDs
前日に、当日の教科書をそろえて鞄に入れる	0
当日の朝、制服を着る	10
学校に行くために、玄関を出る	20
学校へ行く、交差点を渡る	30
校門へ入る	40
下駄箱で靴を脱ぐ	50
教室までの階段を上る	60
教室までの廊下を歩く	70
誰もいない教室へ入る	80
皆がいる教室へ入る	90
教室で、授業を受ける	100

る場面を順位づけながら収集していくものである。その階層は、クライエントが想像する最悪の場面から、最小限の不安を喚起する場面まで順序づけられる。その場面ごとに、自覚的障害単位(SUDs)といわれる0(まったく問題なし)から100(最高度の障害)までの数字も同時につけられる。この自覚的障害単位の数字をもとに階層表が作られる(図表2-10)。

③系統的脱感作は、十分にクライエントがリラクセーションを修得し、目を閉じた状態での完全なリラクセーションに到達してはじめて開始される。はじめ中立的なイメージが提示され、それでもクライエントがリラックスしていられたら、階層表での最小限の不安を喚起する場面を想像するようにクライエントに求められる。セラピストは漸進的に階層をあげて場面を提示していき、クライエントが不安を経験しているサインを出すまで続けられ終了する。リラクセーションがそこから再び誘導され、クライエントは想起する場面の階層をあげ続ける。処遇の終結は、あらかじめ最高度の不安を生み出す場面を想像したときに、リラックスした状態であり続けることがクライエントにできたときである。系統的脱感作は、恐怖、不安、悪夢、摂食障害、強迫性障害、吃音、うつなどに有効とされる。

✏️ その他の技法

観察学習を通して治療を行おうとするモデリング法、自分の意見をいう主張行動が苦手とされる人を対象とした主張性訓練、健康管理などの自己管理訓練なども知られている。

❹ 認知行動療法

条件づけの考え方は主に動物実験から得られた知見を基盤としており、人間特有の思考プロセス、態度や価値といった概念は非科

観察学習（modeling）
モデリング、代理学習、社会的学習ともよばれる。モデル（個人や集団）の行動が、観察者の類似した思考、態度、行動の刺激として機能するプロセスを指す。

主張性訓練（assertiveness training）
社会的スキル訓練の一形態。ある状況で主張的に行動するかどうか選択できるようになるための行動レパートリーを増やす訓練。

自己管理訓練
クライエントに自分自身の問題（たとえば食生活改善など）を管理できるように認知的・行動的技法を教える。

学的であると排除されていた。1960年代から、認知を強調する立場の観察学習(モデリング)のバンデューラ、REBT(rational emotive behavior therapy：合理情動行動療法。日本では「論理療法」ともよばれている)のエリス(1979)＊5、認知療法のベック、ストレス免疫訓練のマイケンバウムといった専門家の努力で、行動療法に認知的流行が始まった。認知行動療法(cognitive behavior therapy)の台頭である。

認知行動療法に共通する特徴としては、次の事項があげられる。
①クライエントとセラピスト間の協力的関係性
②歪んだ認知プロセスの働きが大部分の心理的問題の原因であるという前提
③感情と行動における望ましい変化を生み出すために認知を変化させることの重視
④時間制限された処遇

現在、このような視点は行動療法のすそのを広げ、自助(セルフヘルプ)プログラム、ストレス対処スキル訓練、自己健康管理プログラムなどに発展してきている。

バンデューラ
(Bandura, A. 1925-)

エリス
(Ellis, A. 1913-)

＊5
Ellis, A. & Whiteley J. M. (eds.), Theoretical & Empirical Foundations of Rational Emotive Therapy, Brooks / Cole, 1979

ベック
(Beck, A. T. 1921-)

マイケンバウム
(Meichenbaum, D. 1940-)

参考文献
1) Bandura, A. 編著、野口京子監訳『激動社会の中の自己効力』金子書房、1997
2) Beck, A. T. 著、坂野雄二監訳『うつ病の認知療法』岩崎学術出版社、1992
3) Ellis, A. 著、野口京子訳『理性感情行動療法』金子書房、1999
4) Lazarus, A. A. 著、高石昇監訳『マルチモード・アプローチ——行動療法の展開』二瓶社、1999
5) Meichenbaum, D. 著、根建金男監訳『ストレス対処法』講談社、1994
6) Wolpe, J. 著、内山喜久雄監訳『神経症の行動療法——新版行動療法の実際』黎明書房、1987
7) 山上敏子『行動療法』岩崎学術出版社、1990
8) 山上敏子『行動療法〈2〉』岩崎学術出版社、1997

column 2　系統的脱感作

　アイゼンクやウォルピは、神経症や心身症のクライエントに対する行動療法の1つとして「系統的脱感作法」を編み出して注目された。この方法は、神経症的な不安反応を示す人に、まず、生理的に不安が抑制される状態をとらせ、次に弱い刺激を提示するということを段階的にしていくものである。たとえば、建物の2階にいると少し不安になり、最上階の30階には不安が強くてとても行けない人がいるとする。まず、不安に対抗するものとして筋弛緩訓練を行う。そして、この人が不安のない平静な感情になったら、2階にいる情景をイメージしてもらう。次に3階にいることをイメージさせ、ここで不安になったら、筋弛緩を行う……。このように、段階的に弱い不安刺激を提示して、不安反応の習慣強度を減少させるのがこの方法である。蛇を怖がる人に、まずはじめにヒモに慣れさせ……、という下のマンガは、これを紹介したものである。

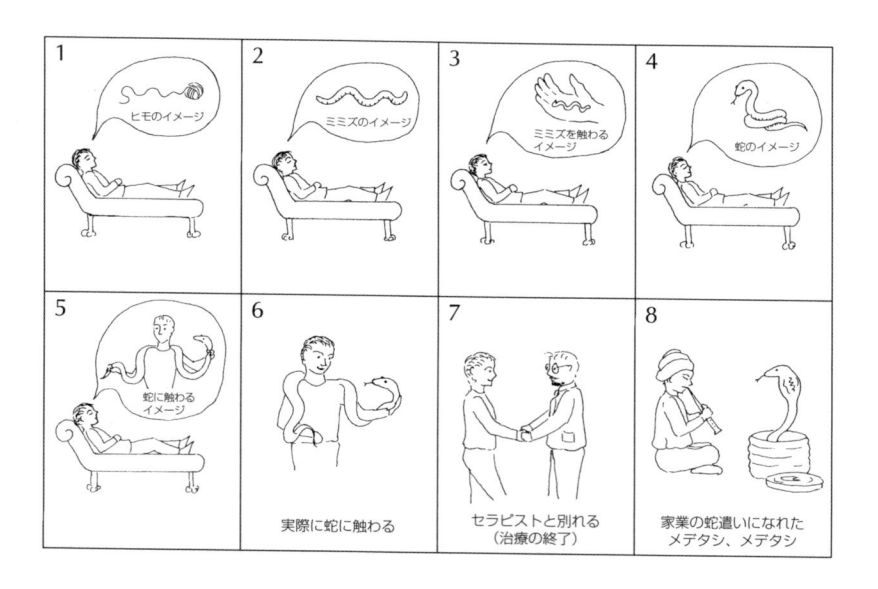

1 ヒモのイメージ	2 ミミズのイメージ	3 ミミズを触わるイメージ	4 蛇のイメージ
5 蛇に触わるイメージ	6 実際に蛇に触わる	7 セラピストと別れる（治療の終了）	8 家業の蛇遣いになれたメデタシ、メデタシ

5 来談者中心療法

① 非指示的心理療法から来談者中心療法へ

　来談者中心療法 (client-centered therapy) は、ロジャーズ (p.22参照) の独創的な考えによって生み出された心理療法である。ロジャーズは1940年代の初めに、当時アメリカで支配的であった精神分析的な心理療法に対して、自らの立場を非指示的として新しい観点をもった心理療法の考え方を明らかにした。

　その観点は、次の4つである。

① 人は実現傾向 (actualizing tendency) とよぶ、成長、健康、適応へと向かう生来の欲求をもっていること。
② 知的な側面よりも感情的な側面を重視すること。
③ 人の過去よりも直接の現在の状況を重視すること。
④ 心理療法での関係そのものをクライエントの成長経験になるようにしていること。

　しかし、非指示的という名称が誤解を受けるなどしたため、10年後には自らの立場を来談者中心療法と改めた。

② 心理療法の条件

　ロジャーズは心理療法に必要かつ十分な条件として、次の6条件をあげている。

① 2人の人が心理的接触をもっていること。
② 第1の人 (この人をクライエントとよぶ) は、不一致の状態にあり、傷つきやすい、あるいは不安の状態にあること。

③第2の人（この人をセラピストとよぶ）はこの関係の中で一致（congruence）しており統合されていること。

④セラピストは、クライエントに対して、無条件の肯定的な配慮（unconditional positive regard）を経験していること。

⑤セラピストは、クライエントの内的照合枠に共感的理解（empathic understanding）を経験しており、そしてこの経験をクライエントに伝達するように努めていること。

⑥セラピストの共感的理解と無条件の肯定的配慮が、最低限、クライエントに伝わっていること。

この諸条件の中で、③、④、⑤がセラピストのあり方について述べているものであり、中核条件とされている。

一致とは、心理療法の関係の中でセラピストが自由に、かつ深く自己自身であり、彼の現実の経験が正確に意識化されていることである。セラピストが自己の中に生じた感情を否定することなく、自由にその感情のままであることができるならば、この条件は満たされていることになる。

無条件の肯定的配慮とは、セラピストがクライエントを自分とは異なった独立した1人の人間として心の底から尊重していることである。いいかえれば、クライエントの経験しているすべての側面を、その人のものとして温かく受容しており受容に何も条件がないことである。

共感的理解とは、セラピストがクライエントの私的な世界をあたかも自分自身のものであるかのように感じとり、しかも、この「あたかも…のように」という性質を失わないことである。

> **セラピスト（therapist）**
> 治療をする人の意。臨床心理学の分野では、心理療法（精神療法）を行う人を指す。「治療者」や「心理士」といわれることも多い。

❸ 心理療法のプロセス

これらの6条件がクライエントとセラピストの間に継続的に存在し続けると、クライエントのパーソナリティはより建設的な方向へと変化していく。ロジャーズはこの変化を1つの連続体としてとら

え、7つのストランズから構成され、7段階からなる過程尺度（process scale）を考案した（図表2-11）。変化は低い段階から高い段階へと生じていく。この尺度の低い段階では、それぞれのストランズは明確に区別されるが、段階が高くなるにつれ次第に重複し合い、あたかも糸が撚り合わされていくかのように一元化されていく。

図表2-11　過程尺度

ストランズ (strands)	過程の段階		
	低（Ⅰ～Ⅱ）	中（Ⅲ～Ⅴ）	高（Ⅵ～Ⅶ）
感情と個人的意味づけ (Feelings and personal meanings)	認められない 表出されない	自分のものであるという感じ（ownership）が増大する 表出が増大する	流れのなかに生きる 十分に体験される
体験過程 (Experiencing)	体験過程から遠く離れている 意識されない	遠隔感が減少する 意識が増大する	体験する過程のなかに生きる 重要な照合体として用いられる
不一致 (Incongruence)	認識されない	認識が増大する 直接的体験過程が増大する	一時的にだけある
自己の伝達 (Communication of self)	欠けている	自己の伝達が増大する	豊かな自己意識が望むままに伝達される
体験の解釈 (Construing of experience)	構成概念が硬い 構成概念が事実として見られる	硬さが減少する 自分自身が作るものという認識が増大する	一時的な構成概念 意味づけが柔軟で、体験過程に照合して検討される
問題に対する関係 (Relationship to problems)	認識されない 変えようとする要求がない	責任をとることが増大する 変化することをこわがる	問題を外部的対象物として見なくなる 問題のある側面のなかに生きている
関係のしかた (Manner of relating)	親密な関係は危険なものとして避けられる	危険だという感じが減少する	瞬時的体験過程にもとづいて開放的に、自由に関係をもつ

出典：伊藤博編訳『サイコセラピィの過程〈ロージァズ全集4〉』岩崎学術出版社、p.235、1966

4　パーソナリティの理論

　ロジャーズは、人に備わっている基本的動因として、有機体を維持し強化する実現傾向を仮定し、これに絶大な信頼をおいている。

実現傾向は人に生まれつき備わっており、人を成長、健康、適応へと向かわせ、その傾向がいかに遮断されようとも、個人に深く内在し、適切な条件が整えば必ず開放されるものと考えられている。

　人はこの実現傾向に照らして現実との相互作用を行い、経験を有機体的に価値づけていく。この過程の中で人の経験の一部は象徴化され、意識化されるようになる。こうした経験は個人にとっての重要な他者との関係の中で、自己概念 (self-concept) として明確になっていく。

　自己概念が形成されると、個人は肯定的配慮を求める欲求を発達させ、重要な他者から愛情を示されることが大きな意味をもつようになってくる。やがて重要な他者のもつ価値は個人の中に取り入れられて価値の条件となる。このとき、人は価値の条件に照らして経験を区別するようになる。すなわち、価値の条件 (condition of worth) に一致する経験は意識のうえで正確に知覚され、象徴化されるが、一致しない経験は、防衛、すなわち歪曲 (distortion) されたり、拒否 (denial) されたりする。

　こうして、価値の条件に従って選択的な知覚を始めたときから、自己概念と経験との間に不一致が生じる。この不一致の度合いが大きくなると、いわゆる心理的な不適応の状態となる(図表2-12)。ロジャーズは、このようにパーソナリティを自己概念と経験という、変化し続けていくプロセスに焦点を当てているといえよう。

図表2-12　パーソナリティ

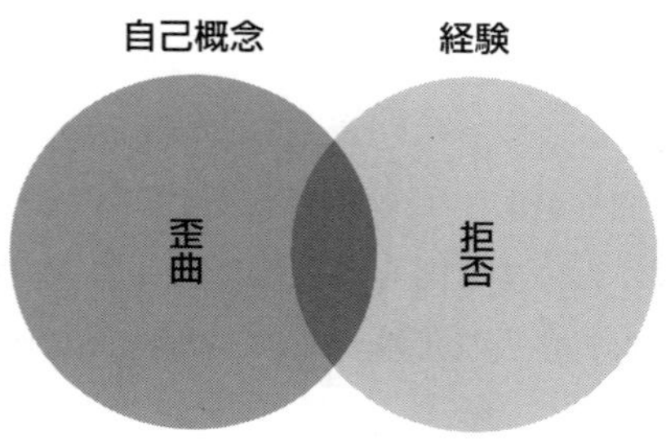

自己概念　経験

歪曲　拒否

📙 参考文献

1) 諸富祥彦『カール・ロジャーズ入門――自分が"自分"になるということ』コスモス・ライブラリー、1997
2) 岡村達也『カウンセリングの条件――純粋性・受容・共感をめぐって〈シリーズ心理臨床セミナー③〉』垣内出版、1999
3) Kirschenbaum, H. / Henderson, V. L. 編、伊東博・村山正治監訳『ロジャーズ選集――カウンセラーなら一度は読んでおきたい厳選33論文（上・下）』誠信書房、2001

6 ゲシュタルト療法

1 ゲシュタルト療法とは

✏️ ゲシュタルト療法の成り立ち

フレデリック・パールズ
(Perls, F. S. 1893-1970)

ローラ・パールズ
(Perls, L. P. 1905-1990)

　ゲシュタルト療法 (Gestalt therapy) は、ゲシュタルト心理学、ライヒの身体的側面を重視する精神分析、現象学や実存分析および東洋思想(特に禅)を背景として、フレデリック・パールズ(愛称フリッツ・パールズ)とその妻ローラ・パールズによって1950年代に創始された。1960年代のアメリカにおける人間性解放運動の流れに乗って、注目を集めるようになった。ことにカリフォルニアのエサレン研究所を中心に、ニューヨーク、サンフランシスコなどにゲシュタルト療法の研究所が作られ、広がりをみせていくようになる。

　近年、日本においても関心がもたれるようになり、かなりの地域でゲシュタルト療法の研修会やワークショップが行われるようになってきている。

ゲシュタルトとは

　ゲシュタルトとは、ドイツ語で「全体の形」とか「全体を包含する(まとまり)」といった意味である。この意味が示すように、ゲシュタルト療法は、全体の形を作り、統合を目指す。つまり、外界の環境の中に生きる有機体としての人間が、何らかの原因のために、固定化した部分的な行動しかできなくなってきたり、全体的な自己認識が失われる状態に陥ったとき、セラピストのサポートのもと、"今、ここ"での気づきに焦点をあてて、その人の中にある心と身体の内部の統合がなされていないもの(未処理の問題、未解決の感情)を体験を通じて解決していく。そして、徐々に主体性や自発性を回復し、他人や環境に依存することなく、自立し、生き生きと機能できる人間になること、またはそういう人間であること(真正の自己)を目標とした心理療法、カウンセリングであり、生きる仕方の修練である。

ゲシュタルト療法の特徴

　この療法の特徴として、①「今、ここに生きること(過去や未来に関心をもつより現在を重視し、想像に縛られないようにする)を大切にする」、②「考えること(概念化すること)より感じること、体験することを重視する(例：砂糖のことを知るためには、砂糖について知識を詰め込むよりなめてみることのほうが有効)」、③「操作、解釈などよりも、表現することを重視する(例：嫌いな同僚のことを上司に告げ口する(操作)よりも、「私は彼が好きになれません」と率直に表現するほうが正直で、誤りが少ない)」、④「自分が行い、感じたことに責任をとる」、⑤「現実直視、ありのままの自己直視をする」などをあげることができる。このような自己を志向するのが、ゲシュタルト療法である。

2 ゲシュタルト療法の技法と実際

ゲシュタルト・ワークと各種技法

　セラピストのサポートのもとで自分が自分に向き合って、自己の未処理の問題や未解決の感情を整理し、統合していく作業をゲシュタルト・ワークとよんでいる。そのために次のような技法が適宜、駆使されている。

① "今、ここ"での気づきを促進する

　"今、ここ"での気づきがあれば、クライエントの治療上の変化、自己成長がもたらされるとするこの療法は「今、何に気づいているのか」が基本となる。この他「今、何をしていますか」、「今、何が欲しいのですか」、「今、何を避けているのですか」などの言葉を用いて、クライエントの気づきを促すことが重要である。

② 空椅子技法 (empty chair technique)

　当事者にとって重要な意味、関連をもつ人物、事物などが現前に存在すると仮定して用意される。座布団が使用されることもある。

③ 対立分身対話法 (topdog/underdog)

　クライエントの心に2つの対立するものがあり、その人の統合を妨げている、とみられた場合に用いられる方法（例：「仕事を変わりたい」と思いながらも、転職には危険が伴うので「どうしたものか」と悩んでいる場合）。

④ 未完遂ワーク (unfinished work)

　クライエントの中に表現されずに残り火のように残存しているもの（解放されていない感情）がみられるときに使用される。

⑤ 夢のワーク (dream work)

　夢の意味、内容を解釈するのではなく、セラピストは夢をみた本人が、夢の中の要素になりきって、夢のストーリーを演じることで、夢の意味するところを体験的にわかるように導くのである。

⑥ 役割演技法 (role playing)

"今、ここ"での気づき
自己の気づきを高める方法として、気づきトレーニング (awareness training) がある。

ゲシュタルト・ワークを行うとき、空椅子技法とセットで取りあげられる。クライエントにとって重要な人や存在とかかわっていく必要性が生じた場合、それらの人や存在になってもらい（役割取得）、お互いに応接、対話を重ねる手法（例：クライエント（C）「母は私を理解していない」、セラピスト「今ここにお母さんがいるとして、あなたの気持ちを話して」、C「あなたは私を理解していない」、Th「母になって」、C（母）「子どもは同じように愛してきている」、Th「交代して」、C「そんなことはない！私は嫌われている」というように進めていく）。

気づきトレーニングの一場面。

ゲシュタルト・ワークの実際

　あるワークショップの場面で、クライエントが両手を固く握りしめている。
セラピスト（以下Th）「今、あなたの手は何をしているの」
クライエント（以下C）「…手に力を入れて…自分を抑えている」
Th　「何を抑えているの」
C　　「何を…あっ、自分の気持ち…怒りの感情を抑えているんだ」
Th　「そのことに気づいて、今、どんな感じ」
C　　「自分に対して腹立たしい気持ちが生じている」
Th　「何を腹立たしく感じているの」
C　　「いつも自分の気持ちを表現できない自分に対してです」

というように、クライエントのプロセスにしっかりと沿いながら"今、ここ"での気づきを高めていくのである。握り拳(ボディ・ランゲージ・身体言語表現)は、表現できない自己に対する怒りであることが、"今、ここ"での気づき体験を通じて理解されることとなった。このような気づきの体験を重ねることによって、さらに新たな自己探求や自己理解が可能となるのである。

参考文献

1) Naranjo, C., The Techniques of Gestalt Theraphy, The Gestalt Journal, 1980
2) Bottome, P. 著、俵里英子監、岡田法悦訳『Live Now——今に生きる』チーム医療、1992
3) Simkin, J. S. 著、岡野嘉宏・多田徹佐訳『ゲシュタルト・セラピーミニ・レクチャー』社会産業教育研究所、1978
4) Marcus, E. H. 著、国谷誠朗訳『成長のための効果的方法』チーム医療、1990
5) Oldham, J. / Key, T. / Starak, I. Y. 著、岡野嘉宏訳『ゲシュタルト・セラピー——自己への対話』社会産業教育研究所、1992
6) 前田茂則「心的外傷(児童期性的虐待等)を背負うクライエントの援助過程——ゲシュタルト療法のアプローチ」帝京平成短期大学紀要第11号、p.1-9、2001
7) 前田茂則「ゲシュタルトセラピーについて——児童相談所における活用の試み」全国判定員協議会会報第65号、p.2-7、1984

7 交流分析

1 交流分析とは

バーン
(Berne, E. 1910-1970)

交流分析(transactional analysis:以下TAとする)は、精神分析の口語版といわれ、アメリカの精神科医バーンが1950年代ごろから提

唱した性格理論であり、それにもとづく治療体系である。日本の臨床の分野には、1970年代に、九州大学心療内科で導入されて以来、研究・実践が進められてきた。理論構成上は精神分析からの面が多いが、学習理論、ゲシュタルト療法、サイバネティックス、人間学的心理学などを含む総合的な発展により、人間性心理学の中に位置づけられている。「互いに反応しあっている人々の間で行われている交流を分析すること」を目的とする。

　TAでもっとも大切にするのは、個人の自律性であり、これを失うことが生活上の問題を生ずると考える。そのため、TAは、自律性を回復することが目標となる。自分の能力に気づき、本来の自分を実現していくための心理療法である。

　TAの基本には、3つの「自我状態」と対人交流を求める動機という2つの仮説がある。

3つの「自我状態」

　人は誰でも「3つの私」をもち、それらは「自我状態」とよばれる。自我状態は「感情および思考と、それらに関連した一連の行動様式を統合した1つのシステム」と定義される。それらは、図表2-13のように記号化されて説明される。

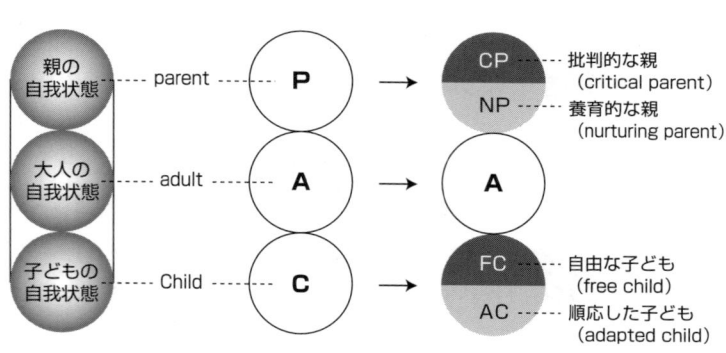

図表2-13　交流分析

自我状態	記号	下位区分
親の自我状態 parent	P	CP 批判的な親 (critical parent) / NP 養育的な親 (nurturing parent)
大人の自我状態 adult	A	A
子どもの自我状態 Child	C	FC 自由な子ども (free child) / AC 順応した子ども (adapted child)

出典：前田重治編『心理療法2〈臨床心理学大系8〉』金子書房、p.189-190、1990、一部改変

対人交流を求める動機

対人交流を求める動機は、次の3つの要求を満たすためである。

①刺激への欲求
乳幼児期の愛撫・接触・視聴覚刺激などをはじめ、評価・賞賛など肯定的な刺激や、叱責・非難など否定的な刺激も、成長のためには不可欠で、これを TAでは「ストローク」(stroke)とよぶ。人は、肯定的ストロークが不足すると、否定的なストロークで補うものである。

②人生の立場（ポジション）への欲求
乳幼児期からの親たちとの関係で、「基本的構え」とよび、一旦決まった立場は強化される傾向がある。その各人の構え（立場）は「OKである」「OKでない」と表現し、「自他肯定」、「自己否定・他者肯定」、「自己肯定・他者否定」、「自他否定」の4種に分類される。

③構造化への欲求
生活の時間を構造化して、心理的安定やストロークを得ようとする要求であり、構造化には閉鎖、儀式、活動（仕事）、雑談、ゲーム、親交などがある。

これら①②③の欲求について、よく理解した上で、以下の分析を順に行っていく。

4つの分析

①構造分析 (structural analysis)
パーソナリティの特徴をとらえることを目的とする。心の中に3つの自我の5種の状態があり、状況や各個人によって、優位となる自我状態が異なると考え分析する。目的は、自己をよりよく客観視し、性格のアンバランスをみつけていくことにある。内部対話, 自我状態の偏り（強迫傾向、自己愛傾向、Ⓟ-Ⓒ葛藤型）、自我境

界の病理(排除、汚染)、エゴグラム(機能分析)などの分析によって理解される方法が用いられてきている。

②交流パターン分析(transactional analysis)

2者間のコミュニケーションの様子を Ⓟ、Ⓐ、Ⓒ間のベクトルで分析する。実際に行われている会話を、記号や図式を使って分析し、どんな人間関係か考えていく。

③ゲーム分析(game analysis)

こじれた人間関係を「ゲーム」とよび、幼少期から悪循環に陥った対人関係のパターンを分析する方法であり、交流分析の中核をなしている。過去のトラブルのパターンに合う相手に出会うと、また同様にトラブルを起こしてしまうことが多いが、本人は気づいていない。バーンによると、この繰り返される交流パターンは、次の公式に従う。

仕掛け人＋弱者(かも)→反応→入れ替え→混乱→結末

と進み、第三者の介入が問題をこじらせ、不快な結末になると指摘した。

ゲームは、生活のゲーム(アルコール中毒、借り倒し、あら捜し……)、結婚生活のゲーム、パーティー・ゲーム(詮索好き、水掛け論……)、セックスのゲーム、犯罪者のゲーム(逃げるスリル、信用詐欺……)、診察室のゲーム、いいゲームなどに分類される。このゲーム分析は、家族療法にとりいれられている。

④脚本分析(script analysis)

人生の「脚本」の分析であり、この内容が破壊的なら、それを「今、ここで」建設的な脚本に書き換える決断をし、新しい人生を歩みだすことが、交流分析の最終の目的である。

2 交流分析の適用

　心療内科などで、心身症、神経症、うつ病など、対人関係ストレスが、その発症や経過に関与する病態に対して、広く用いられる。単独よりも薬物療法や、ほかの個人療法・集団療法と併用されることの方が多い。また、エゴグラムによる自己理解は、学校・職場でのメンタルヘルスなど、健常者の健康教育にも広く適用されている。学級経営においては、ストロークの出し方が役立ち、教師は生徒を上手にほめられるようになる。

参考文献
1) Stewart, I. &Joines, V. 著、深沢道子監訳『TA TODAY——最新・交流分析入門』実務教育出版、1995
2) Stewart, I. 著、杉村省吾ほか訳『交流分析のカウンセリング』川島書店、1995
3) 岡堂哲雄編『カウンセリングの技法』至文堂、1988
4) 東京大学医学部心療内科TEG研究会編『新版TEG——解説とエゴグラム・パターン』金子書房、2002
5) 杉田峰康『交流分析』日本文化科学社、2000
6) 杉田峰康『新しい交流分析の実際』創元社、2000

8. システム・アプローチ

1 システムとは

ベルタランフィ
(Bertalanffy, L. von 1901-1972)

　ベルタランフィ(1948)の一般システム論によると、システムとは各構成要素が相互にある関係をもちながら形成する1つの「全体(複

合体)」を意味しており、部分が相互に作用し合い、相互に影響し合う関係全体を指す。このシステムについて、ミラー(Miller, J. G., 1978)は生態システム論を説き、心理臨床場面でシステム論を応用するきっかけを作った。これが、現在のシステム・アプローチ(system approach)(もしくはシステムズ・アプローチ)につながっている。

② システム・アプローチとは

　システム・アプローチでは、対象をシステムという観点でとらえようとする。システムには階層性があり、それぞれに上位システムと下位システムをもつ。たとえば、Aさんという人には、家族や勤務している会社などの上位システムがあり、同時に器官システム、細胞システムなどの下位システムも存在する。各システムは限りなく開放されたつながりの中に存在し、相互作用し合っていることになる。しかも、システム全体が下位システムの総和と等しいとは限らない。これはシステムの全体性とよばれる特性で、優秀なリーダーシップをもった2人が同じ集団に所属すると2倍のリーダーの効果が認められるかというと、逆にぶつかり合って1人のとき以下の指導性しか得られない場合などが好例となろう。

　このようなシステムの特性をふまえながら、たとえば出社拒否の青年という対象を理解しようとすると、未熟な自我システム、親離れ−子離れができない密着した母子システム、母親が子どものみに関心を向けざるを得ない疎遠な夫婦システム、仕事にうまく適応できない者に適切な支援を与えられない職場システムなど、その青年個人のみの問題とはいい切れないさまざまなシステムレベルの問題が浮かんでくる。このような場合に、「母子密着→未熟な自我形成→社会性の問題→出社拒否」などという形で直線的に因果関係を考えるのはシステム論的でない。なぜなら、各システムは互いに影響を与え合っているからで、一方的な影響関係はあり得ず、絶えず相互作用的であるからである。母子シス

テムと子どもの自我システムの関係だけを取り上げても、「未熟な子どもの自我→母親が心配して過剰な関与→母親に依存して適切な自我の機能が発達しない→年齢相応でない発達を心配してさらに母親が関与→……」と循環的な相互作用が考えられる。「母子密着→未熟な自我形成」という直線的な因果関係理解は、その中の一部を切り取ってきたに過ぎない。システム論的な因果関係の認識を円環的認識論とよんだりもするが、このような認識に立つと、個人の問題はその個人のみに原因が求められるのではなく、システムのもつ問題をその個人が体現していることになる（そのため、システム・アプローチでは問題を抱えている個人を患者ではなく「患者とみなされた人（identified patient ; IP）」とよぶことが多い）。

　しかし、さまざまなシステムの問題を扱うとなるとかえって煩雑で、効率が悪いのではないかという疑問も出てくるであろう。ところが、システムの階層性や全体性という特性からすると、システムの一部を少し変化させるだけでシステム全体が変化することになるので、この方が効率的である場合も多い。どのシステムをどのように変化させるとよいかということが重要で、治療的介入の対象となるシステムは、家族であったり、職場であったり、母子システムであったりとさまざまである。ここでは、ある小学校のクラスを対象としたシステム・アプローチ的なかかわりを例として紹介しよう。

❸ 事例

　筆者がスクールカウンセラーをしている学校の近くにある小学校の校長から、「担任とクラスの5、6人の女子がうまくいっていないので相談にのってほしい」という依頼が入った。スクールカウンセラー事業が配属校以外の地域でも生かされねばならないという流れもあってその学校に赴いた。
　担任は面接で「いろいろと頑張ったけれども、もう策が尽きた。

とにかく何をいっても反応してくれない」と力なく訴えた。そこで私は、担任には、「無視されている方が、授業で余計な騒ぎなどを起こされなくてよいかも。先生は間違っていないのだから、今のままでよい」とだけ指示をした。

　一方の女の子たちは「授業中に指されても一切しゃべろうとしない」という情報の割にはよくしゃべった。彼女たちは「4月早々に差別をされた。だから、私たちはあんな担任とはかかわらないようにしようと約束した」と述べ、担任の気に入らない点や差別のひどさについて口々に訴えた。「なるほど、君たちのいうことにはもっともな点がいくつかある。でも決定的に間違っていることがある」と返すと彼女たちは急に敵意の目でこちらを見返した。「担任の先生はまったく困っていない。いや、むしろあなたたちが静かにしていてくれて大助かりなのではないか」というと、また穏やかな雰囲気になって「じゃあ、騒いでやろう」という意見が出た。そこで、「そんなことをして付け入る隙を与えてはいけない。どうせ戦法を変えるなら相手がびっくりするような方法がよい」と助言をしたところ「授業中に騒ぐのは注意されるけれど、放課中なら問題がない」ということで、授業が終わると各自が一斉に担任に大声で話しかけるという「いたずら」が決まった。

　2週間後にその成果を聞きに訪れると、担任は「私を驚かせようと急にしゃべり出したようですけれど、かえって接しやすくなりました」とのこと。子どもたちは「最初は先生もびびっていたみたいだけれど、そのうち話す方が楽しくなって」と照れくさそうに、しかし笑顔で語った。「いたずら」の継続を指示して帰ったが、担任の報告によれば彼女たちは担任と約束して休日に遊びに出かけたりもし、その後も順調だったらしい。今まで担任によそよそしかったクラスが、担任ともそして児童同士でも親密になったということである。システムの一部を変えるだけで、システムが変化することがみてとれよう。

9 家族療法

1 家族療法の成り立ち

　個人の問題の背景として、家族の影響を考慮することは今日では一般的なこととなっているが、そのような視点に大きく貢献したのは1950年代の精神分裂病(統合失調症)の家族研究である。

　たとえばベイトソンらの研究グループは、家族のコミュニケーションのあり方を問題にして二重拘束理論を説いた。個人が家族から水準の異なった矛盾のあるメッセージを常に受け取り続けると混乱し、この文脈から逃れるために病的な状態になるというものである。この発想に従うと、個人の病理を治療しても問題のある家族のもとに返せば、また元通りになってしまう。そこで、家族自体を治療の対象とするという考えが生まれたのである。

　家族全体を治療対象とするという家族療法(family therapy)はいくつかの立場に分かれる。アッカーマンらの精神分析的アプローチ、ボーエンらの世代論的アプローチも重要だが、家族システム論にもとづく家族療法(以下システム論的家族療法とよぶ)が今日では主流になっている。

　家族システム論とは、一般システム論(ベルタランフィ、1945)から派生した生態システム論(ミラー、1978)やサイバネティクス理論をもとにして家族関係を論述する諸理論の総称である。

ベイトソン
(Bateson, G. 1904-1980)

アッカーマン
(Ackerman, N. 1908-1971)

ボーエン
(Bowen, M. 1913-1990)

2 システム論的家族療法

戦略派

システム論的家族療法は、重視する側面や治療技法の相違により、いくつかの立場に分かれている。

たとえば戦略派とよばれるヘイリーらやMRI(Mental Research Institute)の立場は、問題に対する家族の解決努力が逆に問題を維持していると考え、この「問題→偽解決→問題→……」という悪循環の行動連鎖を別のものに変化させるためにパラドクス(逆説)やリフレーミング(認知的な枠組みの転換)などの戦略的な技法を用いる。けんかが絶えない夫婦に「夫婦のけんかは互いの主張を聞くよい機会です。毎日朝7時になったら必ずけんかしてください」などと介入するのである。同じ行動でも文脈を変えただけで、その意味が変わってくる。義務としてけんかをすることなど、ばかばかしくてできないし、この課題の問題点について2人で「親密に」話し合うかもしれない。そこで行動の連鎖が変化するわけである。このケースでは実際に「無理にけんかをしようとするとおかしくなってしまって、かえって笑いながら話すことが増えました」という報告が返ってきた。

ヘイリー
(Haley, J. 1923-)

構造派

一方、構造派ではシステムの構造を重視したアプローチをとっている。サブシステム間の関係の問題が個人の問題に大きくかかわっていると考え、サブシステム間の境界や勢力関係などに介入していくのである。たとえば、よく問題になる母子密着は夫婦サブシステムと子ども(きょうだい)サブシステムとの境界が不明確で、横のつながりより縦のつながりのほうが強くなってしまっているととらえられる。また、子どもを取り込んで父親の勢力に

対抗しようという母親の無意識的な意図も関連しているかもしれない。

　ある小学生の男の子は高学年になって突然学校に行けなくなった。朝起きると「心臓がどきどきしてきて、そのうちに痛みも感じられて、心臓が止まるのではないか」という不安に駆られるのだという。実際に心拍数もかなり上がって、本人は顔面蒼白の状態になるらしい。心電図などには異常がなく、いくつか受診した小児科では「心理的な問題だから」と言われてきた。この家族の面接を行ったときに印象的だったのは、IP（患者とみなされた人）とその弟をはさんで夫婦が座ったことと、父親が話をするときに必ず母親がそっぽを向くことであった。また、母親は時々「夫はあまり家にいないのでよくわからないかもしれませんから」と補足説明をした。朝の状況をエナクトメント（enactment：日常場面を治療場面で再演してもらうこと）させると、「もう気持ちの問題だから早く登校しなさい！」と強い口調で母親が詰め寄り、「本当に苦しいんだってば」とIPが反論するやりとりが展開された。父親は朝のその時間には出社していて、夜遅く帰ってきてIPと出会えたときには、「明日はきっと行けるよね。頑張ろうな」と優しく励まし、母親はその対応にも不満をもっているようであった。治療チームの指示として「とりあえず、この不自然な座り方を変えましょう」と子どもを退席させ、夫婦を隣り合わせた。「どうすべきか話し合って下さい」というと母親が一方的に父親を責め、話し合いにならない。「お父さんももう少し自己主張をして」「お母さん、それは少し無理があります」などと弱い父親に少し肩入れをすると、父親も少し元気が出てきて、「そんなに俺の対応がまずいというなら、完全に俺に任せてみろ。優しさだって必要なんだ」といい放った。

　しかし、次のセッションでは「やはりだめでした。しかも3日目には妻が我慢しきれなくなって口出ししてきました」とうまくいかなかったことが語られた。「どうも、夫婦別々ではだめなようですね。お父さんが出社するまでにお子さんを起こして、2人で対応するのはどうでしょう。しかも、いつもと役割を交替して、お父さ

治療チーム
多くの家族療法では、ビデオ装置、ワンウェイミラー（その後ろに治療チーム）、そしてチームと面接者の連絡用インターホンを用いて面接を行う。このような形を取ることで、家族システムに巻き込まれ過ぎずに客観性を保ちながら、介入を行える。

んが強めに、お母さんは優しい感じで」と介入し、練習を目の前でさせた。

　次の回では、課題実施5日目まではIPは登校する直前に症状が出て休んだ。しかし6日目には父親が休みをとって登校直前まで対応すると久しぶりに登校でき、「1回行けたら気が楽になった」と登校が続いていることが報告された。

　うまくかみ合わなかった夫婦システムの結びつきを変化させ、勢力構造に手を入れたことで、母子システムだけでなく、家族全体に変化が起こったことが見てとれた。疎遠な夫婦が子どもの問題に共同して取り組んでくれることを、この子の無意識は不登校という症状を示しながら待っていたのかもしれない。

✏️ その他

　システム論的家族療法には他にも、システミックな観点をもっとも重視するミラノ派とよばれる立場やBFTC(Brief Family Therapy Center)の一派などたくさんの流派が存在する。

10 短期療法

　ブリーフセラピー(brief therapy)の訳語として「短期療法」は定着しつつあるが、この言葉は単に時間的に短いというだけではなく、短期間に効率的・効果的に行われるという意味を包含していることを明記しておきたい。確かにマン(Mann, J.)の「時間(期間)制限心理療法」(time-limited psychotherapy)のように期間を区切って行うということに重点を置いた心理療法も短期療法ではあるが、

今日主流になっている短期療法の立場に大きな影響を与えたのは催眠療法家ミルトン・エリクソンである。

エリクソン
(Erickson, M. 1901-1980)

① 解決焦点型アプローチとは

エリクソンはいかに短時間でクライエントの資質を活用して治療的変化を引き起こすかという点に最大の関心をおいた。ベイトソンのコミュニケーション研究プロジェクトに参加していたヘイリーやウィークランドらは研究の一環としてエリクソンのもとを訪れていた。そして、エリクソンの影響を受けた彼らはプロジェクト終了後、MRIにかかわり家族療法、短期療法の研究と実践を始めた。彼らを中心とする戦略的アプローチやMRIアプローチは問題を持続させる行動やコミュニケーションの連鎖を断って解決を導き出すスタイルが中心だが、こうした悪循環を直接断つのでなく、既にあるよい状態(問題に対する「例外」)を拡大しようという実践がド・シェイザーらを中心とするBFTCで行われてきた。この、「問題にではなく解決に焦点を当てる」短期療法は解決焦点型アプローチとよばれている。彼らの基本的な考え方は「①もしうまくいっているなら、それをなおそうとするな。②もし一度うまくいったら、またそれをしろ。③もしうまくいかなければ、別のことをしろ」というルールに反映されている。このルールに従って、「例外」という既に存在している「解決の一部」を拡大していくわけで、そのためにミラクル・クエスチョンやスケーリング・クエスチョンなどの質問法の工夫や面接技法の開発が行われている。

ウィークランド
(Weakland, J. H. 1919-1995)

ド・シェイザー
(de Shazer, S. 1940-)

ミラクル・クエスチョン
「今夜眠ったあと奇跡が起こって、ここで話していた問題がすべて解決したとしたら(しかし、寝ているので奇跡が起こって問題が解決したのはわからない)、翌朝、どんなことから問題が解決したことがわかるでしょうか」と解決後の様子を想像させる質問。

スケーリング・クエスチョン
「最悪の状態だったころを1、解決後の状態を10とすると、今は何点くらいでしょう」という形で曖昧なものを数値化させる質問。何点と答えたかは重要ではなく、「それより1点上がると、どこが違ってくるでしょう」と解決に向けての小さな変化を具体的にイメージさせる。

② 解決焦点型アプローチの実際

解決焦点型アプローチの実際を示しつつ、説明を加えたい。「中学3年生の娘が2学期半ばから不登校状態になった」とその

母親が来談したのは1月下旬であった。「とにかく高校は行かせたい」ということで、BFTCモデルの短期療法を行うことにした。この娘は小学校時代から級友にからかわれるなどして、連続して休むことが多かった。「いつものことと思っていたら、これほど長いのは初めて」ということで診療に訪れたらしい。両親は離婚しており、母親と地元トップの進学校に通う姉との3人家族であった。母親の姉に対する信頼は絶大で、その分IPを低く評価している節がある。

　「とにかく困っている、何とかしてほしい」という状態だったため、コンプレナント・タイプの交流と理解し、「今度の面接までに、IPのよい行動やこれからも続いてほしいようなできごとをみつけてくる」という観察課題を出した。

　次の回には「受けない」といっていた私立高校を受験したことが語られた。「もう少しよくなるとして、次にして欲しいことは何ですか？」と聞くと、「勉強して欲しい。それと早起きも。私の出勤後に起きている」と答えた。「勉強は全然しないわけではないと思いますが、どんなときにするのですか」と尋ねると、「私が誘って一緒にやるとき」というので、「では次回までに何回か誘って一緒に勉強してください」と指示した。次に「仕事から帰ってきたときに、どんなことから早起きしたとわかるのですか」と質問すると、「洗濯物が畳んであって、夕飯が準備されているとき。そうなっていないと、また1日だらだらしていたのかと叱る」とのこと。「やってあると叱るかわりにどうするのですか」と尋ねると「ありがとうとお礼をいう」というので、「十分でなくても、やってあったらお礼をいってください」と課題を出した。交流がカスタマー・タイプ的になってきたために課題を少し積極的にしたのである。

　3回目では、「驚きました、毎日勉強するし、洗濯も掃除もできている。料理もやってくれている」と語るので、「あなたのどんなかかわり方が、こういう行動を引き出していると思いますか」と聞くと「なるべくほめるように心がけた」と答えた。そこで、現状を維持するように助言した。

　4回目では、公立高校を受験して合格したこと、さらに卒業式に

コンプレナント・タイプの交流
「クライエントは困っており、問題が存在することは認めているし、解決への期待もあるが、自分が解決の鍵を握っているとは思っていない。むしろ、他の者が変化する必要があると認識している」とセラピストが感じている関係。

カスタマー・タイプの交流
「クライエントは問題の存在を認めていて、解決も期待していて、自分が解決のために積極的に行動しようと決意している」とセラピストが感じ、具体的な解決へ向けての行動を課題として出せるような関係。

も出られたことが語られた。4月からの登校も順調で、雨の日でも頑張って1時間の道のりを自転車で通っているとのことであった。

月1回の面接で3か月の様子を見た最終回、「以前はすぐ休んでいたとは思えないほど変化しました。私にもあまり甘えてこなくなったし、お姉ちゃんともうまくやっている」とうれしそうに語った母親は、「でも、私も変わったんですよね」と確認して帰っていった。

2年後に、この母親を紹介してきた人から聞いた話では、1年生では風邪で2、3日休んだものの、2年生では皆勤を果たしたということであった。

このように、目標(解決)に近づくステップの1つとして認識されている「すでに起こっているよいこと」を拡大するように働きかけることで、よい方向への変化がおこる。IPはいつも問題ばかり抱えているのではなく、評価できるよい行動もたくさんもっているので、それを資源として活用していくのである。この事例のように、どうして不登校になったのかという「問題」や「原因」には関心を向けず、ひたすら解決した状態を追い求めるのが、解決焦点型短期療法である。

この他にも、エリクソン独自の流れを汲むエリクソン・モデルや有能なセラピストのコミュニケーション的特徴をエッセンスとして抽出し応用する神経言語プログラミング (neurolinguistic programing) など、さまざまな短期療法的アプローチがある。

11 森田療法

1 森田療法とは

　森田療法(Morita therapy)は、森田正馬によって創始された、神経症(神経質)の独自の心理療法である。別名家庭的療法、自覚療法、体験療法、練成療法、あるがまま療法などとよばれる。

　森田は、「かくあるべしという理想の自己」にとらわれるために、理想から離れすぎた、「かくある現実の自己」に悩むという思想の矛盾(心の葛藤)から行動が決定できなくなり、不安、緊張が起こると考えた(図表2-14)。その不安、緊張のために2次的に生じた症状や観念に「とらわれ」、その後、そのようなことがあってはならないと打ち消す(または処理する)行為がみられるようになる。症状

森田正馬
(Morita, Masatake. 1874-1938)

図表2-14　自己に対する思考の矛盾

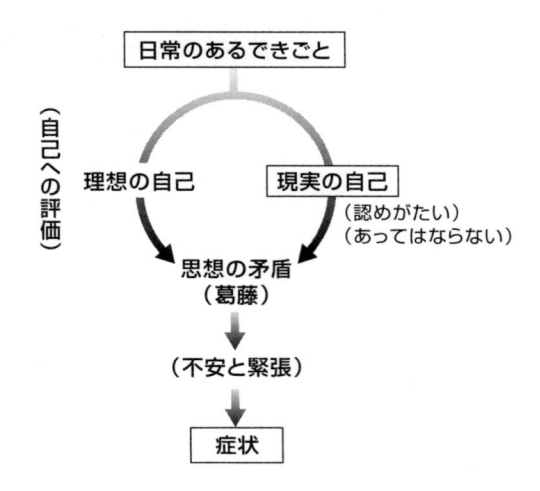

```
              日常のあるできごと
                    │
        ┌───────────┴───────────┐
（自己への評価）                       
    理想の自己              現実の自己
                          （認めがたい）
                          （あってはならない）
        └───────────┬───────────┘
                思想の矛盾
                 （葛藤）
                    ↓
                （不安と緊張）
                    ↓
                   症状
```

に対する注意の集中とそれによる感覚の増大を精神交互作用といい、これによって精神的悪循環をきたすことになるとした(図表2-15)。

図表2-15　症状に対する「とらわれ」の機制と神経症の本態

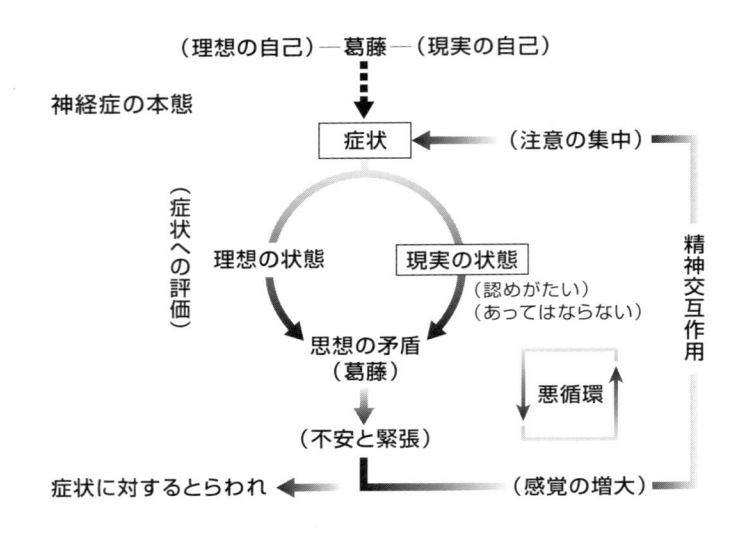

2　森田療法の特徴

　森田療法の特徴は、他の心理療法と異なって、症状(主訴そのもの)を治療の対象とせず、症状を不問にするところにある。その理由は、「症状はあってはならないもの」という考え(悪智)は神経症の観念そのものであり、「人前で取り乱してはならない」とか「不潔を不潔と思ってはならない」と考えるうちは、この悪智に「とらわれ」ていて、そこから脱出することができない、と森田はいっている。

　森田によれば、神経症は器質的な病気でもなければ精神病でもない、症状のもととなる心理的・生理的現象は、健康人なら誰

にでもあるもので、これを異常もしくは病気と思い込み取り除こうとするところから生じるとされる。

　現存する症状を否定するということは、現存の自己に対する否定でもあるということを知るのは、その渦中にある者にとっては、なかなか納得しづらいものである。

　では、どのようにすれば、この悩みを無理なく解決することができるのか。ここが森田療法のポイントでもある。これについて、森田療法では、「症状を受容する」ことが、取りも直さず「現実の自己をも受容し、認める」ことにつながる、すなわちあるがままを段階を追って体験し、会得(体得)させることが大事であると説いている。こうみていくと、この森田療法は系統的・段階的な心理療法であるといえる。

　「死の恐怖」(＝不安)は「生の欲望」(＝欲求)の反面であり、欲求のあるところに不安がある。本来の欲求を見失い、不安を取り除くことが目的となっている状態が神経症であり、その不安が症状として固着するのである。したがって治療理念は「あるがまま」であり、「症状や不安はそのあるがままに、なすべきをなす」「行動は気分本位ではなく目的本位に行う」であるとされる。そして自分らしい欲求・願いを実現していくことに努力する(自己実現)ようになることである。

３ 森田療法の原法

　森田療法の原法は、次の4期に分かれる(図表2-16)。

第Ⅰ期

　約1週間の臥褥療法の時期で、患者を隔離して、面会、談話、読書、喫煙、その他すべての慰安を禁じ、食事、通便の他は絶対臥褥を命ずる。

図表2-16　森田療法の手順と治療目標(中尾ら、1989)

治療手順と行動	治療目標
Ⅰ期：絶対臥褥期（4～7日間） 　　　安静と睡眠	①心身の疲労回復 ②煩悶即解脱
Ⅱ期：軽作業期（1～2週間） 　　　手仕事：縫い物、折り紙、パッチワーク 　　　部屋の整理、草取り、プラモデル 　　　日記つけと規則正しい生活リズム	①自発性の発揮 ②気分本位の打破
Ⅲ期：重作業期（3～4週間） 　　　全身的作業；畑仕事、庭掃除、 　　　炊事のあと片付け、洗たく 　　　終日作業を続ける	①価値観の没却 ②不可能なことなしの体得
Ⅳ期：日常生活訓練期（1～4週間） 　　　通信と会話の再開	①境遇に従順 ②純な心の体得

　この目的は第1に臥褥中の精神状態をもって診断上の補助とし、次に安静によって心身の疲労を調整し、さらに本療法の主眼として患者の精神的煩悶（はんもん）を根本的に破壊し、いわゆる「煩悶即解脱」の心境を体得させようとするものである。

第Ⅱ期

　起床。この時期もまた隔離療法であって、交際、談話、外出を禁じ、臥褥時間を1日7～8時間に制限し、昼間は必ず戸外に出て、空気と日光に触れるようにする。2日目から日記を書かせ、日記指導を行う。また起床時および就床前に古事記、万葉集のようなものを音読させる。これらの体験によって、精神の自発活動を次第に復活させる。また夜には、精神統一を得るようにする。

第Ⅲ期

やや重い作業をさせる。作業に対する持久忍耐力を養成して、自信を得るとともに、仕事に対する成功の喜びを反復して、勇気を養う方針をとる。たとえば、鋸引き、薪割り、畑仕事、穴掘りなど。読書は歴史、地理、伝記、平易な科学書などを選ばせる。

第Ⅳ期

この時期には、興味中心主義ではなく、興味・執着を破壊し、すべての拘泥を離れ、外界の変化に順応する訓練を行い、実際生活に帰る準備をする。必要に応じて外出もする。

各期の期間は、症状の軽重によって変化するので厳密な規定はないが、原法では全治療期間は40日とされている。

❹ 各精神疾患への適応

各精神疾患への適応については、森田療法では、以下のように考えられている。

慢性の遷延性うつ病

慢性の遷延性うつ病にあたっては、その症状の基本的構造は、「気分の低下」と「上昇への希求」、「気分の停滞」と「その打破へのあせり」との相克により悪循環に陥っているとする。その悪循環を断ち切ることが大切で、そのためには、神経症の症状への「とらわれ」と同じく、「うつ」とともにいること、「うつ」そのものになりきらせることが重要であるという(第Ⅱ期の治療目標)。これに加えて「うつ」的自閉から、第Ⅱ〜Ⅲ期での作業を通じて、"他者への共感的態度への変換"を図ることは、「うつ」からの回復を早め

る。さらに治療は、自己の客観化を通じて能力以上のことがらに対して拒絶能力を高め、拒否できないがゆえの板ばさみの葛藤状況から解放させ、さらには自己の性格、発症状況に対する洞察を深め、治療へと向かわせる。

統合失調症

統合失調症の治療には、作業に専念することが有用であることは19世紀初めよりわかっているところである。森田は、統合失調症に罹患すると、患者は現実をゆがめて理解するために、服薬なしでは「事実唯真（事実を肯定すること）」の体得は困難であるが、少量の服薬により情緒が安定すれば、物事を緻密に観察する能力が人一倍すぐれているとした。そして、統合失調症は、治療第Ⅰ期の絶対安静が守れないので治療の対象からはずした。しかし、日常生活を営む上で必要な、そして基本的な「心構え」を体得させる治療法であるとするなら、これらの疾患にあっても有益であろうと思われる。

その他

新しい試みとして、摂食障害をはじめとした神経症水準あるいは、境界例水準の症例、男性のひきこもりをめぐる症例もまた森田療法の適応として浮かび上がってきており、そうした試みは森田療法の中でも始められている。

5 まとめ

森田療法は、いまや国際的にも評価が高く、また昨今の社会構造の変化の中で、新たな視点を求めて活発に研究がされるとともに、適応症状の拡大が試みられている。また、森田療法は、専

門的な技法を有する精神療法であることを超えて、人生の大事に迫る理想の体系として、人間としての生き方の悩みの解決を求めて挫折を繰り返す人々や、社会福祉、医療（老人、がん、ターミナルケアなど）、療育、教育、産業の各分野において仕事に携わる人々の間で、期待が高まっている。

参考文献

1) 森田正馬『神経質ノ本態及療法〈森田正馬全集・第二巻〉』白揚社、p.348-361、1974
2) 岩井寛・阿部亨『森田療法の理論と実際』金剛出版、1975
3) 内村英幸編『森田療法を超えて——神経質から境界例へ』金剛出版、p.27-28、1992
4) 大原浩一・大原健士郎「森田療法」氏原寛ほか編『心理臨床大事典』培風館、p.351-353、1992
5) 小此木啓吾「森田療法」小此木啓吾ほか編『精神医学ハンドブック』創元社、p.501、1998
6) 古閑義之「森田療法について」水谷啓二編『森田療法入門（上）』白揚社、p.78、1970

12 内観療法

1 内観療法とは何か

内観療法では次の3つのことに集中して自己を振り返り省察する。①人からお世話になったこと、②自分がお返ししたこと、③他者に迷惑をかけたことである。

こうすることで態度や構えが変容していく。不登校や摂食障害が治ったり、健常者の精神的健康が増進されたりする。パーソナリティが変化することもある。ゆえに、内観療法は心理療法の1つであるといえる。

内観という言葉は、この療法の創始者である吉本伊信の命名による。これは、浄土真宗の特殊な一派に伝わる「身調べ」という宗教的修行法を現代化したものである。そこでは食べ物も水もひかえ、睡眠もとらず、ただひたすら内観したのである。

よって内観療法は、浄土真宗的人間観が根本にあるともいえる。人は罪悪深重である。多くの迷惑を他人にかける存在である。その一方で、多くの恩寵を他者や仏様からいただいている存在でもある。「お世話」になっているのである。

> **吉本伊信**
> (Yoshimoto, Ishin. 1916-1988)

2 内観療法の方法

多くの刺激を遮断した状態で内省、内観を行う。これは精神分析のような自由連想ではなく、制限連想である。1週間にわたり、毎日15時間以上を行うのが集中内観である。これがもっとも徹底したやり方である。

技術的にいうと、多くの場合、初めに児童初期の母親のイメージを事実にもとづいて内観させる。そこでは「母親にしていただいたこと」、「自分がお返ししたこと」、ならびに「ご迷惑をおかけしたこと」を内観させる。盗みなどについて内観を行うこともある。

面接者(治療者)は1日に何回か内観者(クライエント)と面接するが、それは内観が指示どおりに行われているかどうかをチェックすることに重点がおかれている。面接者はあまり内観者の心の内面には踏み込まず、3つのテーマに関する内観者自身の深い内観に期待する。

内観者が自己の心をそのように探検すればするほど、いままで無意識の底にうずもれていた経験は事実から掘り起こされてい

き、自覚されていくものである。

3 集中内観の実際

　内観する場所は外からの刺激が一切入らない静かな場所で、一般的に屏風の中に内観者が入る。
　朝6時から夜9時までが一般的で、集中内観では1週間続ける。
　内観のテーマは母、父、配偶者、ときには盗みなどである。
　内観は年代順に区切って行う。たとえば小学校低学年、中学年、高学年などである。3年を1つのスパンとすることが多い。その場合、相手の立場にたち、具体的な事実のみについて自分で調べる。
　内観者は壁に向かって座る。座り方は胡座（あぐら）でもよい。病人は寝たままでもよい。目は閉じても、開けていてもよい。
　内観中は、用便や入浴以外は屏風の外に出られない。ラジオを聴いたり、テレビを視聴することも許されない。電話も取りつがない。本や新聞を読むことも許されない。食事は運んできてもらい、屏風の中で食べる。

4 内観の過程

　内観の過程は一般に次の4つにまとめられる。①導入、②進展または発展、③内観することへの抵抗とその解消、④自己による自己の洞察ならびに情動体験。
　はじめの2、3日は雑念、想起の困難、足腰の痛さ、暑さや寒さ、疲労、被拘禁感、不安、退屈などの好ましくない心的反応がつきまとう。それを過ぎると次第に考え方が統一され、5日目くらいから自己がはっきり認識され、感謝、歓喜、奉仕への欲求などの気分でいっぱいとなり、叫びだしたいような力がみなぎってくる。素

直にもなる。

これは内観により他人の愛情を感じ取り、自己中心性に気づき、いかに事態に対応したらよいかの洞察が得られるようになったからである。

謝罪感、被愛感、自他融合感、自己発見、他者発見、自己受容、他者受容による安らぎ、開放感ならびに成就感などが感得される。

そこから自己像や他者像が変わり、共感性が向上し、情緒が安定し、意欲が出、自己が確立し、課題も解決されていく。

面接者はあまり助言を行わない。2時間に1回程度、3分から5分くらいずつ内観者を訪問し、「いま、誰についての何歳頃のことを調べていますか」、「それをどう思いますか」とただただ話を聞くにとどめ、3つ以外のことを内観している場合は、軌道修正をする。

5 日常内観

日常内観は集中内観の日常にあたるものである。家にあって、または電車の中や職場にあって随時自己内観を行うのである。集中内観のおさらいをするといってもよい。毎日2、3時間は必要だといわれている。このような毎日を過ごせば、どんな逆境に立ち入っても、常に感謝の念が湧き、明るい心で毎日過ごせるようになる。

6 事例

Aは老婦人である。自分が選んだ相手ではないことを理由に離婚。2回目の結婚相手は、15歳年下の人で、自ら望んだ結婚であった。

しかし、生活はうまくいっていなかった。その理由は、Aと連れ子の年齢があまりに離れていることなどから、親子関係が築け

なかったからである。Aは恐怖症に陥っていった。そこから内観研修所での集中内観に入っていった。

集中内観を受けた結果、安らいだ気持ちが持続するようになり、明るくなった。不登校だった子息も何のカウンセリングなども受けずに登校するようになった。Aが受けた集中内観の効果が子どもにも波及したのである。

参考文献
1) 岡田明・北村育子編『内観療法——その理論と実際』ブレーン出版、2003

13 催眠療法

催眠療法 (hypnotherapy) は、もっとも古くからある心理療法である。催眠を何らかの形で利用する治療法は心理学が発展する以前から存在し、19世紀後半には催眠療法としてすでに確立された。催眠というインパクトの強い現象を利用することから、催眠療法自体がいかがわしいものととらえられたり、催眠療法をもとにさまざまな心理療法が発展したために、催眠療法自体はもう存在しないと思われるなど、多くの誤解が行き渡っている。しかし、催眠療法は現在も使われる有用な心理療法の1つである。

1 催眠術と催眠療法の違い

催眠療法は、「催眠法とよばれる一定の方法・技術によって生じる、操作的に定義される催眠現象を通じて行う心理療法であ

る」(成瀬悟策、1994)と定義される。誰でもテレビなどで催眠術のパフォーマンスをみたことがあるだろう。催眠療法とこれらの催眠術とは、どこが同じでどこが違うのだろうか。

催眠現象を体験できる心理状態は催眠状態（変性意識状態）と定義される。催眠法も催眠術も、どちらも催眠にかけられる人（被催眠者）を催眠状態に誘導するための一定の方法・技法であることには違いない。ショーとしての要素が強い催眠術では、劇的で強い印象を与える方法が多く用いられる。たとえば、催眠術師が指をパチンと鳴らすと被催眠者が一気に催眠にかかるなどである。しかし実際の催眠状態への誘導は舞台裏で行われており、舞台上で行われる催眠術は、後催眠暗示を利用したものである場合が多い。また、催眠に入りやすいかどうかは個人差があることが知られており、この個人の催眠に入りやすさの程度を催眠感受性というが、催眠感受性の高い被験者だけがあらかじめ選ばれて舞台に上がっていることも多い。このような舞台上では見ることのできない手続きによって、舞台上であたかも魔術的な「術」が施されているように演出しているのが、催眠術である。

これに対して、催眠法とは、催眠術がもっているショー的要素や魔術的印象、トリックを排するために名づけられた名称である。基本的な手続きでは共通する部分も多いが、利用の目的を異にすることや被催眠者に対する配慮から、現代の催眠療法では許容的催眠法とよばれる方法が用いられる。

2 権威的催眠法と現代の許容的催眠法

催眠状態のおもな特徴としては、被暗示性の亢進、心身のリラックスの亢進、イメージ能力の亢進などがあげられる。催眠状態の利用について、催眠術では相手を利用しておかしなことをさせるために被暗示性の亢進だけが利用されるのに対して、催眠法、現代の催眠療法では、心身のリラックスやイメージ能力の亢

変性意識状態
目覚めて日常的な行動をしているときのような、普段の意識状態と違う意識体験をもつ状態。

後催眠暗示
あらかじめ、催眠状態にある被験者に対して、催眠状態から覚めた後にこのような合図をするとすぐに催眠状態に戻って無意識のうちにある行動をとるなどの催眠暗示をすること。

進がより重視される。

　催眠術や古い催眠療法などで使われた方法は権威的催眠法とよばれる。権威的催眠法では、催眠者が催眠をかけるという見方から、暗示を重視し、奇妙な催眠暗示やともすれば強引な症状除去の暗示が、威圧的に押し付けられるという印象があった。被暗示性を高めるために深い催眠状態が必要とされ重視された。催眠中の被催眠者が意識を失い完全に受動的であるという間違った催眠観や、催眠暗示に対する魔術的期待など、催眠療法に対する誤解の多くは、このような権威的催眠法の印象にもとづくものが多い。

　これに対して現代の許容的催眠法では、被催眠者自身が催眠に入ることを受容していくという見方から、深い催眠状態よりも、催眠暗示に反応する過程での体験や、被催眠者のもつリソースやイメージ能力の活性化が重視される。催眠誘導ではリラックスが強調され、誘導の言葉使いも儀式的な不自然さがないこと、被催眠者個人に合わせた催眠誘導や催眠暗示を用いることが重視される。催眠誘導中でも相互のコミュニケーションは維持され、催眠者は被催眠者の反応を許容しながら、被催眠者がひとつひとつの体験を納得できるよう援助し、同意を得ながら催眠療法が展開される。

> リソース（resource）
> 課題達成のために利用できるあらゆる資源を意味し、既得の能力や性質、解決能力や対処法だけではなく、学習能力、成長への動機づけ、さらにはそれらの源泉や背景となる願望や欲求なども含む。

③ 催眠療法の技法的折衷性

　現在、実際に催眠療法が用いられる場合には、さまざまな理論や技法の立場から催眠法が利用されるのであり、催眠だけを用いた治療が行われることはない。精神分析や系統的脱感作法などは、催眠療法から出発しながら、独自の症状論、病因論をもつに至り、介入技法とセットで1つの心理療法体系として成立している。しかし催眠療法は催眠現象の研究や技法論を中心に発展し、独自の臨床理論を伴った1つの心理療法体系としては成立し

ていない。このため現在催眠療法は、付加的な治療技法群であると考えられている。催眠状態は治療的変化を引き起こす場を提供するものに過ぎない。催眠状態の特徴を利用して、どのような臨床心理学的援助を行うかは、催眠技法だけからは導き出せない臨床理論に拠らなければならないのである。

　権威的催眠療法のもとでは、深い催眠状態に導きさえすれば、どんな治療暗示でも働くと考えられたので、介入内容について深い理論的考察はなされなかった。心理学や臨床理論を学ばずに催眠術だけを習得したものに、現在でもそのような考え方をもつものがいる。しかし現在では、このような心理学的配慮のなされていない介入が無効であるばかりでなく、有害であることが知られている。

　催眠療法はこの技法と理論の独立という特徴から、怪しい理論的立場と結びつきやすく誤解を生みやすいという欠点や、体系化が難しいという欠点を抱えている。しかしこの独立性は、催眠療法がさまざまな臨床理論を応用し技法を折衷する上で有用な枠組みとして働きうるという利点ともなっている。催眠療法を活用するためには、正しい臨床理論を広く学ぶ必要があり、それにより催眠療法は他の臨床介入技法を有効にサポートする有用な心理療法となるのである。

14 自律訓練法

1 自律訓練法の歴史

　自律訓練法 (autogenic training：AT) は、1932年にドイツの精神科医シュルツによって開発されたセルフコントロールによるリラクセーション法である。歴史を遡ると、催眠の実験において被験者が繰り返し催眠状態に誘導されると健康状態になっていくという現象をフォークトがみいだし、患者自身が自ら催眠状態に入り、主体的に練習を進める「予防的休息法」を開発した。シュルツはこの研究を引き継ぎ、催眠者－被催眠者の関係性に乱されない中性的催眠状態の特徴を研究し、その特徴が安静感と四肢の重温感であることをみいだした。彼はこれらの弛緩反応を自己暗示により段階的に獲得する方法として、自律訓練法を体系化した。

シュルツ
(Shultz, J. H. 1884-1970)

フォークト
(Vogt, O. 1870-1959)

2 自律訓練法の効果・特徴

　自律訓練法の効果としては、生理的には交感神経機能優位の状態から副交感神経機能優位の状態へ移行させる働きによるものが中心となる。たとえば、疲労の回復、神経過敏状態の沈静化、交感神経機能優位による症状(パニック障害、本態性高血圧、緊張性頭痛など)の緩和などである。しかし、副交感神経機能優位による症状(気管支喘息、過敏性腸症候群など)に対しても有効であり、自律神経機能のアンバランスを全般的に改善する効果があることが確認されている(岡孝和ら、1994)[*1]。心理的には、身体の弛緩に伴って、不安感・焦燥感の減少、感情面の落ち着きの増加、積極性の増

交感神経機能優位の状態
交換神経機能優位の状態では、身体は危機に対処できるように緊張状態となる。具体的には、筋肉は緊張し、心拍数、呼吸数は上昇し、血管が収縮するので皮膚温は低下する。

副交感神経機能優位の状態
副交換神経機能優位の状態では、身体は危機から逃れてリラックスし、疲労から身体を回復させる。具体的には筋肉は弛緩し、心拍数、呼吸数は減少し、血管が拡張するので皮膚温は上昇する。

[*1]
岡孝和ほか「自律訓練法標準練習の迷走神経機能に及ぼす影響の検討」自律訓練研究、14(1・2)、p.1-9、1994

加などが認められる。

このような効果から、これまでは心療内科領域における神経症、心身症の治療法として用いられることが多く、心療内科領域において心理臨床家が用いる心理療法の使用頻度としては、分析的心理療法に次いで2番目の多さであった(松野俊夫、2000)[*2]。しかし、医療分野だけではなく、心理相談において不安、緊張の緩和法として使用されたり、産業、教育領域における予防・健康促進法や創造性の開発法として用いられるなど、応用範囲の広がりをみせている。

[*2] 松野俊夫「自律訓練法の新しい適用可能性——症例検討を中心に」自律訓練研究、18(2)、p.40-44、2000

3 自律訓練法の実施法

自律訓練法では、受動的注意集中という概念が重視されている。弛緩反応は自分で生じさせようとして生じるものではなく、弛緩反応が生じやすい環境整備を十分に行うことで、自然と生じるものである。練習中は身体感覚に注意を向けながら練習公式を繰り返すが、リラックスしよう、しようと考えながら一生懸命公式を繰り返すのではなく、ぼんやりと身体感覚に注意を向けながら、何気なく公式を繰り返すことが大事である。前者を能動的注意集中とよぶのに対して後者を受動的注意集中とよぶ。このため、弛緩反応が生じやすいように、練習前に光や音の刺激を除去するなど環境を整えておくことが大切である。

練習を行う姿勢は、寝た状態で行う姿勢、リクライニングチェアーで行う姿勢、背もたれのない椅子で行う姿勢がある。

標準練習は、背景公式とよばれるものと6つの公式から成り立っており、これらの公式が示す身体感覚を段階的に習得していく。各公式は以下の通りである。

・背景公式(安静練習)「気持ちが(とても)落ち着いている」
・第1公式(四肢重感練習)「両腕・両脚が重たい」
・第2公式(四肢温感練習)「両腕・両脚が温かい」

- 第3公式（心臓調整練習）「心臓が静かに規則正しく（自然に）打っている」
- 第4公式（呼吸調整練習）「楽に（自然に）呼吸をしている」「呼吸が楽だ」
- 第5公式（腹部温感練習）「お腹が温かい」
- 第6公式（額部涼感練習）「額が（心地よく）涼しい」

　これらの公式の中で、第1、2公式は身体全体の弛緩反応と関係するもっとも重要な練習であり、その身体感覚が十分でなければ、安易に先の練習公式に進むべきではない。練習効果が実感できるまでには通常2、3か月はかかることを説明し、じっくり練習に取り組んでもらうよう動機づける。練習は毎日行い、1日3回ないしは2回行う。1回の練習時間は5分程度で、初めのうちは特に、2分程度の練習を2〜3回繰り返し、1セットとする。

❹ 臨床適用上の留意点

　自律訓練法は、もともとは催眠療法をヒントにして、自分自身で弛緩反応を習得できることを目指すものである。そのため、実習者自らの自宅での練習が重視されるが、不安や緊張が強い人は、練習自体というよりも治療者や治療構造に心をゆだねることができて初めて弛緩が可能となることは十分認識しておくべきである。つまり練習開始初期には、実習者との治療的距離を近くし、徐々に離していくという距離感の調整が大切である。

　また、クライエントに実施する場合、すんなりと身体感覚が習得できることは少なく、練習中に繰り返し特定のイメージが浮かんできたり、逆に緊張が増したり、弛緩反応の深まりを妨げる反応が生じることもある。これらの反応は治療上意味があり、弛緩反応が獲得されていくプロセスそのものが治療的であるとも考えられるので、治療者はこれらのうまくいかない反応を拾い上げて治療に活かすべきである。

最後に自律訓練法を臨床的に適用する際には、治療者自身の自律訓練法体験が必要であることを述べておく。自律訓練法は自らの体験を通じてのみ、実習者へのきめ細かい対応が可能となることを忘れないでほしい。

参考文献
1) 笠井仁『ストレスに克つ自律訓練法』講談社、2000
2) 佐々木雄二編著『自律訓練法〈講座サイコセラピー3〉』日本文化科学社、1989
3) 佐々木雄二『自律訓練法の実際』創元社、1976

15 遊戯療法

1 遊戯療法とは

子どもを対象にした心理療法の代表的なものが遊戯療法である。遊戯療法は、プレイセラピー (play therapy) ともよばれ、その名のごとく「遊び」を媒介として行われる心理療法である。

なぜ「遊び」なのか

なぜ「遊び(プレイ)」を媒介にするのか。大人を対象にした心理療法の多くは、言語を媒介にしている。大人であれば、自分の状況や感情を言語的に理解したり表現することが可能である。しかし、言語能力がまだ未成熟な子どもにとっては、「遊び」が言語に代わる表現手段となるのである。遊戯療法の対象となるのは、

おもに幼稚園生から小学生くらいの子どもであるが、子どもであっても、小学校高学年で言語能力が発達している場合は、遊戯療法よりも言語を媒介とした心理療法を選択した方がよい場合もある。

また、「遊び」自体が、自分の感情や問題を表現するものであり、治療効果をもつとも考えられている。

さらに、子どもが見知らぬ大人と面接するという状況は、かなり緊張を強いられるものである。子どもにとっては「遊び」が毎回の目的となることによって、そのような緊張や不安が和らげられるという効果ももつ。

遊戯療法の治療技法

遊戯療法と一口でいっても、いくつかの理論的な立場がある。精神分析的アプローチ、来談者中心療法的アプローチ、ユング派のアプローチ（箱庭療法）などである。しかし、それぞれの立場によってまったく違うことが行われているのではなく、共通して活用されている技術はあるように思われる。たとえば、受容や解釈である。受容とは、子どもの感情や行動を受け入れることである。これは、問題行動に同調することではなく、子どもがそのような行動をせざるを得なかった状況や気持ちを理解しようとすることである。解釈とは、言葉によって、子どもが新しい関係を見つけることができるように援助することである。ここでいう解釈とは、いわゆる精神分析における解釈ではなく、子どもが新しい事実に注意を向けるようなセラピストの発言すべてを指し、その中には繰り返しや質問なども含まれる。

遊戯療法の設備

遊戯療法のための主要な設備は、プレイルームと遊具である。

プレイルームとは、遊戯療法を実施する部屋のことで、この中

では、子どもは自由に行動してよい。自分の欲求が阻害された状況にいる子どもにとっては、特別な場所となる。プレイルームは、適度な広さをもち、あたたかい雰囲気で、安全であることが必要である。あまり広すぎると落ちつかないし、会議室のような冷たい雰囲気では遊べないであろう。

　遊具は、人形、動物、乗り物、武器、楽器、砂場、積木、水遊びの道具、画材、粘土、ジャングルジム、絵本、パズルなど、いろいろな種類の遊具を備えておくことが望ましい。しかし、あまりに多すぎると、どれを選んでよいか迷ってしまい、かえって不安を喚起してしまう。また、自分を投影できるような遊具は不可欠である。それは、壊れかけた人形であったり、ダンプカーであったり、カレンダーに描かれたキャラクターであったりするかもしれない。

✏️ 制限について

　プレイルームにおいては、原則として子どもは自由に行動することが許されているが、最低限度の制限が設けられる。たとえば、セラピストの身体に危害を加えないこと、遊具を壊さないこと、時間が来たら退室すること(時間の制限)、プレイルームを勝手に出ないこと(場の制限)、遊具をもって帰らないこと(物のやり取りの制限)などである。これらの制限は、子どもとセラピストの役割関係を安定したものにし、遊戯療法を安心して受け続けることができるようにするためのものである。制限によって、プレイルームの特殊性が保たれているから、プレイルームではいつでも安心して自分を表現することができるのである。また、攻撃的な行動を制限することで、後から罪悪感をもたせないようにするという目的もある。

　制限する際には、セラピストは子どもが制限を破りたくなってしまった気持ちを認めた上で、"そのようなことをしてはいけないルールとなっている"とハッキリ伝えることが必要である。また、制限された行動の代わりに、別の適応的な行動を教えてあげたり、その気持ちを言語的に表現することを手伝ってあげたりする

ことも大切である。

2 親面接

　子どもの問題行動は、子どもだけに問題があるわけではない。子どもの周囲に問題が生じ、それが子どもに影響を与えていると考えることもできる。そのため、遊戯療法では別の担当者により、並行して親面接を実施することが多い。

✏️ 親面接の内容

　親面接では何をするのだろうか。まず、親から子どもに関する情報を得ることができる。遊戯療法だけでは、子どもの日常の様子や変化などがわからないので、親から情報を得る必要がある。また、それらの情報を受けて、親に対して環境調整を依頼したり、何らかのアドバイスをしたりして、子どもを援助することができる。さらに、遊戯療法を通して子どもが変化していくことが予想されるときは、前もって親に見通しを伝えておくことで、親の気持ちに準備ができる。たとえば、遊戯療法が進むと攻撃性が一時的に増加することがあるが、それを前もって知らないと親は動揺することになる。最後に、親面接において、特に意識しておくべきだと思われることは、親面接は親に対する援助の場でもあるということである。

✏️ 親に対する援助

　子どもに遊戯療法を受けさせようと、相談室を訪れる親の胸中にはさまざまな思いがうずまいている。「自分の育て方が悪かったのではないか」「子どもに生まれつき問題があるのではないか」など多くの親は、子どもの問題に対して自らの責任を感じ、場合

によっては人に責められたりしていることもある。親はいろいろ試してみるが、なかなか問題が改善せず、無力感を感じながら来談するのである。親担当セラピストが気をつけなければならないのは、子どもに対して注意を向けすぎて、親にすべき援助を見逃してしまうことである。極端な例をいうと、来談した親を非難してしまったりすることなどがあげられる。親面接も心理療法である以上、親の現状と気持ちを理解することを忘れてはならない。

参考文献

1) Axline, V. M. 著、小林治夫訳『遊戯療法』岩崎学術出版社、1972
2) 飽田典子『遊戯法――子どもの心理臨床入門』新曜社、1999
3) 高野清純『プレイセラピー』日本文化科学社、1988

16 芸術療法

1 芸術療法の成り立ち

旧石器時代の遺跡発掘のときにアルタミラの洞窟壁画は発見された。

これは今のところ人類発祥のころの絵画とされている。このことからも、芸術活動は、人類の歴史とともにあるといってよいであろう。また、天の岩戸の前でなされた踊りや歌がアマテラス大神の怒りを鎮めたというわが国の神話は、芸術・遊戯活動が人の心に働きかける力を象徴しているとも考えられる。さらに、「心や体が病んだり、苦悩の中にあるとき、しばしば芸術的な作品が生まれてくる」と山中康弘は述べているが、これとは逆に、人は詩を書

き、絵を描き、歌を歌うことで、苦悩から抜け出すことができるということも、昔から多くの人が経験しているところである。

　芸術療法(art therapy)という語が用いられたのは、1942年イギリスのヒル(Hill, A.)が、結核などの慢性患者に対する生活療法の1つとして絵画療法を導入したことが始まりとされる。その後、絵画、造形、箱庭、ダンス、俳句・短歌、音楽、心理劇など、芸術活動の多くが、精神科の領域で治療技法として用いられ、心理臨床の分野にも広がってきて、今は大切な技法となっている。次に主要なものを簡単に説明する。

2 絵画療法

　絵画療法(painting therapy)とは、精神療法や心理療法の手段として絵画を用いる方法であって、これは言語を用いない療法である。また、装置・道具にも大掛かりなものがいらず、手軽にでき、神経症圏の人、心身症の人から精神病圏の人にまで、広く治療法として有効とされているものである。その手法にはさまざまなものがあるが、大きく分けると自由画法と課題画法とになる。

自由画法

　自由画法は「心に浮かぶこと、気になることなど、何でも絵にして下さい」といって自由に描いてもらうのが基本であるが、このうちのナウンバーグ(Naunberg, M.)のスクリブル法(scribble method)、ウィニコットのスクイッグル法(squiggle method)は、特に治療開始期には、治療者とクライエントとの間に暖かい空気を生み出す効果的な方法である。

　ナウンバーグが開発したスクリブル法は、画用紙にサインペンで、「ぐるぐる描き(スクリブル)」をして、次にその描線に何がみえるのか聞き、そのみえるものに彩色して絵にしてもらう。描き上がっ

たら、それについて説明をしてもらうことが多い。

スクイッグル法は、イギリスの小児科医ウィニコットが開発し、中井久夫が紹介した治療法である。中井の紹介によると、「一方がぐるぐる描きに描線をして相手に渡す。すると相手はそれに投影して絵を仕上げて「どうだい」と返す。今度は立場を替えて同じことをやり「こうなんだ」と示す。そういうことを繰り返していく」いわば交互ぐるぐる描き法である。

✏️ 課題画法

課題画法には、バウムテスト（Baumtest）（図表2-17）、風景構成法（図表2-18）、HTPテスト（図表2-19）など、すぐれた手法がある。これらは、治療的な効用とともに、診断法としても予後の判定のための資料として有用であって、広く使われている。

バウムテストはコッホ（Koch, K.）によって開発されたもので、「実のなる木を1本描いて下さい」といって描いてもらう。

図表2-17　バウムテスト

図表2-18 風景構成法

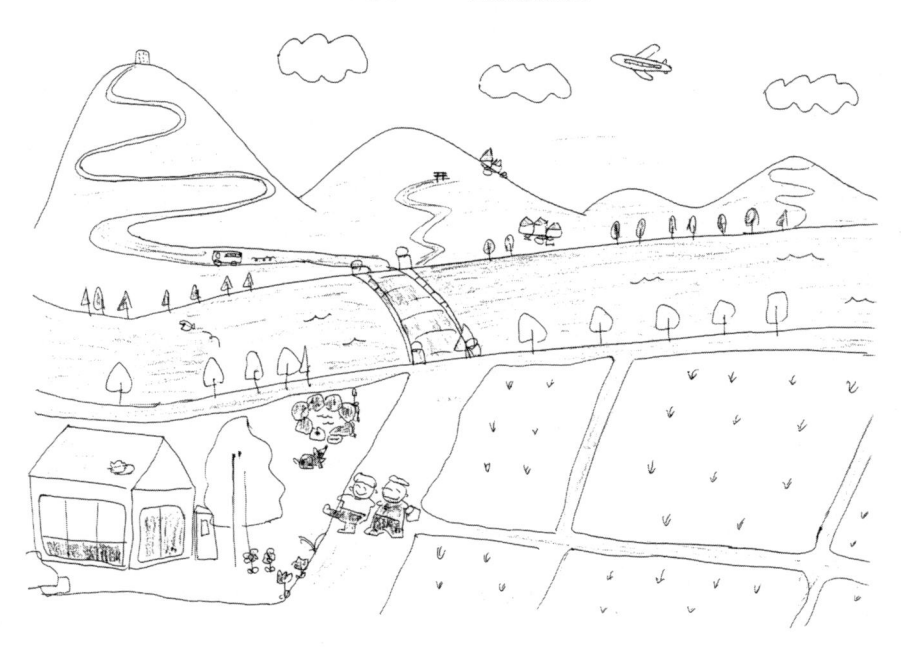

図表2-19 HTPテスト

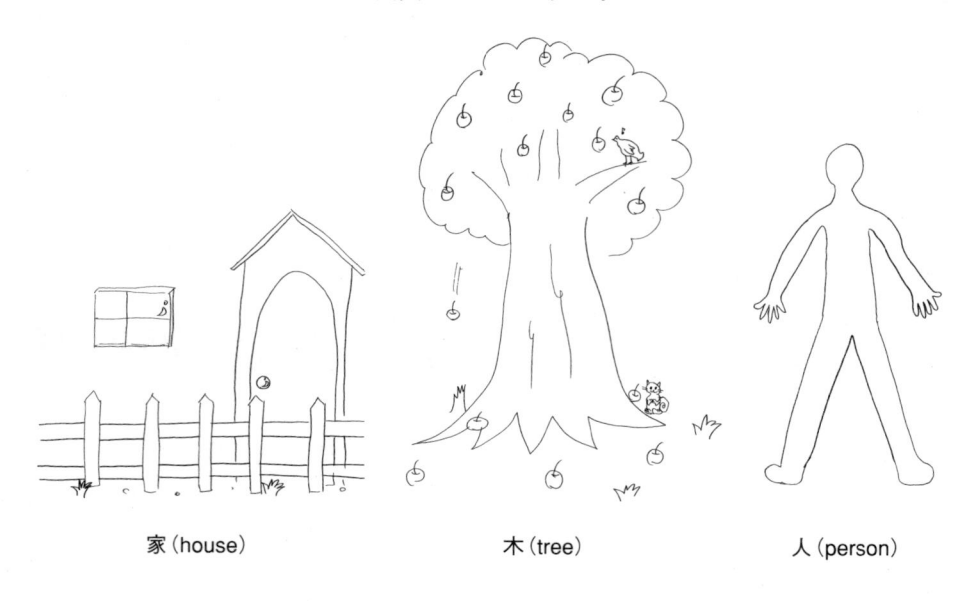

家（house）　　　木（tree）　　　人（person）

風景構成法は、「全体として風景になるように、川、山、田、道、家、木、人、花、動物、石をこの順で描いてもらい、次に描き足したいものがあれば加えて、その後彩色して完成する」ものであって、中井により創案されたものである。

　HTPテストは、家(house)、木(tree)、人(person)を書くものであり、アメリカのバック(Buck, J. N.)によって考案されたものである。

　これらは、いずれも導入しやすく、投影法としての診断的価値もあり、また、治療法としても有用である。これらの絵を描くときは、はじめにサインペンなどで描いてもらい、後にクレパスなどで彩色してもらうようにする。

　絵画を治療などに使うに際しては、導入が容易であるという利点があるが、不用意に誰にでも用いられるというものではないことを知っておかなければならない。治療法、または診断法として絵画を用いるに際して、次のような注意が必要とされている。

①その絵画が誰に向けてのメッセージであるかがクライエントにわかっていることが大切なことである。

②治療者の面前で描かれることが基本である。やむを得ず課題・宿題とする場合にも、誰がその絵をみてくれるのかがクライエントに明確であることが必要である。

③急にイメージが噴出してくるような場合には絵画をやめたほうが無難である。なぜなら、急激な退行をみせることがあるからである。神経症で極度の不安を呈する場合や、急性期の統合失調症には絵画療法は避けたほうがよいとされる。

3 音楽療法

　心身に失調や障害のある人々に対して、音楽のもつ力(機能性)を利用して改善・回復に導き、社会復帰を助けたり、QOLの向上を目指す活動が音楽療法である。最近、音楽が人間の体と心にどのような影響をおよぼすかという実験研究が進み、さまざま

な効果が実証されてきている。音楽療法(ミュージック・セラピー)という名称で体系化したのは1950年、アメリカにおいてである。戦争帰還兵たちの心身症が音楽療法によってのみ治癒できたという事実から本格化し、資格制度もできた。

音楽療法の治療理論としては、①生理学的治療理論、②精神分析学的治療理論、③人間学的治療理論、④行動科学的治療理論があげられる。村井靖児は、音楽の美的特性として、①非具象性、②時間性、③運動性、④立体的空間性、⑤感覚性、⑥感情または気分との関連性をあげている。

音楽を治療に適用する場合には、受容的音楽療法、すなわち既製の音楽作品を鑑賞することと、能動的音楽療法、すなわちクライエント自らが演奏活動をすることとの2方法がある。

受容的音楽療法

松井紀和は受容的音楽療法を「音楽を刺激として与える方法」としているが、村井はその方法と、もう1つ「鑑賞を用いた方法」とに分けている。音楽を刺激として与える場合には、「患者の状態像に応じて、患者の気分、テンポと同質の音楽をあたえねばならぬ」とアルチュラー(Altschuler, I. M.)が「同質の原理」を提唱している。鑑賞療法として用いる場合には、神経症圏がよく適応するといわれる。

能動的音楽療法

自ら演奏することで治療に生かす方法である。楽器のみでなく、歌うこと、合唱をすることもこれに入る。活動を通して、「ともに歌を楽しむ」。つまり、患者と治療者がともにいて、雰囲気が生まれ、人と人とのきずなが生まれ、生き生きとした気分がみなぎってくるといった効果が、各所の痴呆性高齢者の集団でもみられている。

今日、各地で、統合失調症の患者や、痴呆症状を示す高齢者、自閉症児など、さまざまな症状を示す人々に、個別場面や集団場面で音楽療法は広く行われるようになっている。

なお、日本音楽療法学会では音楽療法士の資格認定を行っている。

高齢者に対する音楽療法。ハンドベルを用いて。

④ 箱庭療法

カルフ
(Kalff, D. 1904-1990)

箱庭療法(sandplay therapy)は、ユングの教えを受けたスイスのカルフによって創始された、砂を使った心理治療の方法である。これをスイスに留学していた河合隼雄がカルフから紹介されて、1965年に日本に紹介して箱庭療法と名づけ、その後世界的に広がった治療法である。

縦57cm×横72cm×高さ7cmの木箱に砂を入れ、その周囲に、人形、動物、乗り物、建造物、怪獣、植物など、いろいろな小さい玩具を置き、それらを使って、好きなように砂遊びをしたり、作品を作ったりするものである。手法としては極めて容易である。しかし、これらは治療法であるから、そのとき、そばに必ず治療者がいて、鏡となって製作者を映し返す役割を果たすことと、暖かく見守って、クライエントが安心して箱庭作りに没頭できる雰囲気を作ることが大切である。

また、できあがったときは、クライエントに話をしてもらったり、

写真に撮ったりしておくとよい。筆者はインスタントカメラを使って仕上がった作品を撮って、クライエントがほしがったらあげるようにしている。

箱庭の作品をどう解釈するかについては、いくつかの説明理論があるが、1つの作品からだけで判断しないで、連続して作られた作品シリーズから判断し、理解することが大切であることを知っておかなければならない。また、玩具類の置かれる位置関係も作品を考える上でのポイントになる。グリュンバルト(Grünwaldt, M.)の図式(図表2-20)も参考になるだろう。

図表2-20　グリュンバルトの空間象徴

	精神・超感覚 神性・意識		
風・空虚 無・憧憬 願望	受動性への領域 （生への傍観）	能動性への領域 （生への対決）	火・死 絶頂・終末 目的
母 過去 内向	発端・退行・遅滞 （幼児期への固着）	衝動・本能・葛藤 （土への郷愁）	父 未来 外向
根源・発端 水・誕生	物質・下意識 無意識 普遍的無意識		物・地獄 悪魔・土

箱庭作りの様子。

17 フォーカシング

1 フォーカシングとは

　私たち人間は、日常生活の中で起こるさまざまなできごとに対して、今までの経験と照らし合わせて考え理解すると同時に、まだ言葉にならない漠然とした「何かの感じ」をからだのどこかで必ず感じている。このからだで感じられるがまだ言葉にならない「感じ」をフェルトセンス（feltsence）という（図表2-21）。フォーカシング（focusing）とは、フェルトセンスにゆっくりと優しく注意を向けることで心理的変化や成長をもたらすプロセスのことである。

　フォーカシングでは、漠然と感じられる「何か」に対して受容的に注意を向けつづけると、最初は曖昧で捕らえどころのなかった「何か」にだんだんと焦点が合っていき、言葉やイメージなどでい表せる「意味ある何か」に変容していく。そしてさらにこの「何か」に優しい関心を向けながらゆっくり付き合っていくと、「本当はこんなことを感じていたんだ」といった新しい気づきを得たり、混乱していた気持ちに整理がついて安心感が生まれるなど自然に次の一歩が体験され（体験的一歩）、からだ全体で大きな安堵感を感じることが多い。

　このフォーカシングのプロセスはときとして人が意識せずに自然と行っているプロセスでもある。このプロセスに注目し意識的にこのプロセスを促すよう工夫された技法が、ジェンドリンが開発したフォーカシング法である。

ジェンドリン
（Gendlin, E. T. 1926-）

図表2-21　フェルトセンスの4つの側面(コーネル、1994)

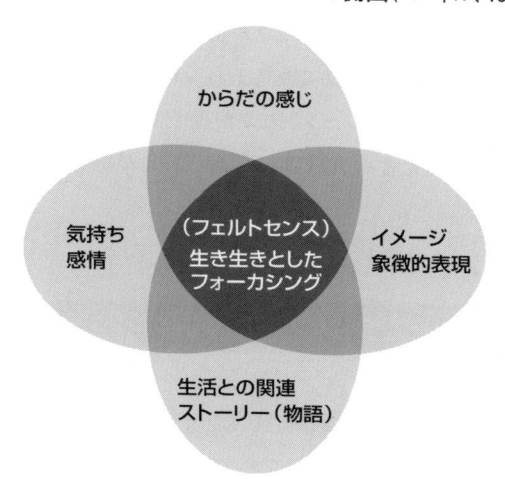

- からだの感じ
- 気持ち 感情
- （フェルトセンス）生き生きとしたフォーカシング
- イメージ 象徴的表現
- 生活との関連 ストーリー（物語）

出典：近田輝行・日笠摩子『フォーカシング実習の手引き』日本・精神技術研究所、p.10、1998

② フォーカシング法の誕生

　来談者中心療法の創始者であるロジャーズとジェンドリンは、心理療法の成功にどのような要因が必要かを調べるため、心理療法の成功群と失敗群を比較しセラピスト側とクライエント側双方を検討する大規模な調査研究を行った。その結果、唯一有意差をもって心理療法の成否を判断できたのが、クライエント側がどれだけ自身の感情体験に実感をもって触れられるかという体験過程尺度であった(村瀬孝雄、1981)[*1]。この研究の結果から考えると、心理療法の成功には面接技法やセラピストの態度や経験、話される内容はあまり関係なく、クライエントがいかに自身の感情に対して体験的に触れて話せるかが決め手となり、それが苦手なクライエントはいくら心理療法を受けても効果が上がらないということになる。ジェンドリンは、自らの感情に実感をもって触れることが苦手な人々にも、何らかの方法を教えることで微妙

[*1] Gendlin, E. T. 著、村瀬孝雄訳『体験過程と心理療法』ナツメ社、1981

な実感に触れることが可能にならないかと考えた。そこで開発されたのがフォーカシングプロセスを促すための技術的な教示や介入を含むフォーカシング法である(ジェンドリン、1978、1981)[*2]。

フォーカシング法はジェンドリンが提唱した6ステップを源流にその後多くの研究者や実践者によって工夫が重ねられ、より効果的なさまざまな教示や介入が提示されている。

[*2] Gendlin, E. T. 著、村山正治、都留春夫、村瀬孝雄訳『フォーカシング』福村出版、1982

3 フォーカシング法の実際

ここではフォーカシング教師として広く活躍するコーネル(1994)のフォーカシング実践のための5ステップと5スキルを紹介する[*3]。

図表2-22のようにフォーカシングプロセスは5つのステップを経て進んでいくことが多い。フォーカサー(クライエント)はからだの内側の感覚に関心を向け(注意を向ける)漠然とした「感じ」に優しい態度で注目する(フェルトセンスを招く)。その「感じ」にぴったりな表現は何かをゆっくりと模索していき(ハンドルをつける)、ぴったりした表現がみつかったらそのままそれを感じつづける(一緒にいる)。このステップをプロセスの流れに沿って繰り返し、各ステップでは常にフェルトセンスと応答しつづける。

[*3] Cornell, A. W. 著、村瀬孝雄監訳『フォーカシングガイド・マニュアル』金剛出版、1996

そのときのフェルトセンスとの付き合い方のコツが5スキルである(図表2-23)。フェルトセンスにはさまざまな感情体験が含まれ、自己を非難し傷つける種類のものや到底抱えきれない混濁した感情も含まれる。ガイド(セラピスト)はフォーカサーがフェルトセンスと付き合い続けることができるようフェルトセンスの質によって5スキルを選び、それにあった教示や介入を提案していく。

以上がフォーカシングプロセスを効果的に促すための代表的スキルであるが、あくまでフォーカシングはその人個人にあったやり方で進むものであり、どの方法も教条主義的に守るものでないことはいうまでもない。

図表2-22　フォーカシング実践のための5ステップ（コーネル、1994）

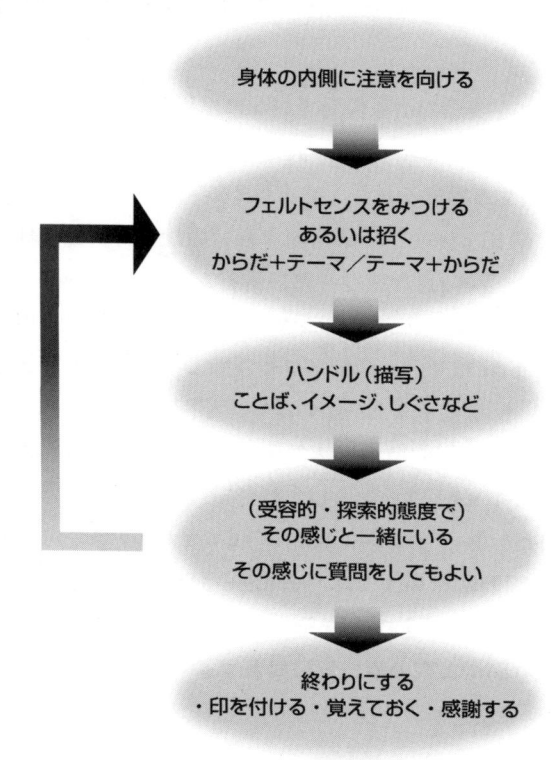

```
身体の内側に注意を向ける
        ↓
フェルトセンスをみつける
あるいは招く
からだ＋テーマ／テーマ＋からだ
        ↓
ハンドル（描写）
ことば、イメージ、しぐさなど
        ↓
（受容的・探索的態度で）
その感じと一緒にいる
その感じに質問をしてもよい
        ↓
終わりにする
・印を付ける・覚えておく・感謝する
```

（「その感じと一緒にいる」から「フェルトセンスをみつける」へ戻る矢印あり）

出典：近田輝行・日笠摩子『フォーカシング実習の手引き』日本・精神技術研究所、p.16、1998

図表2-23　フォーカシング実践のための5スキル（コーネル、1994）

- 間をとる
- 思いやる
- 認める
- 受け取る
- 共鳴させる

出典：近田輝行・日笠摩子『フォーカシング実習の手引き』日本・精神技術研究所、p.15、1998

④ フォーカシングの臨床実践

　フォーカシングを実際の治療場面でいかに活用していくかについてジェンドリン(1996))は話される内容の質や理解よりも体験過程の様式を重視する態度を示し、さまざまな学派との統合を提案している*4。近田(1999)*5は臨床的な継続面接では自己の体験への「中立的」「受容的」な態度を獲得することが有効であると指摘し、ライセン(1998)はフォーカシング教示を全体として使うのではなく、必要なものだけを「微細プロセス」として提供する方法を提案している*6。筆者もまた病態の重い人格障害圏のクライエントの面接で、精神分析的精神療法の枠組みでの解釈や直面化を行った際、フェルトセンスと照らし合わせて自己の感情反応を確かめてもらうためフォーカシング法を用いることが多い。

　このように実際の臨床場面では1時間近い面接時間のすべてをフォーカシングにあてるより、フォーカシング的な態度をクライエントに伝えたり面接過程の中で折に触れフォーカシング技法を取り入れて心理療法を行うことが効果的な臨床実践への適用と思われる。

*4
Gendlin, E. T. 著、村瀬孝雄ほか監訳『フォーカシング指向心理療法（上・下）』金剛出版、1998、1999

*5
近田輝行「中年男性に対するフォーカシング指向心理療法」日本心理臨床学会第18回大会発表論文集、p.252-253、1999

*6
Leijssen, M. Focusing Microprocess. In Greenberg, L. S. et al. (eds.) Handbook of experiential psychotherapy, Guilford, 1998

📙 参考文献

1) 近田輝行・日笠摩子『フォーカシング実習の手引き』日本・精神技術研究所、1998
2) 下山晴彦編著『臨床心理学研究の技法』福村出版、p.250-257、2000
3) 村瀬孝雄ほか『フォーカシング事始め』金子書房、1995

18 EMDR・TFT

1 EMDR

EMDRの成り立ち

　EMDR(eye movement desensitization and reprocessing：眼球運動による脱感作と再処理法)は、アメリカの臨床心理学者シャピロ(Shapiro, F.)によって、PTSDに対する有効な治療法として開発された心理療法である。この心理療法は、シャピロ自身の次のような経験にもとづいたものである。1987年5月のある日、シャピロは、公園を不快な事柄を考えながら歩いていたのだが、突然、その不快な考えが消えてしまった。その後、そのことを思い起こしても、もう気持ちが動転するようなことが起こらなかった。この体験後、シャピロは、そのときに、自分が眼球運動をしていたことに気がついた。それから、シャピロは、他の不快な記憶で試し、さらに友人などでも試したところ、同じような効果がみられ、本格的に研究を行うまでに至った。

治療手順

　EMDRの具体的な治療手順としては、およそ以下のようなものとなっている。①苦痛な外傷的経験に関する記憶を取り上げ、代表的な場面を特定し、②問題となる場面を思い出し、そのときに感じる「感情」、自分に対する「否定的認知」、「身体感覚」を尋ねる。さらに、そのような場面において、クライエント自身が、どのように思えればよいかなどを尋ねることで「肯定的認知」も

聴取する。そして、最初に上げた「感情」、「否定的認知」、「身体感覚」に注意を向けてもらい、③そのような状態で、眼球運動を、治療者の指などを目で追い、左右に往復20〜40回程度行う。眼球運動の後で、今、何が思い浮かんでいるかを問い、言語化して→眼球運動→言語化→眼球運動…と繰り返す。このような手順を繰り返し行うと、次第に関連する視覚的イメージや身体感覚などの記憶が浮かび上がり、徐々に不快な感情などが減少する。④最初の肯定的認知より適切な認知が思い浮かんでないか確認してから、さらに、肯定的認知を思い浮かべながら、眼球運動を行う。この一連の手順が1回のセッションとなっており、およそ1時間から2時間程の時間を要する。1回のセッションで、急激な治療的変化が起きることも稀ではなく、PTSD（p.213参照）においては、3〜5回のセッションで、治癒や大幅な改善が認められる。

治療対象者

EMDRは、比較的短期間に効果が現れ、治療方法も構造化されていることから、治療者や研究者にとっては、有用な心理療法といえる。現在、PTSD以外にも、病態の適応領域も広がり、外傷記憶がかかわるパニック障害や、恐怖症などにも適応され、治療効果が報告されている。子どもや、目の見えない人にも、タッピングや音などを眼球運動の代用とすることで適用が可能であり、発達障害児・知的障害児（者）への適用もできる。

しかし、解離性障害には、基本的に禁忌であり、最初のアセスメントの評価で見逃さないようにするのが重要である。また、統合失調症や躁鬱病、重症のパーソナリティー障害が認められる場合にも対象とはならない。急激な感情の変化を伴う技法でもあることから、EMDRの使用にあたっては、正式なトレーニングを受講してから行うことが望ましい。

パニック障害
(panic disorder)
予期できないパニック発作を伴うことを特徴とした不安障害のひとつ。パニック発作は、自然発生的で、比較的短時間続き、強い不安や恐怖があるとともに、動悸や呼吸困難、発汗などの身体的な症状が認められる。

2 TFT

TFTの成り立ち

TFT（thought field therapy：思考場療法）は、1970年代に臨床心理学者のキャラハン（Callahan, R.）が、自らの心理臨床経験から経絡（ツボ）に関心をもち、研究を始め、発展してきた。経絡を指などを使って叩くことにより、薬剤や通常の心理療法に顕著な効果がみえにくかった恐怖症やPTSD、不安、抑うつ、嗜癖、激痛など幅広い症例に対して、短時間で症状を消失させる。TFTは、ヘルス・ケアの領域で、国際的に幅広く使用されている心理療法の1つである。

TFTの実践

アメリカ心理学会（APA）が後援している学術誌の1つであるThe Journal of Clinical Psychologyでは、TFTを特集記事として取り上げ、いくつかの研究が報告されている。たとえば、新ユーゴスラビアにおけるアルバニア人問題が絡んだコソボの戦地に、TFTセラピストが渡航し、PTSDの治療を行って、非常に高い治癒率を示している報告がある（ジョンソンら、2001）[1]。ここでは、全105名のクライエントの249のトラウマのうち、効果の認められなかった2名のトラウマを除く247のトラウマがTFTセラピストにより治療された。その後、81名を対象とした平均5か月の追跡調査でも、再発者は1人も認められなかった。

TFTは、ほとんどの人が簡単に使用でき、治療時間も非常に短く（1つの問題につき、5分から15分くらい）、また、効果もすぐに現れるという特徴をもっている。その上、強力な効果をもちながら、副作用や自発的除反応はないとされている。

経絡（ツボ）
中国医学では、人間の経絡は気の通り道であり、気が全身を滞りなくめぐることで、人は生命活動を行い、健康を維持していると考えられる。また、経絡は、気の流れを制御できる特異点で、針や灸などにより操作できるとされる。

恐怖症（phobia）
不安障害のひとつで、個人が不合理と思うような場面や特定の対象を激しく恐れたり、回避したりする。

[1] Johnson,C., Shala,M., Sejdijaj, X., Odell, R., Dabishevci, K., Thought Field Therapy-soothing the bad moments of Kosovo, 『Journal of Clinical Psychology.』57, 107, 1237-1240, 2001

自発的除反応
除反応は、心理療法中もしくは自発的に起こる感情エネルギーの放出のことである。自発的に起きる除反応を自発的除反応とよぶ。一般的には、個人の再適応を促すが、場合によっては、状態を以前より悪化させることもある。心理療法中に除反応を誘導する際には、十分に安全面に配慮する必要がある。

TFTのレベル

　TFTには、いくつかのレベルがある。効果は、症状ごとに定式化された手続きを使用する初級レベルのTFT（TFTアルゴリズム）で、70〜80％、クライエントに合った経絡とタッピング順序を探すTFT診断（TFTdx）以上のレベルでは、90％を超す効果がみられる。クライエント自らがタッピングをして使用することで、セルフ・ケアとして利用できることも特徴的である。対象者も、子どもから高齢者まで、男女問わず使用することができる。さらに、動物を対象としても効果があることが報告されている。

まとめ

　TFTの治療メカニズムは、まだ明らかになっていないが、経絡を順にタップすることにより、その個人の自己治癒の能力が最大限に発揮され、治癒に至るとキャラハンは考えている。この治療メカニズムの解明や、治療効果などに関する研究の蓄積が今後の課題とされている。

参考文献

1) Shapiro, F., Eye Movement Desensitization and Reprocessing : Basic principles, Protocols, Procedures, The Guilford Press, 1995
2) Callahan, R., TAPPING THE HEALER WITHIN : Using Thought Field Therapy to Instantly Conquer Your Fears, Anxieties, & Emotional Distress, 2001
   穂積由利子訳『思考場療法入門──タッピングで不安、うつ、恐怖症を取り除く』春秋社、2001
3) 高崎吉徳「恐怖症・PTSD・パニック障害など、不安障害の「短期治療」」宮田敬一編『医療におけるブリーフセラピー』金剛出版、p.41-51、1999

19 ライティング法

1 自己開示の手法

特定の他者に対して自分自身に関する情報を言語を通して伝達することを、自己開示という。自己開示研究については、開示者の特性との関連を調べたもの、開示者と被開示者の相互関係を扱ったもの、自己開示の際の状況要因を扱ったものに分けられる。しかしこれらは、自己開示の中のトーク法(対話法)に関する研究であった。

自己開示を行う手法としては、トーク法(対話法)とライティング法(writing method：書記法)があげられる。自己開示に関する過去の実証的研究では、トーク法に関するものがほとんどであり、ライティング法に関する研究は少ない。

しかし、ペネベーカーや余語真夫らを中心にして、徐々に進められてきている。

2 ライティング法の研究

ペネベーカーら(1987[*1]；1993[*2])は、繰り返し外傷体験を書き綴るというライティング法を実施した直後には否定的感情が高揚するが、半年後には否定的感情が低減し、心身の健康度が高まることを明らかにした。日本における研究でも同様の効果が認められている(余語真夫ら2001)[*3]。佐藤健二ら(2000)[*4]は、外傷体験の自己開示が苦痛度を低減させるかどうかは、自己開示の量ではなく質に関連しているのではないかと述べている。

臨床的現場において、クライエントのうつや不安や怒りなどの否定

[*1] Pennebaker, J. W., Hughes, C. F. & O'Heeron, R. C., The psychophysiology of confession : Linking inhibitory & psychosomatic Processes, Journal of Personality & Social Psychology, 52, 781-793, 1987

[*2] Pennebaker, J. W., Putting stress into Words : Health, linguistic, & therapeutic implications. Behavior Rescript Therapy, 31, 539-548, 1993

的感情が持続する場合、それを低減させるためにライティング法を取り入れた心理療法は数多くあった。たとえば、森田療法における日記法やウィーラーとネツレック(1977)[*5]のRochester Interraction Record、新田茂(1992)[*6]や米岡清四郎(1992)[*7]などの書簡法、福島修美(1995)[*8]の作図法などがあげられる。

ペネベーカーは、ライティング法によって人の否定的感情が低減し心身の健康度が増進する場合は、外傷的体験を書き綴る過程において認知の再体制化が起こっているようだと述べている。しかし、認知の再体制化が促進されやすいライティング法とはいかなるものか。また、開示者の個人内特性とライティング内容との関連については、まだ明らかにされていない部分が多い。今後の実証的研究の発展が期待される領域であろう。

[*3] 余語真夫・尾上恵子「抑制されたトラウマの告白と健康——筆記法の効果」日本心理学会第65回大会発表論文集、2001

[*4] 佐藤健二・坂野雄二「外傷体験の開示と外傷体験による苦痛の変化の関連」カウンセリング研究、33、p.189-195、2000

[*5] Wheeler, L. & Nezlek, J. B., Sex differences in social participation, Journal of Personality & Social Psychology, 35, 742-754, 1977

[*6] 新田茂、「心理書簡法(Psycholettering Method：PLM)の展開」熊本臨床心理研究、5、p.3-21、1995

[*7] 米岡清四郎「「来談者が自分に書く手紙」を用いたカウンセリング——役割矛盾を克服する技法として」学生相談研究、13、p.60-69、1992

[*8] 福島修美「"Course of life"作図の効果に関する研究」学生相談研究、16、p.1-10、1995

Chap. 3

心の仕組みと人の発達

1 パーソナリティ

1 パーソナリティとは

　十人十色という言葉がある。人はそれぞれ考えや好みなどが違っており、10人の人間がいれば10通りの考えがあるという意味である。こうした言葉に示されるように、人の考え方や行動にはさまざまな個人差がみられる。こうした個人差は、時や場所が変化しても、ある程度一貫してみられ、「その人らしさ」というものを感じ取ることができる。このように、状況の変化にかかわらず、その個人に特徴的な行動や思考などを決定しているもののことをパーソナリティという。

　一般にパーソナリティは、情意的側面である性格と知的側面である知能を含む概念と考えられるが、狭義には性格と同じ意味として用いられることが多い。本節では、パーソナリティと性格を同義として記述する。

2 性格の記述

類型論

　科学的な真偽はともかくとして、世間では血液型性格占いとか12星座占いなるものが大人気である。血液型がA型の人はこういう人だとか、彼女は乙女座だからこういう人だなど、雑誌やインターネットをいろいろと賑わしている。これらの占いでは、人をいくつかのタイプに分け、各タイプごとに典型的な性格というも

のを記述している。このように、何らかの基準でいくつかの典型的な性格のタイプ(類型)を設け、その典型的な性格への類似度から人を分類するような性格の記述法を、類型論 (typology) という。

　もっとも代表的な類型論として、クレッチマーの類型があげられる。クレッチマーは、さまざまな精神病患者を観察して、患っている病気によって患者の体型が異なっていることをみいだした。さらに、精神病ではない健常者においても、その体型に応じて、精神病患者に顕著にみられる行動特徴が正常な範囲ながらある程度みられることを主張し、体格と性格の関係を論じた。やせた細長型の者は分裂気質であり、非社交的でもの静か、神経質なところがある反面、鈍感なところもある。肥満型の者は躁うつ気質であり、社交的で温かみがあり、明るくユーモアがあるが、ときとして陰気で寡黙な状態になる。筋肉質の闘士型の者にみられる特徴は粘着気質とよばれ、几帳面で融通がきかなく、興奮すると自分が抑えられなくなる。

　ユングの類型も有名である。ユングは、人間の心的エネルギーが、自己の内外どちらに向けられるかという観点から、外向型と内向型に分類した。外向型の人は、興味や関心が外的世界に向かいやすく、客観的で、自分の考えや感情を容易に外に表現でき、社交的である。一方、内向型の人は、関心が内的世界に向かいやすく、主観的で、自分の考えや感情を外に出すのが容易でなく、人付き合いが苦手である。ユングはさらに、主要な心理機能として思考・感情・感覚・直観という4つをあげ、どの心理機能を得意とするかによる分類も行い、外向・内向という2つの分類と組み合わせた8つの性格類型を考えた。

　その他にも、クレッチマーと同様に体型と性格の関係を論じたシェルドン (Sheldon, C.) の類型論や、何にもっとも価値を置くかという価値観にもとづくシュプランガー (Spranger, E.) の類型論など、多数の類型論があげられる。

　これら類型論的な記述は、人間を典型的な少数の型に分類し、個人差を質的な違いとして把握しようとするため、直感的に理解

クレッチマー
(Kretschmer, E. 1888-1964)

Chap. 3　心の仕組みと人の発達　111

しやすい。しかし、現実には、どの型にもあてはまらない中間型が多いことなどの問題点もある。

✎ 特性論

日常的に人の性格をいい表すとき、「明るくて優しいけれど、少し短気なところがある」というように、いくつかの特徴を並べて表現することが多い。人の性格は一言でいい表せるものではなく、いろいろな特徴の寄せ集めと考えることができる。このように、個々の特徴(特性)を組み合わせた形で性格を記述しようとする方法を特性論という。特性論においては、人は皆、共通した性格特性をもっていて、その量的なちがいによって個人差が生ずると考える。その意味で、個人差を質的な違いととらえる類型論とは異なっている。

オルポート
(Allport, G. W. 1897-1967)

特性論的研究の草分け的な存在として、オルポートの心誌をあげることができる。彼は、人の特性を表す言葉を辞書から多数選び出し、同じような特徴を表現している言葉を整理して、14の特

図表3-1　オルポートの心誌

心理生物的基礎						共通特性											
身体状況		知能		気質		表出的			態度的								
										対自己		対他者			対価値		
容姿整	健康良	活力大	抽象的(言語的)	機械的(実用的)	感情広	感情強	支配的	自己拡張的	持久的	外向的	自己批判	自負	群居的	利他的(社会化)	社会的知能(如才なさ)	理論的	経済的	芸術的	政治的	宗教的
不整	不良	活力小	抽象的知能低	機械的知能低	感情狭	感情弱	服従的	自己縮小的	動揺的	内向的	自己無批判	自卑的	独居的	利己的(非社会的行動)	社会的知能低劣(社会的非常識)	非論理的	非経済的	非芸術的	非政治的	非宗教的

性にまとめた。また、これらの特性をどの程度もっているかをグラフにして視覚的に表現される心誌を考案した(図表3-1)。

キャッテルは、オルポートの考えをさらにおしすすめ、因子分析という数学的手法を用いることによって、最終的に16の特性をみいだした。また、ギルフォードやアイゼンクなど、その後も多くの研究者が、特性を明らかにする試みに取り組み、独自の特性論を展開した。

性格を表現するための特性は、その数も内容も、研究者によってさまざまである。繁雑でわかりにくいということもあり、近年では、ビッグ・ファイブとよばれる主要な5つの特性によって、性格を包括的にとらえようとする考えも注目されている。たとえば、5因子モデルにもとづいた性格検査「ネオ人格目録改訂版」(コスタら、1992)*1では、「神経症傾向」、「外向性」、「経験への開放性」、「協調性」、「誠実性」という5つの特性から性格が記述される。

特性論は人間を客観的に測定し、数量的に理解することができるという長所をもつ。しかし、すべての人間が同じ性格の基本構造をもつと仮定するため、ユニークな性格をうまく捉えることができなかったり、統一的な独自性が見失われてしまったりする可能性がある。

キャッテル
(Cattell, R. B. 1905-)

因子分析
複数の変数の間に相関がみられれば、それらの変数に共通して影響を及ぼしている何らかの因子の存在を予想できる。このような潜在的な因子を抽出し、因子と各変数の関係などを明確にするための数学的解析法のこと。

ギルフォード
(Guilford, J. P. 1897-1987)

[1] Costa, P.T., Jr. & McCrae, R.R., Revised NEO Personality Inventory (NEO-PI-R) & NEO Five-Factor Inventory (NEO-FFI) professional manual, Psychological Assessment Resources, 1992

③ 性格の形成

性格がどのように形成されるかは、古くから「氏か育ちか」の問題として議論されてきた。実際には遺伝的な要因と環境的な要因が相互作用しながら性格を形成しているわけであるが、ここでは遺伝の影響と環境の影響を分けて説明する。

▰ 遺伝の影響

性格形成における遺伝の重要性は、おもに双生児研究から得ら

れる。双生児研究とは、1個の受精卵に起源をもち遺伝的にまったく同じと考えられる一卵性双生児と、2個の卵子が別々に受精し遺伝的には兄弟と同じと考えられる二卵性双生児の、それぞれの類似度を比較するものである。一卵性双生児の類似度がより高ければ、それだけ遺伝の重要性が示唆される。実際に多くの研究が行われ、さまざまな特性で遺伝の影響が示唆されている。たとえば、外向性に関する双生児間での相関が、一卵性双生児は0.54であるのに対し、二卵性双生児では0.06というように[*2]、明らかに一卵性双生児のほうが相関が高い。

[*2] Pedersen, N.L., Plomin, R., McClearn, G.E., & Friberg, L., Neuroticism, extraversion & related traits in adult twins reared apart & reared together, Journal of Personality & Social Psychology, 55, 950-957, 1988

環境の影響

性格の形成に影響を及ぼす環境的要因としては、文化的要因、自然環境的要因、社会階層的要因などいろいろなものが考えられる。特に、親子関係は子どもの成育環境として大切な環境であり、親が子どもに対してどのような態度でかかわるかは、子どもの性格に大きな影響を及ぼすと考えられる。多くの研究がなされてきたが、それらをまとめるとおおむね図表3-2のような傾向がみられる。

図表3-2 母親の養育態度と子どもの性格

母親の態度	子どもの性格
支配的	服従、自発性なし、消極的、依存的、温和
かまいすぎ	幼児的、依存的、神経質、受動的、臆病
保護的	社会性の欠如、思慮深い、親切、神経質でない、情緒安定
甘やかし	わがまま、反抗的、幼児的、神経質
服従的	無責任、従順でない、攻撃的、乱暴
無視	冷酷、攻撃的、情緒不安定、創造力にとむ、社会的
拒否的	神経質、反社会的、乱暴、注意をひこうとする、冷淡
残酷	強情、冷酷、神経質、逃避的、独立的
民主的	独立的、素直、協力的、親切、社交的
専制的	依存的、反抗的、情緒不安定、自己中心的、大胆

出典：詫摩武俊『性格はいかに作られるか』岩波新書、p.46、1967

4 人格障害

　人のパーソナリティはさまざまであり、個性が尊重される時代において、1人ひとりのパーソナリティに善いとか悪いとかいうものはない。しかし、一定の文化をもった集団の中で生活していくうえでは、極端に偏ったパーソナリティは、日常生活に不適応を引き起こす原因となりかねない。パーソナリティの偏りによって、本人または周囲のものが困難を生じるような障害を人格障害（personality disorder）とよんでいる。

　おもな人格障害として、DSM-Ⅳでは10の人格障害が記述されている。

①妄想性人格障害（paranoid personality disorder）

　対人不信や疑い深さに特徴づけられる人格障害である。日頃から友人が自分をだましているのではないか、何か隠しごとをしているのではないかと考え、なかなか相手を信頼できない。また、他人を信頼できないため、他人にはなかなか自分のことを打ち明けることができない。

②分裂病質人格障害（schizoid personality disorder）

　対人関係や感情の乏しさに特徴づけられる。人との付き合いに関心がなく、他人と親密な交流をしようとしない。1人でいることを寂しいと思わず、自分のペースで1人淡々としている。何をしても喜びや感動が少なく、はたから見るとよそよそしくて冷たい印象がもたれる。

③分裂病型人格障害（schizotypal personality disorder）

　知覚や認知、行動などの奇妙さと、対人関係のまずさとに特徴づけられる。奇異な考え方や話し方をすることが多く、他者と自然に打ち解けることができない。霊感や第六感、テレパシーなど

DSM（Diagnostic and Statistical Manual of Mental Disorders）
アメリカ精神医学会が刊行している精神疾患の診断・統計マニュアル。精神疾患の診断基準として、研究ならびに臨床において国際的に広く用いられている。これは、クライエントの訴える症状の分類にもとづいた診断基準が記述されているとともに、クライエントを多面的に評価する多軸システムを導入しているなどの特徴をもつ。現在は改訂第4版（DSM-Ⅳ-TR）が出版されている。

を信じていることも多く、体がゆがんでいるなど自分の体に奇妙な感覚をもつこともある。

④**反社会性人格障害**（antisocial personality disorder）

　利己的で他人の気持ちや迷惑を考えることができず、社会のルールや法律などに反する行為を平気で行う。場当たり的で無責任な行動が多く、自分の気持ちを抑えられず、すぐに暴力を振るったり、自分の利益のために平気で人をだましたり嘘をついたりする。

⑤**境界性人格障害**（borderline personality disorder）

　対人関係や感情、自己像などの不安定さに特徴づけられる。ある時期、特定の人を理想的に想い親密にしていたかと思うと、ちょっとしたきっかけで同じ人を急に蔑んだりして、安定した人間関係を築くことができない。安定した自己像をもてず、自傷行為や自殺行為などを繰り返す。

⑥**演技性人格障害**（histrionic personality disorder）

　他者の注意や関心を集めるため、奇抜で派手な外見や演技的な行動を示す。感情表現は大げさであるが、表面的で真実味に乏しく、変化しやすい。被暗示性が強く、容易に周囲からの影響を受けやすい。

⑦**自己愛性人格障害**（narcissistic personality disorder）

　人から賞賛されたいという欲求を強くもっており、実際に自分は賞賛されるべき優れた人間だと思い込んでいる。他人の気持ちや欲求に気づこうとせず、自分の目的のために他人を利用しようとする。

⑧**回避性人格障害**（avoidant personality disorder）

　恥ずかしがり屋で引っ込み思案な性格を極端にしたものであ

る。他者に非難されたり、人前で恥をかいたりすることを極度に恐れ、そうなる可能性のある人間関係を避けようとする。劣等感を抱いていることが多く、ちょっとした言葉や態度に対しても敏感で、すぐに傷つきやすい。

⑨**依存性人格障害**(dependent personality disorder)

　日常的な些細なことも自分では決められず、どうしたらよいのか他者に聞こうとする。孤独に対する強い不安や無力感を抱いており、自分に指示してくれる人から嫌われないように、その人の望むことには何でも（反社会的行為や本人にとって不利益なことも）従う傾向がある。

⑩**強迫性人格障害**(obsessive-compulsive personality disorder)

　秩序正しく、まじめなタイプを極端にしたものである。几帳面で融通がきかず、何でも完全にきちんとしなければ気がすまない。細かいところまで完全にしようとするあまり、本来の目的を見失ってしまうことが多い。

参考文献

1) 高橋三郎・大野裕・染矢俊幸訳『DSM-Ⅳ　精神疾患の分類と診断の手引き』医学書院、1995
2) 詫摩武俊『性格はいかに作られるか』岩波書店、1967
3) 辻平治郎編『5因子性格検査の理論と実際——こころをはかる5つのものさし』北大路書房、1998
4) Plomin, R. 著、安藤寿康・大木秀一訳『遺伝と環境——人間行動遺伝学入門』培風館、1994

column 3　自己意識ってなんだろう

「自分探し」や「アイデンティティ」、「自己実現」といった言葉に象徴されるように、青年期は自己形成の時代であるといわれる。数年前に出版された『ソフィーの世界』というひとりの少女による自分探しの物語が大ブームになったことからも、個々人の自己意識への関心の強さがうかがえる。

そもそも、自己意識とは一体なんだろう。この言葉は、研究者によってさまざまに定義されている。フェニグスタイン（1975）は、自己に注意を向けやすい性格特性のことを自己意識と定義し、自己意識を公的自己意識と私的自己意識の2つに分類した。私的自己意識とは、自己の内面・感情など、他者からは直接観察されない自己の私的で内面的な側面に注意を向ける傾向を指す。それに対して公的自己意識とは、他者からでも観察可能な容姿や行動といった公的な自己を意識する傾向をいう。

臨床心理学の分野においては、先に述べた公的自己意識と対人的社会的不安との関係、私的自己意識と不安や抑うつ、アルコール依存との関係が明らかになっている。このように、自己意識は適応や心理的健康の指標として研究が進められてきているのである。つまり、自分の理想と現実が一致していればいるほど、精神的に健康であると考えらている。

2. 発達の理論

① 発達とは何か

発達(development)とは、受精から死に至るまでの一生涯の質的、量的変化の過程である。つまり、人は一生の間変化していくという視点にもとづく、その変化の仕組みと実際の様相についての概

念である。

　通常は成人期までの上昇の過程として、それを発達ととらえ、それ以降の下降の過程を含まずに考えられがちであるが、現在そういった「価値」を含まない概念として用いられている。

　日常用語としては、質的、量的な上昇の過程を意味するが、かつては専門用語としても同様であった。たとえば、ハーロック(Hurlock, E. B.)は完態にいたる上昇的な変化としてとらえている。

　developmentは、否定を表す接頭辞であるde(=dis)と「包む」という意味のvelopからなる語であるから、その本来の意味は、「もともともっていた可能性を表すこと」となる。そこで、この語の訳としては、現像、発展、開発といった言葉も当てられている。しかしそのことは、かつては発達的変化があらかじめ中に閉じ込められているとする遺伝を重視する考え方や包みを開いて中から現れたところで発達が終わるとする発達観があったことを示しているに過ぎない。

　現在では、成人期までの変化においても一時的な停滞や表面的な逆行がみられることやそれ以降の下降的な変化が必ずしも生物学的な加齢と並行して起こるわけではないことなどを根拠に、上昇、下降といった観点を含まず、一生の間の変化としてとらえる視点が多くの支持を集めている。つまり、生涯発達の観点で人間の一生はとらえられているといえる。子ども時代は一人前になるための準備の段階、大人時代が人生の本番、老人期は余生という見方は成立しない。人間は、それぞれの時期を「一度しかない本番」として一生の間変化し続ける存在であるという視点が大切である。

2 発達の原理

　発達は、一定の型に従って、一生の間連続的に起こる変化の過程である。しかし、その速さは一定ではなく、個人によっても

性によっても、また、発達の側面によっても異なる。こういった発達の一般的な特徴は発達の原理とよばれる。

発達の順序性

発達は、一定の順序に従って起こる。これは発達の順序性とよばれる。たとえば、全身運動の発現の順序は例外なく図表3-3に示す通りである。もしも、順序の乱れや飛躍がみられる場合には、何らかの発達の異常が疑われることもある。

発達の方向性

発達には、一定の方向がある。これは、発達の方向性とよばれる。身体発達は頭部－尾部勾配とよばれる方向性と中心部－周辺部勾配とよばれる方向性をもつ(図表3-4)。前者は、身体発達が頭部から尾部、脚部に向かって、後者は体幹から末梢部に向かって進行することを意味している。乳児は手足が伸びるよりも早く頭が大きくなるので、自分の頭の上に手が届かない。

発達の連続性

発達に休止や飛躍がなく連続して起こっていることを、発達の連続性という。表面的には変化が認められなくても、変化し続けている。

発達の個人差・性差

発達の速さは、個人によってさまざまである。また、男性と女性とでも異なる。前者を発達の個人差、後者を発達の性差とよぶ。一定の順序に従ってバランスの取れた発達を示している場合には、多少の遅れはそれ自体あまり問題とはならない、個人差

図表3-3　乳児期の全身運動の発達（シャーレイ、1961）

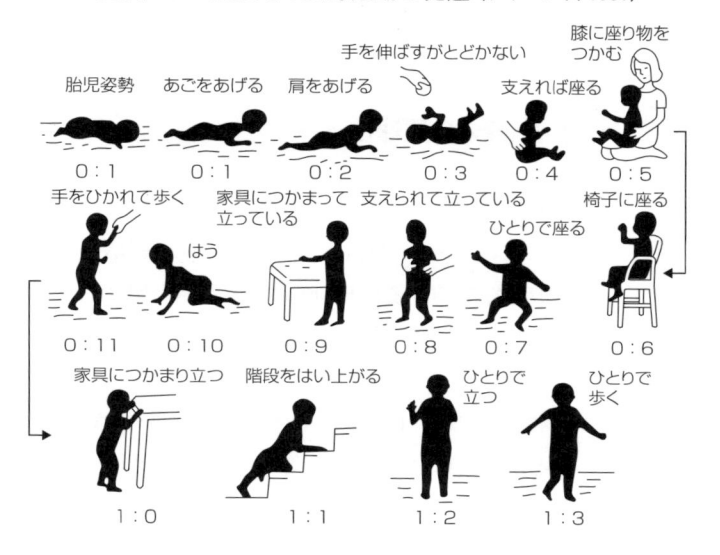

胎児姿勢	あごをあげる	肩をあげる	手を伸ばすがとどかない	支えれば座る	膝に座り物をつかむ
0:1	0:2	0:3		0:4	0:5

手をひかれて歩く	家具につかまって立っている	支えられて立っている	ひとりで座る	椅子に座る
	はう			
0:11	0:10	0:9	0:8	0:7	0:6

家具につかまり立つ	階段をはい上がる	ひとりで立つ	ひとりで歩く
1:0	1:1	1:2	1:3

図表3-4　身体の発達の進行方向（ヴィンセントら、1961）

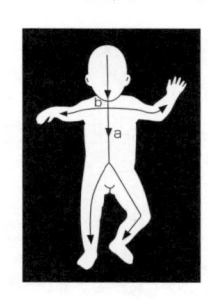

（注）a：頭部―尾部勾配
　　　b：中心部―周辺部勾配

頭部―尾部勾配………身体の発達は、頭部から脚部の方向に向かって進行すること。
中心部―週辺部勾配…身体の発達は、中心部から周辺部（末梢部）へ向かって進行すること。

図表3-5　身体各部の発達の型（スキャモン、1930）

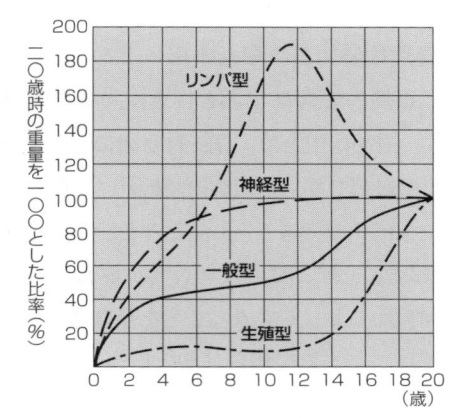

（二〇歳時の重量を一〇〇とした比率（％））

スキャモンは、出生後の身体各部の発達をその発達曲線によって、リンパ型・神経型・一般型・生殖型の4つの型に区別している。成人を100％としたそれぞれの型は、左図に示すとおりである。

《リンパ型》
扁桃腺・リンパ腺・アデノイドなどの分泌組織の発達曲線。

《神経型》
脳髄・脊髄・感覚器官などの神経組織の発達曲線。

《一般型》
骨格・筋肉・内臓諸器官などの、全体的な身体組織の発達曲線。

《生殖型》
こう丸・卵巣・子宮など、すべての生殖器官の発達曲線。

の範囲であることも少なくない。その背後に質的な問題が認められるかどうかを見極めることが大切である。

✎ 発達の異速性

発達の側面によって速さは一定ではない。たとえば身体発達において、おもに筋肉や脂肪などの体の組織が充実する時期(充実期)と骨が伸びる時期(伸長期)とは、青年期まで交互に訪れる。前者はおもに体重の増加、後者はおもに身長の伸びとして確認される。こういった知識に乏しいと、発達段階にふさわしい体型や体位を勘違いして無理な体重コントロールなどを行い、正常な身体発達、性成熟を妨げることにもなりかねない。

スキャモン(Scammon, R. E.)は、身体各部の20歳のときの重量を100としたときのそれまでの各年齢でも割合を発達曲線として示している(図表3-5)。大脳や脊髄などの神経は6歳ですでに成人の90%の重量を示すのに対して、睾丸・卵巣など性器などは12歳程度までほとんど変化を見せない。

この他に、分化・統合、臨界期、順応性、連関性などがあげられる。

3 発達を規定する要因

発達は、遺伝的要因と環境的要因との相互作用による。遺伝的要因は成熟という様式、環境的要因は学習という様式でそれぞれ発達的変化をもたらす。相互作用とは、遺伝的要因にもとづく変化が生じると学習に変化が起こり、逆に環境的要因による変化が成熟に影響を及ぼすということである。またこのことは発達のすべての側面に同様ではなく、遺伝的にもつ素質が現れるための環境的条件が発達の側面によって異なることを意味する。ジェンセンは、相互作用説の1つである環境閾値説として、このこ

分化・統合
各器官や機能は特殊化しつつ(分化)、互いにまとまりのあるものになっていく(統合)。

臨界期
その時期だけに有効な発達があるとされる。

順応性
もし遅れても条件が整えば回復するということ。

連関性
発達の各側面は相互に関係しあっているということ。

ジェンセン
(Jensen, A. R. 1923-)

相互作用説
発達は個体と環境との相互作用によるとする考え方。

図表3-6 遺伝的可能性の顕在化(環境閾値説)(ジェンセン、1968)

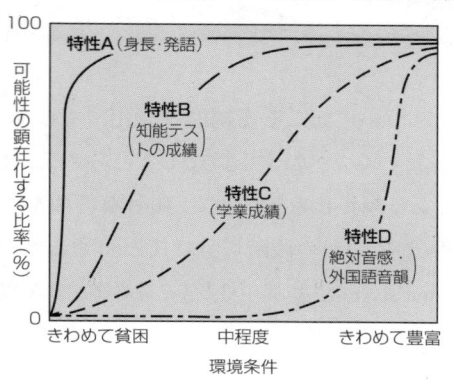

特性A(身長・発語)
特性B(知能テストの成績)
特性C(学業成績)
特性D(絶対音感・外国語音韻)

縦軸:可能性の顕在化する比率(%) 0〜100
横軸:環境条件 きわめて貧困—中程度—きわめて豊富

環境閾値説とは、それぞれの形質(身長など)が現実化されるに当たって、それに必要な環境要因の質や量は異なり、各形質はそれぞれに固有な、いわば閾値としての一定水準をもっているという説である。例えば、身長のような形質(図の特性A)はよほど不良な環境条件でない限りその可能性を実現していくが、絶対音感というようなもの(図の特性D)は最適の環境条件に恵まれた上に、一定の訓練を受けないと身につかない。つまり、それぞれの形質は、環境条件が非常に不適切であるとその発達は阻止されるが、その形質にとっての閾値を超えれば、現実化していくと考えるのである。

とを示した(図表3-6)。身長や発語の速さは、環境的条件がかなり劣悪であってももっている遺伝的素質が現れやすい。逆に外国語の音韻や絶対音感は、かなり豊かな環境条件が整わないと遺伝的素質が現れない。

　もしも、遺伝的要因、環境的要因のどちらか一方が発達に対して優位に働くとすれば、こういったことは起こらないはずである。しかしかつては、遺伝的要因を重視する学説と環境的要因を重視する学説とが激しく対立していた。たとえば、ゲゼルは階段のぼりなどの実験を通して、成熟を待たずに行われる学習は無意味である、つまり、学習にはそれを成立させる準備状態(レディネス:readiness)が必要であり、それは成熟により獲得されるとする成熟優位説を唱えた。一方ワトソンは、たとえば行動主義心理学にもとづいて、発達は環境的要因による学習によるものであるので、どんな素質をもとうが適切な方法によりどのようにでもできると主張している。こういった対立に対して、シュテルンは発達が両者の加算的な影響によるとする輻輳説を唱えた。しかし両者の影響は単なる加算的なものとはいえないこと、また、両者がどのように影響するのかといった問題が重要であるという指摘により、現在のように相互作用によると考えられるようになってきている。

ゲゼル
(Gesell, A. L. 1880-1961)

シュテルン
(Stern, W. 1871-1938)

Chap. 3　心の仕組みと人の発達

④ 発達段階と発達課題

　発達は一定の型にもとづいて起こる連続的な変化であるが、その過程は一様ではなく、いくつかのまとまりとしてとらえることができる。このように、ある視点にもとづいて、顕著な特徴を手がかりに、発達の過程をいくつかの段階に分けてとらえたものを発達段階 (developmental stage) とよぶ。図表3-7はさまざまな観点による発達段階である。発達段階のとらえ方として、第1に、各段階は他の段階と質的に区別できること、第2に、各段階は不可逆的であること、第3に段階区分の時期は個人差が大きいこと、第4に2つの段階の間には長い移行期があり、その移行期には前後の特徴を示すことに留意する必要がある。

✏ 一般的発達段階

　一般に総合的な観点にもとづく発達段階が用いられる(図表3-8)。青年期までは、学校教育制度を考慮した段階区分である。一般的発達段階の中で、乳児期のうち誕生後の1か月を特に新生児期とよぶこともある。乳児期から幼児期への移行の年齢の目安に幅があるのは、この時期は特に移行期が長いことによる。児童期後期から青年期にかけての時期を思春期とよぶこともある。また、成人期以降は個人の生活史によってさまざまであるので、一様の段階区分を設けることは困難である。成人期は、職業生活において安定を獲得し、家庭をもち、社会人としての生活を送る時期とみることができる。中年期は、子どもや部下を育てて文化を次代に伝えることが期待される、社会的な責任が増す時期である。老年期は社会の一線を退き、自分の生涯をみつめる時期とされる。しかし、これらは個人差が大きく必ずしも明確ではない。

図表3-7　発達段階の区分（各種分類のまとめ）（高野清純、1975）

区分の観点	研究者	年齢（歳）0〜20の区分
社会的習慣	Meumann, E.〔1913〕	児童期（0-13）／少年期・少女期（13-17）／処女期（17-18）／青年期（15-20）
社会的習慣	Spranger, E.〔1924〕	児童期（3-7）／中間期（7-8）／少年少女期（8-12）／中間期（12-14）／成熟期（男）（女）（14-20）
社会的習慣	Goodenough, F. L.〔1945〕	言語前期（0-2）／幼児期（2-4）／幼稚園期（4-6）／児童期（男）（女）（6-12）／青年期（12-20）
社会的習慣	Hurlock, E. B.〔1924〕	新生児・乳児期（0-2）／児童前期（2-6）／児童後期（男）（女）（6-12）／思春期（12-14）／青年期（14-20）
社会的習慣	青木誠四郎	新生児・乳児期（0-2）／幼児期（2-6）／児童期（男）（女）（6-12）／青年期（12-20）
社会的習慣	文部省教育心理〔1945〕	乳児期（0-2）／幼児期（2-6）／児童期（6-13）／青年期（13-18）／＊＊充実期（女）・＊充実期（男）
身体発達	Stratz, C. H.〔1922〕	乳児期（0-1）／第一充実期（1-4）／第一伸長期（4-7）／第二充実期（男）（女）（7-11）／第二伸長期（男）（女）（11-15）／第三＊・第三＊＊／成熟期
身体発達	Cole, L.〔1922〕	乳児期（0-2）／児童前期（2-6）／児童中期（男）（女）（6-11）／児童後期（男）（女）／青年前期（男）（女）／青年中期（男）（女）／青年後期
精神構造の変化	Stern, E.〔1923〕	乳児期（0-1）／未分化融合期（1-7）／分化統一期（7-13）／成熟前期（13-15）／分化統一期（15-20）
精神構造の変化	Kroh, O.〔1928〕	幼児期（0-3）／第一反抗期（3-5）／児童期（5-13）／第二反抗期（13-15）／成熟期（15-20）
精神構造の変化	Bühler, Ch.〔1937〕	第一期客観の時期（0-2）／第二期主観化の時期（2-4）／第三期客観化の時期（4-8）／第四期主観化の時期（8-13）／第五期客観化の時期（13-20）
精神構造の変化	牛島義友〔1941〕	身辺生活時代（0-4）／想像生活時代（4-8）／知識生活時代（8-13）／精神生活時代（13-20）
精神構造の変化	武政太郎〔1955〕	乳児期（0-2）／幼児期（2-6）／児童期（6-13）／青年期（13-20）
特定の精神機能	松本亦太郎（用筆運動）	幼児期（2-7）／児童期（7-13）／青年期（13-20）
特定の精神機能	楢崎浅太郎（握力）	幼児期（2-7）／児童期（7-12）／少年期（12-15）／青年前期（15-18）／青年後期（18-20）
特定の精神機能	阪本一郎（読書興味）	昔話期（4-7）／寓話期（7-9）／童話期（9-11）／物語期（11-13）／文学期（12-14）／思想期（14-20）
特定の精神機能	Piaget, J.（注）（物活論的世界観）（思考）	第一期1）／第二期2）／第三期3）／第四期4）／感覚運動（0-2）／前概念期（2-4）／直感的思考（4-7）／具体的操作期（7-12）／形式操作期（12-20）
特定の精神機能	Sears, R. R.（動機づけ）	基礎的行動の段階（0-1）／二次的動機づけの段階／家族中心の学習／家庭外の学習
特定の精神機能	Erikson, E. H.（社会化）	基本的信頼感の段階（0-1）／自律感の段階（1-3）／主導感の段階（3-6）／勤勉感の段階（6-13）／同一性の段階（13-18）／親密感の段階（18-20）
特定の精神機能	Maier, N. R. F.（対人関係）	一時的依存の確立（0-1）／自己看護の確立（1-2）／意味ある二次的関係の確立（2-4）／二次的依存の確立（4-8）／依存と独立のバランスの達成（8-20）
特定の精神機能	Nowogrodzki, T.（唯物論）	幼児期（0-3）／就学前期（3-7）／学童期（7-14）／成熟期（14-18）／青年期（18-20）

注）　1）万物に意識ありとする時期　　2）動く物すべてに意識ありとする時期
　　　3）自力で動く物には意識ありとする時期　　4）動物だけに意識ありとする時期

図表3-8 一般的発達段階

発達段階	段階区分の目安	およその時期
胎児期	受精〜出生	−
乳児期	〜歩行・言語使用の開始	誕生〜1、2歳
幼児期	〜運動・会話が一応自由	1、2歳〜6歳
児童期	〜第2次性徴の出現	6歳〜12歳
青年期	〜生理的成熟と心理的諸機能の一応の完成	12歳〜22歳
成人期	〜家庭生活・職業生活の一応の安定	20代、30代
壮年期	〜社会の一線からの退却	40代、50代
老年期	〜死	60歳以降

発達課題

それぞれの発達段階において獲得することがもっともふさわしい課題を発達課題(developmental task)という。発達課題の意義は、第1に自己と社会に対する健全な適応にとって必須の学習であること、第2に基本的には一定の期間で学習されることが望ましいこと、第3にそれぞれの発達課題は本人の興味や関心を引くものであることが指摘される。

ハヴィガースト
(Havighurst, R. J. 1900-1991)

ハヴィガーストは、「人間が健全で幸福な発達を遂げるために各発達段階で達成しておかなければならない課題。次の発達段階にスムーズに移行するために、それぞれの発達段階で修得しておくべき課題がある」と述べている(図表3-9)。ここでは、他人との情緒的なつながり、自己に対する健全な態度、良心とつつしみの確立、男性・女性の性役割の受容、両親からの独立などが重要な課題としてあげられている。発達課題は社会的な要請に強く影響されるので、その具体的な内容については時代や文化によって大きく異なる。

認知の発達段階(ピアジェ)

ピアジェ
(Piaget, J. 1896-1980)

ピアジェは認知論の立場から、個人のもつ認知的な枠組み(シェマ)を用いて外界とどのように相互作用するかという視点で、発達を同化と調節の作用による均衡化の過程としてとらえてい

図表3-9　ハヴィガーストの発達課題 (1953)

発達段階	発達課題
乳・幼児期	歩行の学習 固形食を取る学習 話すことの学習 排泄の学習 性差と性的つつしみの学習 生理的安定の達成 社会的・物理的現実についての単純な概念の形成 両親・きょうだいの人間関係の学習 善悪の区別・良心の学習
児童期	日常の遊びに必要な身体的技能の学習 生活体としての自己に対する健康な態度の形成 遊び仲間とうまくつき合うことの学習 男子あるいは女子としての適切な社会的役割の学習 読み・書き・計算の基礎的能力の発達 日常生活に必要な概念の発達 良心・道徳性・価値観の発達 個人的独立の達成 社会集団や制度に対する態度の発達
青年期	両性の友人との新しい、成熟した人間関係をもつこと 男性または女性としての社会的役割の達成 自分の身体的変化を受け入れ、身体を有効に使うこと 両親や他のおとなからの情緒的独立の達成 経済的独立のめやすを立てる 職業の選択とそれへの準備 結婚と家庭生活への準備 市民として必要な知的技能と概念の発達 社会人としての責任ある行動をとること 行動を導く価値観や倫理体系の形成
壮年期	配偶者の選択 配偶者との生活の学習 第一子を家族に加えること 子育て 家庭管理 職業につくこと 市民的責任を負うこと 適した社会集団の選択
中年期	市民的・社会的責任の達成 経済力の確保と維持 十代の子どもの精神的な成長の援助 余暇を充実させること 配偶者と人間として結びつくこと 中年の生理的変化の受け入れと対応 年老いた両親への適応
老年期	肉体的な力、健康の衰退への適応 引退と収入の減少への適応 同年代の人と明るい親密な関係を結ぶこと 社会的・市民的義務の引き受け 肉体的に満足な生活を送るための準備

る(均衡化説)。前者は既存のシェマを用いて外界を取り入れる過程、後者は外界に合わせてシェマを変える過程である。外界との相互作用の仕方は発達的に変化していく。図表3-10はこういった観点での発達段階である。

　2歳ごろを境に、それ以前は外界との相互作用は感覚機能と運動機能とによって直接行われるので感覚運動期と、それ以降は表象を用いて行われるので表象期とよばれる。さらに表象期は、7歳以降の操作が可能になる操作期とそれ以前の前操作期とに区分される。この前操作期は、自己中心性によって特徴づけられる。これは「わがまま」とは無関係で、「自己の主観を知らず主観と客観とが混同した幼児の心性」と定義される。アニミズム、実念論、人工論といった幼児期に独特の世界観は、自己中心性によるものである。自己中心性からの脱却(脱中心化)は、次の母体的操作期を待たなければならない。操作期は、具体物の助けを必要とする具体的操作期(7～11・12歳)と抽象的論理的思考が可能な形式的操作期(11・12歳以降)とに分けられる。

> **アニミズム (animism)**
> すべてのものには心があり、また生きているとする世界観。
>
> **実念論 (realism)**
> 心に思ったことは実在するという考え方。
>
> **人工論 (artificialism)**
> すべてのものは人間がつくったという考え方。

図表3-10　認知の発達段階 (ピアジェ)

感覚運動期	前操作期	具体的操作期	形式的操作期
		操作期	
	表象期		
0　　2　　　　7　　　　11			

✐ 心理性的発達論と心理社会的発達課題

　フロイトの心理性的発達論を受けて、エリクソンは社会的視点を加えて独自の人格の発達理論(図表3-11)をつくった。そこでは、人生は8つの段階に分けられ、それぞれにおいて健全と不健全という相反する2つの傾向が引き合う危機(クライシス)が存在することを指摘した。

図表3-11　エリクソンの自我の発達段階

発達段階	A 心理 社会的危機	B 重要な対人 関係の範囲	C 関係の深い 社会秩序要素	D 心理 社会的様式	E 心理・性的段階
Ⅰ 乳児期	信頼 対 不信	母親的人物	宇宙的秩序	得る お返しに与える	口愛ー呼吸 感覚ー運動段階 (合体的様式)
Ⅱ 早期児童期	自律性 対 疑惑	親的な人物 (複数)	法律と秩序	保持する 手放す	肛門ー尿道段階 筋肉的 (貯留ー排泄的様式)
Ⅲ 遊戯期	積極性 対 罪悪感	基本的家族	理想的な 標準型	思い通りにする (=追いかける) まねをする (=遊ぶ)	幼児ー性格的 移動 (侵入ー包括的様式)
Ⅳ 学齢期	生産性 対 劣等感	「近隣」 学校	テクノロジー的 要素	ものをつくる (=完成する) ものを一緒につくる	「潜伏期」
Ⅴ 青年期	同一性 対 同一性拡散	仲間集団と 外集団指導性 のモデル	イデオロギー的 な展望	自分自身である (または、自分自身 でないこと) 自分自身であるこ との共有	思春期
Ⅵ 初期成人期	連帯性 対 孤立	友情・生・競争・ 協力の相手	協同と競争 のパターン	他者の中で自分を 失い、発見する	性器性
Ⅶ 成人期	生成性 対 自己停滞	分業と共同 の家庭	教育と伝統 の流れ	世話をする	
Ⅷ 成熟期	統合性 対 絶望	「人類」 「わが種族」	知恵	存在しなくなる ことに直面する	

注) A欄は、各発達段階においておもに直面する課題

5 臨床心理学と発達

　臨床心理学の目的を特定の個人または集団における適応上の問題の解決を援助することとするならば、発達の視点は個人を理解する上で重要なことといえよう。人間は一生を通じて変化する存在であり、その過程は個人差を含みつつ一定のものであるという視点は、ある個人の「現在」は、そこに至る過去とこれから向かう未来とを結ぶ1点としてあるという認識をもたらすだろう。
　発達についての理解は、人格発達、言語発達、社会性の発達

といったように、各側面が一生の間どのように変化するかという観点と、乳児心理学、幼児心理学、児童心理学といったようにそれぞれの発達段階がどのような様相を示しているかという観点とによってなされている。人間の一生を大きなタペストリーに描かれた1枚の絵のようにとらえるならば、前者は縦糸、後者は横糸にたとえられる。発達を理解することはその織り方を知ることであるし、1人ひとりを理解することはそこに描かれた絵を鑑賞することと似ている。発達についての理解をさらに深めることで、1人ひとりをより理解できるようになるだろう。

---

column 4　愛着はスキンシップを通して

　乳幼児の発達初期段階において、十分な母性刺激を与えられることは、健全な発達を遂げる上で非常に重要である。母性刺激とは、乳幼児の日常生活において世話をしたり、優しく話しかけたり、なでたりするなどのスキンシップを含む養育行動全般をいう。ハーローらは、さまざまな母性刺激の中で特にスキンシップの重要性を強調している。子ザルを布製と針金製の代理母から授乳される群の2群に分け、彼らがどちらに愛着行動を示すかを比較した。その結果、どちらの母から授乳されるかにかかわりなく、子ザルは、皮膚を通してぬくもりを感じることのできる布製の母親のもとで過ごす時間が、針金製の母親のもとで過ごす時間よりも多いことがわかった。また、恐怖を引き起こすような状況において、布製の母親にしがみつく時間が針金製の母親に対するそれと比べて長いことが実証された。さらに、布製の母親の存在の下で多くの探索行動に従事するとともに、うずくまりや声を発するなどの情動反応が少ないことが見いだされた。この研究からわかるように、愛着（アタッチメント）はスキンシップを通して形成されることが明らかなのである。

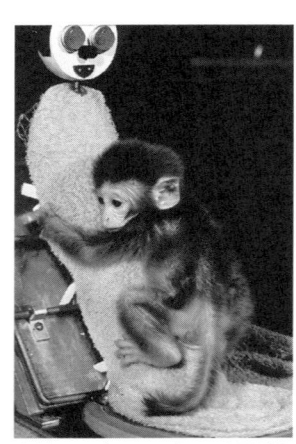

布製の母ザルにしがみつく子ザル

Chap. 4 アセスメント・診断

1 アセスメントのプロセス

★1 心の問題についてのアセスメントの特質

　「対象」について適切な情報を集めて、判断するということを私たちはいつでも、どこでも行っている。たとえば、日用品・衣類を買う場合、進学・就職を決める場合、誰に投票をするかを決める場合等々。大学の入試センターでは、受験生が大学生活をうまくやっていけるかどうかを決めるために、高校時代の生活や成績の情報とともに、テストの成績、面接などの結果を総合して合否の判定をしているし、企業の人事担当者は、履歴書、経歴証明、面接、ときには実習の観察などを通して適切な人を選定している。

　臨床におけるアセスメント(assessment)では、ある人の問題の行動がどうして、どのように現れるのかを決めるだけでなく、それについてどのような援助・治療をなすべきか、また、それによってどのような効果が得られたかどうかを決めることを目的として行われる。この活動には一般に「診断」「判定」という用語が用いられているが、ここで使われる「診断」の言葉は医学的用語である。司法関係では「鑑別」が、福祉関係では「判定」「査定」の用語が用いられ、心理臨床の場では「見立て」という言葉が使われることが多い。それぞれ細かい点では相違があるが、だいたい同じ内容を含んでいるといってもよいであろう。たとえば、「自分1人では解決できない問題」(不安で夜、眠れないなど)を抱えて相談に来たクライエント(患者、来談者)と、はじめて出会った心理臨床家は、まず、この人はどういう人か、この人の不安はどういった性質のものかを理解することに努める。そして、これからこの人とどうかかわっていったらよいのだろうかと考える。そして、そのため

に智恵と気力を集中させて活動を開始する。これが臨床アセスメント(診断・判定・見立て)の過程である。

　さて、身体的な病気の診断にあたっては、それぞれの病気の差異が次の7条件の下で明らかにされることが求められている。それは、①その病気の発症のありかた、②症候、③検査所見による裏づけ、④経過、⑤予後、⑥治療法、⑦病理解剖所見における他との明確な差異である。ここで、「心の問題」にも、身体医学の場合と同様な診断手続きが適用できるだろうかということを考えてみよう。たとえば「不安で眠れない」という訴えがどこまで「病気の症候」として認められるかという点がまず問題となる。このような不安・不眠は精神病にも、神経症にも、また正常範囲の人にも現れ得るし、何よりも「不安」「不眠」の訴えはクライエントの主観によるところが大きく、この症候を客観的に評定するのは難しいからである。

　では、精神医学、臨床心理学の領域では「病気」をどのようにして診断し、まとめてきたかについて概観してみよう。フーコーは、『精神疾患と心理学』の著書の中で、「精神医学が病の本質を読み取ろうとする際に、まず試みたのは、これを示す諸徴候の首尾一貫した集まり方によることであった」と述べて「まなざし」の重視について説いた。ヤスパースは、「精神の病気は、身体の病気や研究とは次元を異にしたある一定の枠組みが必要であり、その枠組みをいかに構築するかが精神病理学の役割である」とし、「あらゆる先入観を排して、病者の精神生活の個々を、そのつど明らかにし、それらを記述していく以外にない」と述べた。医学的アプローチと心理学的アプローチの相違について、氏原寛は、「個別性と一般性の差」と述べている。すなわち、医師と患者との関係は正しい診断と処置を行うことを目的とするものであって、そこには個別性や手順の相違があってはならない。ところが、心理臨床家とクライエントとのかかわりにおいては、両者の出会いの一回性が大切な因子となり、個別性が最も重要なテーマとなるのである。

フーコー
(Foucault, M. 1926-1984)

ヤスパース
(Jaspers, K. 1883-1969)

2 アセスメントの実際

　アセスメントには、心理臨床家の理論的立場によって多くの技法と用具が考え出されているが、そのすべてが、面接・テスト・観察の3つのカテゴリーに入れられる。ここでコーチンが示したアセスメントの流れを紹介しよう(図表4-1)。この図の□で示しているところは、アセスメントにあたって外からみられる行動で、■は内的・知的な活動を示している。この流れを次の事例にあてはめて考えよう。

　小学校2年生の男児。学校を欠席しがちで、心配した両親が相談に連れてきた。喘息があるので、体育は見学させているという。偏食がひどいので、給食はほとんど食べないとのことである。母親は、息子が時計が読めないし、計算も十分にできないので、学習障害(LD)児ではないかと心配している。

　そこでまず、子どもと面接を行い、同時に喘息の状況、家庭での生活状況などを両親から聞くことにした。ほっそりとした利発そうな子で、大人びた口調で、ハキハキと答えた。両親とも公務員で、ひとりっ子のこの子どもは、以前行っていた学童保育にも参加せず、家で1人で過ごすことが多いということがわかった。両親とも対人関係が苦手で、特に父親は2年前からうつ症状があり、欠勤が多く、現在も服薬治療中である。母親は感情的に不安定で、面接中にも泣いたり、興奮したりすることが多い。今、離婚の話し合いが進んでいて、息子に、どちらと暮らすかを決めるように言っていることや、夫婦喧嘩が絶えず、母はしばしば家事放棄をすること、基本的な生活習慣が乱れていることなどが面接からわかった。知能検査の結果からは非常に高い知能の持ち主で、バランスもよいことがわかった。箱庭では、冷たい荒廃した風景が作り出され、この子の心には放置してはおけない何かがあることが感じられた。高い知能と、理解力をもつこの男児は、父親の病気と、それに伴う両親間の葛藤の間で強い不安を抱き、喘息

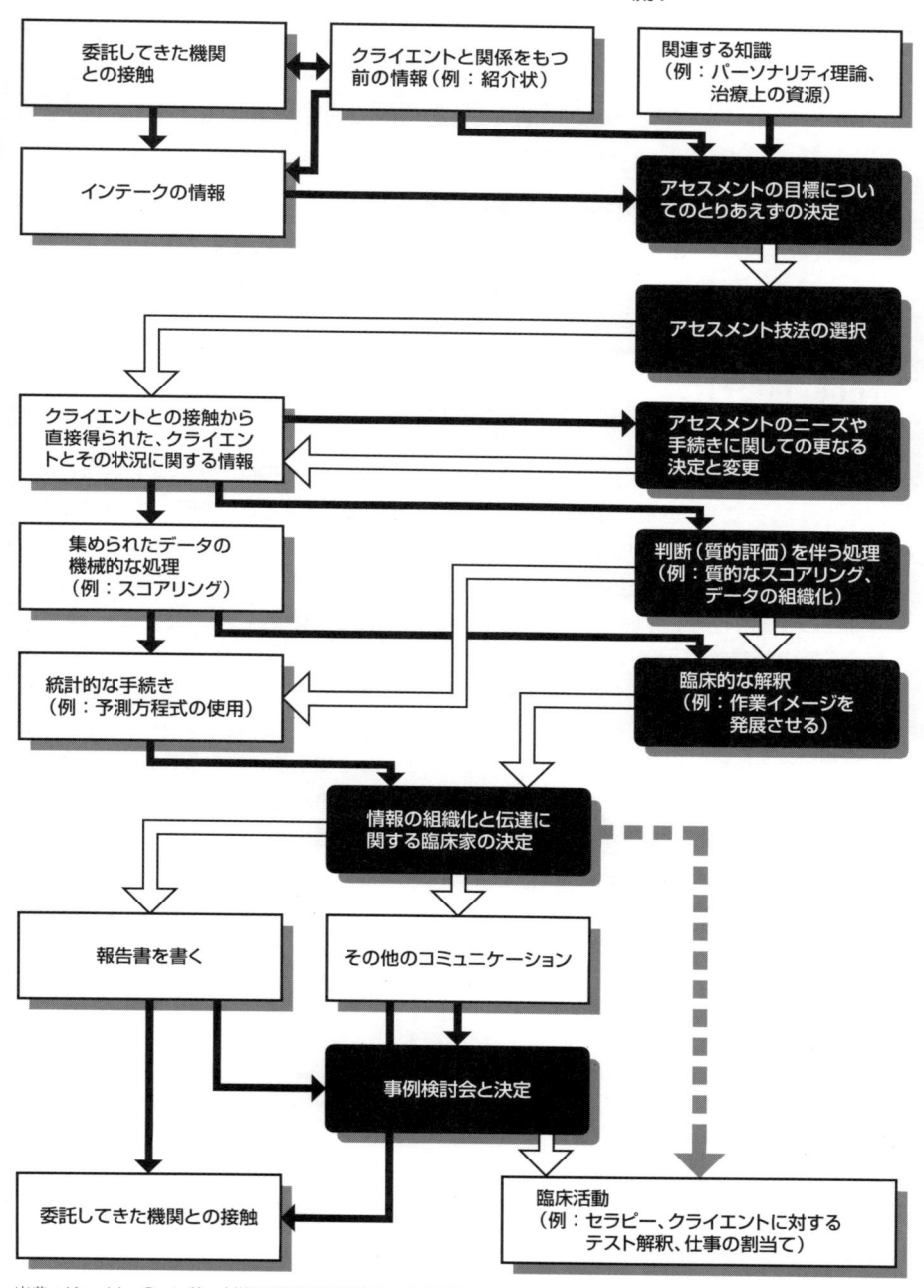

図表4-1 臨床的アセスメントの流れ

```
[委託してきた機関との接触] ⇄ [クライエントと関係をもつ前の情報（例：紹介状）]     [関連する知識（例：パーソナリティ理論、治療上の資源）]
         ↓                              ↓                                              ↓
[インテークの情報] ───────────────→ [アセスメントの目標についてのとりあえずの決定]
                                              ↓
                                    [アセスメント技法の選択]
                                              ↓
[クライエントとの接触から直接得られた、クライエントとその状況に関する情報] ← [アセスメントのニーズや手続きに関しての更なる決定と変更]
         ↓
[集められたデータの機械的な処理（例：スコアリング）]    [判断（質的評価）を伴う処理（例：質的なスコアリング、データの組織化）]
         ↓                                                   ↓
[統計的な手続き（例：予測方程式の使用）] ←──── [臨床的な解釈（例：作業イメージを発展させる）]
         ↓
[情報の組織化と伝達に関する臨床家の決定]
         ↓                      ↓
[報告書を書く]        [その他のコミュニケーション]
         ↓                      ↓
         └──→ [事例検討会と決定] ←──┘
                      ↓                    ↓
         [委託してきた機関との接触]   [臨床活動（例：セラピー、クライエントに対するテスト解釈、仕事の割当て）]
```

出典：Korchin, S. J. 著、村瀬孝雄監訳『現代臨床心理学』弘文堂、p.186、1980、一部改変

と登校しぶりの状態に陥っていると思われた。そこで、個別の遊戯療法と箱庭療法を実施し、母親にもカウンセリングを継続することにし、父親の主治医と連絡をとることにした。数回の施行で、男児の喘息は消失し、箱庭の場面も次第に生き生きとしたものになってきた。母親は毎日の生活をきちんと送ることの大切さと、息子を大人の葛藤に巻き込むべきではないことがわかってきたようである。子どもの登校の再開も近いと思われる。

column 5　色彩とアセスメント

　色彩の象徴性や心理的影響について注目されるようになったのは、20世紀に入ってからである。その後、色彩の治療的効果あるいは性格類型テストとしての研究が行われ、現在では、治療と同時にアセスメントの際の一要素として扱われることが多い。

　ロールシャッハテストでも、色彩反応は決定因の重要な要素である。また、「色彩に対する反応は個人の情動構造と深くかかわっている」との考えから、色彩チップを用いてピラミッド図形を作らせるフィスターら（1975）の「カラー・ピラミッド・テスト」や、刺激語を与え、共通するイメージから選ばれた色で被験者のパーソナリティを測る「色彩象徴テスト」（小保内ら、1952）などの心理テストがある。

　色彩のもつ象徴性が曖昧に感じられるのは、3つの領域にかかわるからである。まず生理的反応がかかわったもので、たとえば赤色光を当てることで体温の上昇が報告されるが、赤の連想がエネルギーにかかわるイメージとつながるのはこれに相当する。そして、この反応は普遍的象徴性と結びつきやすい。次に、文化・社会によって受け継がれてきた象徴性で、男性用・女性用に青と赤が用いられるような場合である。これは、それぞれの時代や民族文化に影響される。さらに、個人的体験による反応で、これには一定の法則はない。アセスメントでの色彩の活用が難しいのは、こうした複雑な象徴性をもつことが背景にある。

2 アセスメントについての方法と問題点

　臨床的アセスメントは、人が抱いている問題について、その問題の原因はどこにあるか、どうすればその人の状況をよりよくできるだろうか、というようなことを多かれ少なかれ見つけ出すことを第1の目的としている。また、治療的介入の効果を測定する場合にもアセスメントは用いられる。こういった目的のために用いられるアセスメントの方法は、さまざまである。ここでは、まず、アセスメントにあたって、留意すべき点について述べる。

1 信頼性と妥当性の問題

　信頼性 (reliability) と妥当性 (validity) の問題は一言でいうと、極めて複雑である。この問題は心理学 (心理テスト) の中核的な問題にかかわっているといってもよい。この点について少し考えてみよう。

✐ 信頼性とは

　信頼性とは、一般に測定結果が十分に信頼できるものかどうかということである。この検証には、次の手続きが一般的である。

①テストと再テストの結果の一致度
　同じテストを数週間または何か月かの間をおいて同じ人に施行してその結果の一致度を調べることが基本のやり方だが、同じテストを2回施行することは、被験者が答えを記憶していて、正確ではないと思われることから、よく似た、異なるテストを行う場合もある。

②内的恒常性

これは、テストの項目が互いに関連が高いかどうかということである。たとえば、20の質問からなる不安尺度があったとする。これによって真に不安を測定するとしたら、これらの質問は相互に関連があるか、または内容の関連性が高いものかを吟味しなければならない。恐怖の場面で口が渇くと報告した人は、そのとき、筋緊張も高まったという報告をすることが期待されるのがこれにあたる。

③相関の計算

こういった信頼性、関連性がどの程度のものであるかは、項目相互の相関を計算することによって検証できる。すなわち、関連が高ければ信頼性が高いといえる。

妥当性とは

妥当性とは一般に、測定しようとする目的に即したものが得られたかどうかということである。たとえば、質問紙が、人の敵意を測定しようとするものだったとしたら、実際どうあったらよいだろうか。いくつかの妥当性のタイプをあげる前に、妥当性は信頼性に関連していることを認識することが大切となる。なぜなら、信頼できない測定では、首尾一貫した結果が得られないからである。

①内容的妥当性

本当に測定しようとすることがらが、この方法で測定できるのかどうかということがこれにあたる。

②基準妥当性

これは、たとえば、知能検査の結果 (IQ) は、将来の学業成績を予測できる。しかし、同様に、人の考え方の歪みを測定すれば、その人の将来のうつ症状を予測することができるかどうか、とい

うことがこれにあたる。

② 臨床面接

　われわれは、人と交わす会話がそれほど公式なものではないから気づかないでいるだけで、おそらく何回も面接という行為に加わっているはずである。法律家にとっては「面接」の用語はきわめて公式な内容をもち、組織化されたものを意味するだろうが、普通は人と人との出会いにおいて言葉を交わすことという、ごく一般的な会話の意味で、この語を用いている。

　心理学的アセスメントは、対象とする人の認知、情動、性格、行動などを調べて、その人の症状、問題にかかわりがあると思われる要因を探ることを目的としている。そして、そのための方法としては、次節で述べるようにさまざまなテスト類が用いられるが、それらの基礎には面接がある。人を知る最良の方法は、その人と会うことだと、われわれは理屈でなく感じている。一対一のかかわりにおいて、こちらの質問に対する相手の反応を観察し、見守ることはその答えを聴くのと同様に、またはそれ以上に相手を知ることができる。臨床面接は、こういった種類の一対一の出会いである。日常会話や世論調査に答えるための会話などは異なっている。たとえば、ある人が家庭生活における葛藤について訴えたとすると、臨床家は、その人の言い分に付随する感情に対して関心をもつのが普通である。もしその人がその困難な状況を話しながら、少しでも混乱している様子がみえなかったとしたら、その人がその話の間に泣いたり、いらいらしたりしてみせた場合とは解釈・診断が異なったものになるだろう。もし、1人の女性が異性のことを話すたびに落ち着きをなくし、視線を合わせないとしたら、臨床家はこの人は異性関係に関して不安を感じているのではないかと疑いを抱くだろう。1人の男性が母親の突然の死の悲しみを語りながら、うきうきしているような様子がみえたとし

たら、臨床家は、彼は母親を喪ったことについて、何かの葛藤を感じているのではないかと疑う。

面接の様式には、臨床家が開かれた質問(「はい」や「いいえ」では答えられない質問。たとえば、「あなた自身についてお話しください」)を行う非構成的面接と、臨床家があらかじめ用意した、ときには質問紙に印刷された項目について質問を行う構成的面接とがある。臨床家はこの両者を併行して行うのが普通である。

どのようなタイプの情報が得られ、それがどのように解釈されるかによって、面接者が次の対応を考えるのが「臨床面接」であり、臨床面接はアセスメントの一過程として使われる。そして、面接は、しばしばクライエントと臨床家との最初の出会いである。そこでは、クライエントは居心地の悪さを感じながら臨床家と面接をする。臨床家の最初の大事な仕事は、ラポートをうちたてることである。それには、誠実さ、尊敬、非審判的態度、受容的態度をもつことの大切さを忘れてはならない。

ラポート(rapport)
原語はフランス語であるが、そのまま英語でも用いられている。「ラポール」と発音する人も多い。「関係」の意味で、臨床の場においては、臨床家とクライエントの間にもっとも大切とされる信頼関係のことを指す。

3 心理テスト

心理テストとは、臨床心理アセスメント(査定)のために、個人の能力・性格・発達の状態などの諸情報を得る技法である。「心理テスト」を広義に「心理アセスメント(査定)」と同義語に使うこともあるが、査定のための主な方法としては、「観察法」「面接法」「心理テスト」があり、2つ以上の方法を併用している場合が多い。

心理テストは人の諸特性や発達・精神状態などを、より客観的に、また広い視点から理解するために使われる。そして、その結果にもとづいて指導・治療方針を決め、目標を設定する。種類

によって個人でも集団でも実施するが、面接の変法であるともいわれ、実施時の状況を観察でき、面接や観察の基本事項をよく理解して実施することが必要である。

1 心理テストの種類

　心理テストの種類は非常に多く、大別すると、①能力を測る検査（発達検査、知能検査、学力、言語発達、創造性、運動能力など）、②特性・反応傾向など診る検査（性格検査、社会性・道徳性・親子関係・職業適性検査、知覚・記憶検査など）がある。

　心理臨床の領域でよく使われる心理検査には次のような種類があり、テストのそれぞれについては、手引き、解説書、参考図書がある。各検査法の背景理論と、テスト・バッテリーの組み方にも習熟して実施することが肝要である。

> **テスト・バッテリー（test battery）**
> 心理検査を行う際、人間の総合的理解のために、いくつかの検査を一緒に施行すること。

能力検査

発達検査（developmental test）
　質問紙法は、親などの養育者が、乳幼児の発達を、運動・社会性・生活習慣・言語などの各分野について評価し、発達輪郭表（プロフィール）でとらえる方法である。各分野の相対的比較によって、どの分野に遅滞があるか発見し、原因を考察できる。「遠城寺式乳幼児分析的発達検査」「乳幼児精神発達診断法（津守式）」などがある。

　個人面接法では、姿勢・運動・認知・適応、言語・社会の3領域について、発達年齢・発達指数を算出する「新版K式発達検査」がある。「改訂日本版デンバー式発達スクリーニング検査」は、遅れの項目がどの領域にいくつあるかによって、異常・疑問・正常・不能の4種類に解釈するものである。

シモン
(Simon, T. 1873-1961)

ビネー
(Binet, A. 1857-1911)

知能指数
(intelligence quotient：IQ)
知的機能という視点から、標準的発達に比べてどの位置にあるかを示すもの。

$$IQ = \frac{精神年齢（HA）}{生活年齢（CA）} \times 100$$

で示される。

知能検査 (intelligence test)

1900年代初めフランス文部省の依頼により、心理学者ビネーとシモンによって、学齢に達した子どもが、知的に問題なく普通教育を受けることができるか診断するために開発された。個別式・集団式に大別されるが、臨床の場では個別式が用いられ、よく使われるのは次の3種である。

①ビネー式知能検査：「田中・ビネー知能検査」「鈴木・ビネー知能検査」があり、知能指数で表す。

②ウェックスラー式知能検査：言語性の検査(知識・単語・算数・類似・理解)と動作性の検査(絵画完成・迷路・幾何図形・積み木模様など)について個別に診断し、知能障害の診断と指導に役立てることを目的としている。対応年齢により、WPPSI(3歳10か月～7歳1か月)とWISC-R知能検査(5歳6か月～16歳11か月)が使われるようになっている。成人用はWAIS-R(16～74歳)である。

③K-ABC心理・教育アセスメントバッテリー：1993年、松原達哉らによって作成され、2歳6か月～12歳11か月の子どもに適用される。知能と習得度を個別に測定し、特性を明らかにして指導に役立てることができる。

性格検査など質問紙法

子どものための性格検査(personality test)は非常に少なく、「幼児・児童性格診断検査」(高木俊一郎ら、1962、1997)が、3～12歳に適用可能である。小学生以上には「矢田部ギルフォード(YG)性格検査」、15歳からは「MMPI」、「モーズレイ性格検査(MPI)」などがパーソナリティ特性を、適応性の観点から把握することができる。

顕在性不安尺度(MAS)、UPI(学生精神的健康調査)、CMI健康調査表、SDS自己評価式抑うつ性尺度なども、各側面を診断するために使われる頻度が高い検査法である。

「親子関係診断テスト」は、親の養育態度を拒否、支配、保護、服従、矛盾不一致などの5領域10型から診断し、親子関係の改善

に役立てることを目的に作成されたテストである。分析結果は、ダイヤグラフ上に表し、安全・準危険・危険などの判定ができる。

投影法

　投影法 (projective technique) は、テストの刺激材料があいまいで多義性があり、被検者は比較的自由に反応し、反応内容やその反応の仕方などで、パーソナリティの諸側面の診断に役立つ資料が得られる。いずれも、実施可能になるためには、長時間の学習と訓練が必要であり、熟練しないと診断は難しい。代表的なテストとしては、ロールシャッハ・テスト、SCT（文章完成法）、バウムテスト、TAT（絵画統覚法検査）、PFスタディなどが使われることが多い。ロールシャッハ・テストは、インクのシミを用いた10枚の図版で、ヘルマン・ロールシャッハによって1921年に創案された。実施手順・反応の符号化にはクロッパー式、エクスナー法、片口式などがある。構造的量的解釈や系列分析などの質的解釈により精神力動の診断をし、無意識レベルの理解を目指す査定法である。SCT、バウムテスト、TATも有効な検査で、経験者について解釈の指導を受けることが望ましい。

　子どもは、描画法、絵画統覚検査の幼児児童用(CAT)、箱庭療法などから、行動傾向や情緒面、葛藤など性格の諸特徴を理解できることが多い。「描画法」は、幼児教育者が集団教育の場で実施できるテストで、よくとりいれられているお絵かきのように、課題を出して、家や人、樹木などを自由に描く検査法である。一見して"つらさ・悲しさ"がわかる自由画（涙を流している人、黒く塗りつぶした絵など）が、心の問題があることを示唆することも多い。種類としては、HTPテスト (house tree person test) (p.93参照)、人物画テスト (draw a person test : DAP)、動的家族描画法 (kinetic family drawing : KFD)、バウムテスト (Baumtest, the tree test) (p.92参照) などがある。

ロールシャッハ
(Rorschach, H. 1884-1922)

精神作業検査法

「内田・クレペリン精神作業検査」がその代表例で、加算作業の量と作業曲線などから性格を診断して、職業面での適正配置などに使用されてきた。

図表4-2　心理テストの有用性

テスト名	臨床的有用性の順位				
	1位	2位	3位	4位	5位
田中・ビネー式知能検査	発達	精神遅滞	知能	思考特性	知覚特性
WISC知能診断検査	精神遅滞	思考特性	発達	知能・知覚特性・精神作業特性	
WAIS成人知能診断検査	思考特性	精神遅滞	発達	精神作業特性	知能
矢田部ギルフォード性格検査	性格類型	感情	気分	性格・気質特性	神経質
MMPI（三京房版）	神経症	感情・気分		精神病質	性格・気質特性・精神身体疾患
ロールシャッハテスト（原版）	カウンセリング・サイコセラピーの効果	フラストレーション・コンフリクト・不安	知能、思考特性、神経質、感情		
TAT（マーレー版）	空想特性・恋愛・性・結婚関係		学校・友人関係	神経質、態度・信念、価値、自我理想	
P-F スタディ	性格・気質特性	防衛機制・適応機制	性格類型	自我機制・自我強度	価値・自我理想
SCT（精研版・成人用）	家族関係	学校・友人関係、恋愛・結婚関係、職場・仕事関係			フラストレーション・コンフリクト・不安
内田・クレペリン精神作業検査	知能	性格・気質特性、性格類型		適性	気分

出典：林潔ほか『カウンセリングと心理テスト』ブレーン出版、p.162、1998

❷ 心理テスト実施の目的と効用

　心理臨床の場においては、検査を実施する目的・効用としては次のようなことがあげられるが、信頼できるよいテストを選び、慎重に利用しなければならない。

①個人の能力や性格について目的別に、諸側面について詳しく、客観的に診断できる可能性が高い。発達検査の諸領域について、また知能・性格検査でも多くの側面について見落とすことなく診断できる。「抑うつ傾向」なども、「精神科医の問診よりよく診断できる」ともいわれる。

②心理相談・指導のための指針が得られる。長年使われてきた検査は、正しく使えばその結果は信頼でき、心理相談・指導の際有効である。

③心理相談・治療の経過によりどんな変化が現れてきたかを診断できる。治療方法の評価によって、その後の見通しを立て、方針の続行や修正を検討できる。

④投影法などでは、無意識のレベルの深層心理を診断できる。愛情・敵意・憎しみ・攻撃性・欲求など、言語表現でとらえにくい側面を推測できる。

⑤心理検査は、心理療法や心理相談における面接場面で効果がある。テストの内容について言及していくと、話題が深まり、反省・洞察して問題解決に導かれることもある。またそのプロセスが人間関係の一端として働き、それまで無口であったクライエントとのコミュニケーションが活性化され、相互理解を超えて心理療法的な効果をもたらすこともある。箱庭療法や描画テストは、その代表的な方法である。

⑥心理検査を受けることが、成長に役立つよい経験となることがある。幼稚園児などが、個別式知能検査などを受ける必要性がない場合もあるが、母親と離れて、見知らぬテスターの質問に答える経験で自信がつく、などの利点もある。またTAT（絵画

カタルシス（catharsis）
以前に抑圧された経験に付随していた情緒・感情や葛藤を自由に話したり表現することで発散されること。

統覚法検査)で一種のカタルシス効果が得られる場合もあるといわれる。

③ 心理テストの限界

テストにより違いがあるが、常に配慮すべき限界としては、以下の点があげられる。

①テストは、人の能力や性格を"正確"に診断しているわけではない。あくまでも査定の補助的手段である(テストそのものの標準化、信頼性、妥当性などの問題)。

②検査時の状況が影響する(被検査者の気分・体調などのほか、雰囲気・寒暖・明暗などの物理的状況、検査者の様子・態度など)。

③質問紙法では、反応歪曲することができる。

④投影法は実施・診断が難しい。そのため客観性が疑われる場合もある。

Chap. 5

トリートメント・治療

1 心を治療するということ

　心の問題を抱える人に対して援助するということは、どのような作業なのだろうか。また、一般にどういう道筋をたどってなされるのだろうか。

　臨床心理学的援助は、さまざまな実践の現場や援助機関で、さまざまな臨床心理学的問題に対して、さまざまな理論的立場から行われる。その立場やかかわり方から、治療とよばれたり、カウンセリングとよばれたり、教育とよばれたりする。それぞれの取り組みには、全般的に共通する部分と、それぞれの実践現場によって、それぞれの援助対象によって、それぞれの理論的立場によって異なってくる部分がある。異なる部分を明らかにすることは、他の章に譲るとして、この章では、共通する基盤について触れ、相談室やクリニックでの心理療法による援助を例にみていく。

　臨床心理学的援助に共通するのは、「援助を求める人に対人的なかかわりを通して専門的な援助をする」ということである。心を治療するということをクライエントのニーズの個別性の重視、受容的な対人関係、援助の専門性という3点から述べていくこととする。

1 クライエントのニーズの個別性の重視

　援助を求める人をクライエントという。臨床心理学的援助においては、クライエントがいてはじめて援助活動が開始される。そして、クライエントが何らかの解決を得て、援助を必要としなくなった時に援助活動が終了する。大切なことは、クライエントの

援助ニーズに対応して提供されるのが、臨床心理学的援助であるということである。心を治療するということは、クライエントの中に臨床心理学的問題を見つけ出して問題がない状態にすることではない。

臨床心理学という学問の中では、クライエントの訴えは心の問題として整理され、統計的客観的に扱われ、理論化され分析研究されている。しかし、クライエント本人にとって援助を求めている悩みや問題は、他ならぬ自分自身の一部であり、客観化することが可能な一般的な問題や悩みではない。

援助にあたっては、臨床心理学の学問的立場からクライエントの問題を客観的にとらえる以前に、まずはクライエント自身に援助者自身も1人の人間として、個人対個人として関心を払うことが重要である。クライエントを十分に観察し、クライエントの語ることに真摯に耳を傾ける。それによってはじめてクライエントがどのような悩みや問題に対してどのような援助を求めているのかを、クライエントの個別的ニーズとして明らかにすることができる。クライエント自身は臨床心理学という学問が整理したような概念の枠にとらわれて悩んだり、問題として思わなければならないわけではない。臨床心理学の学問の枠からクライエントを見ると、クライエント自身やクライエントが援助を求める悩みや問題を見る前に、臨床心理学が客観化した心の問題をクライエントの中に見つけ出すという不毛な作業を始めたり、クライエントのニーズと無関係に援助を強制するというようなことになりかねない。このような作業は、クライエントを援助するのではなく、クライエントを傷つける危険性をもっている。

★2 受容的な対人関係

この実践活動は、道具や薬などを通してではなく、言葉のやりとりや、ともに活動したり、訓練や教育を行うなど、クライエントと

援助者との間の対人的かかわりを通して行われる。この臨床心理学的援助という対人的かかわりに関して、法律的な強制力などは存在しない。臨床心理学的援助においては、クライエントが援助者に対して対人的かかわりを求めることが第一の条件となる。では、クライエントはどのような援助者に対して、対人的かかわりを求めるだろうか。

　クライエントは、他ならぬ自分の抱える問題の解決を望み、援助者を求める。そこではクライエント自身を個人として尊重し、クライエントの問題を個別のニーズとしてとらえてくれるだけでなく、その問題を正面から受け止めて、ともに解決に向けて努力してくれる人を求める。そこで必要とされるのが、援助者の受容的な態度である。

　援助者が受容的であるということは、具体的には、クライエントの感情に配慮をすること、クライエントの抱える問題や悩みからクライエント自身を評価したり批判したり非難したりしないことを意味する。どんな人間でも、自分の抱える問題を非難する援助者に対して、対人的かかわりを築き保つことは難しい。自分の抱える問題を理解しつつ問題を非難せずにクライエント自身の感情に対して共感を示す援助者に対して、はじめてクライエントは安心して対人的かかわりをもつことができるだろう。この意味で受容的対人関係は、臨床心理学的援助の前提条件であるといえる。来談者中心療法の立場では、受容的対人関係を心の問題が解決される原因であると考え、援助活動の中心に据える。ただし、この受容的対人関係は来談者中心療法に独自のものというよりは、すべての援助活動に共通する基盤である。

❸ 援助の専門性

　クライエントが援助者との間に対人的かかわりをもつには、単に自分の問題を個別的にとらえ、受容して共感を示してくれるだ

けでは十分ではない。クライエントが援助者に援助を求めるのは、援助者が自分の抱える問題に対して、自分にはない専門的な知識や技術をもっているからである。援助者は、クライエントの問題に対する地図をもっているか、道に迷わないための技術をもっている（と考えられている）。クライエント自身より地理に詳しいと思うか、クライエントの強力な補佐役になりえると思うから、案内役を求めるのである。

　クライエントは援助者に対して個人的な対人的かかわりを求めているのではなく、専門家としてのかかわりを求めている。専門家としての立場で援助するということは、援助者が何をするべきかという点で、職業倫理の問題とかかわっている。援助の実際はクライエント1人ひとりに対して変化するものであり、純粋に客観化された知識や技術では対応しきれるものではない。しかし援助者は、専門領域において社会的に認められた知識や援助技術にもとづいた援助を行う必要がある。このことは、先に述べた臨床心理学の専門家として以前に、ひとりの人間として向かい合うということと矛盾する印象を与えるかもしれない。心の問題は、最終的には個別の問題であり、解決のための正解は存在しない。援助における選択を行うのはあくまでもクライエントであり、援助者はその選択のサポート役として、専門家としての知識や技術を提供する。

　「援助を求める人に対人的なかかわりを通して専門的な援助をする」ことが、心を治療することの基本的な基盤である。クライエントは援助を求めて援助者を訪ねる。しかし、これらの基盤が損なわれると、クライエントが援助者との対人的かかわりの中で傷つくこともありうるということを、援助者は十分に自覚していなくてはならない。

2 治療構造

1 治療構造とは

　専門的援助が成立するためには、物理的な場所と時間が必要であり、また援助のための具体的仕組みやかかわりを規定する基準が必要である。治療構造 (structure of psychotherapy) とは、専門的な臨床心理学的援助のために必要な枠組みであり、援助活動に具体的な形を与えるものである。治療構造は外側から治療プロセスそのものを規定するという意味で非常に重要なものである。

　援助活動にあたって一定の構造を確保し明確化することがなぜ必要なのであろうか。これらの枠組みや現実的制限は、援助者にとってもクライエントにとっても、堅苦しく思えるかもしれない。ふだんの生活の中での対人関係で"構造"を意識することはあまりない。たとえば、友人との付き合いであれば、どこで会うかとか、どれだけの回数会うのかなど、友人との間で明示的に構造を作ることはまずなく、ふだんは特に構造がないかのように接している。しかし、友人が毎晩家に訪ねてきて長居したり、部屋から帰らず、しかも自分のいない間に部屋の掃除をやってくれたりなどしたら、おそらく違和感をもつだろう。それは、友人関係の構造はふだんは背景に隠れていて意識されないが、しかし暗黙のうちに働いていて、その構造が侵されたときにはじめて顕在化するからである。友人関係は誰しもが経験し、成長の過程において友人関係を育む。その過程で友人関係の構造は個人の中で内在化されている。そしてお互いが友人関係の構造を守ることで、居心地のよい友人関係が成立している。

　臨床援助活動では、クライエントの個人的な問題が対象となる

ために、ともすればこの活動自体も個人的な関係とみられがちである。しかし、援助の場はクライエント1人だけで成立する場ではなく、高度に専門的な社会的活動の場である。社会的活動として人が人と接するとき、何らかの社会的な枠組みは必ず必要になる。また、この対人関係は多くのクライエントにとっては初めて体験する対人関係である。枠組みが明確でないと、何が許されて何が許されないのか、何が保証されて何が保証されていないのかが曖昧になり、関係が不安定でギクシャクしたものになってしまう。構造が明確になることで、初めて安心してその中で活動することが可能になり、心の問題に向き合うというストレスの多い作業が可能になる。その意味でこの枠組みは、両者を縛るものではなく、治療的対人関係を形成することを助け、臨床的援助活動を保証し守るものといえる。

　治療構造としてとらえられるものには、場所や時間、面接形態などの外的な治療構造と、お互いに守るべき了解事項や治療契約（p.166参照）などの内的な治療構造がある（小此木啓吾、1990）。治療の場に実際の形を与える要因には、治療者に統制可能なものもあれば、統制不可能なものもある。内的な治療構造の中には治療契約の形で明確に与えられる構造も含まれる。あらゆる要因が治療構造の一環をなしてはいるが、どこまでを治療構造として明確化するかを厳密に定めることは難しい。治療契約については、後の節で触れることとし、ここでは、代表的な治療構造を規定する要因について簡単に触れる。

❷ 外的な治療構造

　援助活動が行われるためには、必ず援助者とクライエントが接する場所と時間が必要になる。職業的援助は、援助者の好意や熱意によってではなく、具体的な取り決めにより確保されることが重要である。

個人面接の場合、週1回1時間程度の時間がとられることが多い。クライエントは援助を必要とする問題を抱えながら、同時に日常生活も行っている。一定の場所と時間が問題と取り組む空間として設定されることによって、問題と格闘する不安定さから日常生活が保護され、安心して治療に取り組むことが可能になる。

　空間がどのように設定されるかは治療プロセスに大きな影響を与える。相談室の防音設備や空調設備、部屋の広さや椅子の配置、こういったさまざまな要因が心理的距離に影響する。あるクライエントは、いつも同じ部屋で会うことに安心感を覚えるかもしれない。面接時間がころころ変わったらクライエントは準備をすることができず落ち着けないかもしれない。これらの要因は治療構造として統制される必要がある。

　援助活動は、有料で行われる場合もあれば、無料で行われる場合もあり、税金で運営されている場合もあるが、いずれにしても職業の経済的活動として行われている。職業的な援助活動である以上、料金の問題は双方にとって重要な問題であり、お金のことを言うのは卑しいからという理由で後回しにせず、構造としてしっかり確定する必要がある。クライエントにとっては、料金を払うことで契約としての空間確保の安心感も得られる。いい加減な理由で料金が割引かれたり割増されたりすれば、治療的な対人関係は損なわれるだろう。慎重で公正な仕方でこの問題が扱われることが重要である。

　近年の通信手段の進歩に伴って、治療者のプライベートな連絡先を教えるかどうかということが難しい問題となっている。たとえば電話という手段を用いて援助を提供することには、場所や時間を設定する上ではさまざまな難しい点がある。連絡先を教えることで援助者の治療資源を越える要求がクライエントからもたらされる場合がある。緊急の場合や明確な必然性がある場合を除いて、連絡先を教えることは好ましくない。仮に連絡先を教える場合にも、明確なルールを伝えることが必要であろう。そうでなければ、治療構造を壊すことになり、治療的な対人関係を維持

することが困難になる場合がある。

　どのような援助機関で専門的援助が行われるかは、治療の形式にもっとも大きな影響を与え、他の治療構造を制限する。個人開業のクリニックの心理士と、学校のスクールカウンセラーでは、同じ臨床心理学的援助を行うとしても、その援助形態は大きく異なる。クリニックであれば、個人心理療法だけが可能な援助形態かもしれない。これに対してスクールカウンセラーであれば、相談室での本人との相談だけでなく、担任との相談やコンサルテーション、保健の先生の協力を頼むなど、より周りとの連携を意識した援助となるだろう。それぞれの機関や立場によって、実際利用できる治療資源は大きく違ってくる。その中で可能な治療形態を設定することも、治療構造の1つとなる。

❸ 内的な治療構造

　治療者が職業倫理を守るのは暗黙のうちに社会的に要請されている。クライエントは、治療者の職業倫理について明確に理解してはいないかもしれない。しかし、治療者は専門家として職業倫理に精通し、これを構造として明確にし保証する必要がある。たとえば、守秘義務の原則がもし保証されていなければ、クライエントは自己の内面を語ることができず、援助活動は大きく阻害されるだろう。

　より現実的な問題として、基本的に日常生活の中で守るべき常識的なマナーは、援助の場でも同様に守られるべきである。援助の場は、特別な場であると同時に、社会的な場でもある。治療者は援助時には、誠実な服装を心がけるべきである。これは必ずしもフォーマルな服装ということではなく、必然性を感じさせる服装である必要がある。デイケアでの援助活動であれば、運動しやすい服装である必要があるだろう。また、面接を開始するにあたって、日常的な挨拶を交わすなど、礼儀を失わないこともある

種の構造といえる。また、援助者とクライエントの間が親密でなくてはならないという考えから、はじめから、過剰に親密な態度を演出するものがいる。しかし、適度な関心と配慮を寄せることが必要とされるのであって、過剰に親密な態度はむしろ侵入的に働く場合があり控えなければならない。このような社会的な対人的距離を適切に保つことや、その援助者なりの一貫した対人関係スタイルをとることなども治療構造に含まれる。また援助の場であっても、感情の表出が身体的暴力という形で行われることがないのは当然である。遊戯療法などにおいても適切な制限が加えられる。ともすれば臨床家は、援助の場を特別な場と考え、非社会的な行動をとったり許したりすることがないとはいえない。このような場合には、援助の場が、快感原則だけにもとづいた退嬰的な空間となる危険性がある。臨床家の社会的行動は、クライエントにとっては社会的学習の機会であり、ソーシャルスキルの見本にもなるということを忘れてはならない。

4 治療構造を守る重要性

　治療構造は、相談申込時や治療契約時など、さまざまな場面で、クライエントと援助者の間で明確にされる必要がある。治療構造が共有されなければ、治療活動を共有することは難しい。治療構造を確定する中でクライエントの要望にどのように譲歩するか、また実際に治療プロセスが進展する中でどの程度の変更が許されるのか、という問題が生じる。基本的には援助者が継続的に提供できる援助資源を超える譲歩はすべきではなく、一度必要な枠が設定されたら、本当に重要な理由がない限り守られるべきである。明確な理由や確認がなされないままに原則を一度崩すと、際限なく崩されてしまう危険性を秘めている。治療構造が変更されるときには、明示的に新たに治療契約を結び直すなどの手続きをとることが望ましい。

また、治療構造はできるだけ厳密に守ることが必要である。たとえば、一度遅刻が許され面接時間が延長された場合、次に遅刻したときには時間で切り上げられることになると、クライエントは前に許されて、今回が許されない理由を探し始め、治療者の個人的感情で恣意的に切り上げられたと感じるかもしれない。次の時間に他のクライエントの予約が入っていたとしたら、クライエントによっては、次のクライエントのほうが自分より優先されたと感じるかもしれない。このことでクライエントは治療者が自分を嫌っているのではないかと無用に傷つくなど、治療的対人関係に影響する。このような治療における恣意性の要因を減らすためにも、治療構造はできるだけ厳密に守られる必要がある。

　治療構造の機能としては、これまで述べてきた、現実原則的な制限を加える機能と、治療的環境を保証する機能のほかに、クライエントに対する理解を促進し介入の手段となる面をあげる必要がある。治療構造が不安定であると、治療の場で起こったできごとがクライエント自身の要因で起こったことなのか、それ以外の要因で起こったことなのか、明らかにできない。治療者なりの治療スタイルを身につけ、治療構造を明確に確保することで、クライエントの変化や個別的な反応に敏感になることができる。また、援助活動において変えられないものが治療構造である。変えられないものは双方の操作からはずされるということである。通常は変えられる要因が治療的介入の方法となるが、境界例事例への援助などでは、変えられない要因としての治療構造を援助者が積極的に利用することが治療的効果をもつ場合がある。境界例の事例では、クライエントは治療者をさまざまに操作しようと試みる。このような場合、治療構造の枠が揺らぎなく確定していることによって、その中で問題を処理する能力をクライエントが身につけられるように援助することで、クライエントの抱える問題に対する援助となる。

参考文献

1) 氏原寛ほか編『心理臨床大事典』培風館、1992
2) 岩崎徹也編『治療構造論』岩崎学術出版、1990
3) 神田橋條治『精神科診断面接のコツ』岩崎学術出版、1984

3 心理治療の実践において基礎となること

　ここでは、心理治療の実践において、学派や技法、あるいは実践の現場の違いにかかわらず基礎となる「能力と覚悟」について述べる。

1 見立てる能力と見立てる覚悟

　心理治療の世界では、しっかりとした見通しを迅速に立てることはほとんど神業に近いとされている。しかし、それでもできるだけすっきりとした見通しを立てていくための能力と覚悟が要求される。

　臨床心理学的な援助とは、漠然としていて、あらゆることが未整理で、予測が困難な問題に取り組んでいく試みである。

　相談援助といっても、そこにどのような歴史や経過（ストーリーや文脈）が構築されているのか、いかなるタイミングとダイナミズムの中で来談に至ったのかなどについて、しっかりと把握しておかないと、援助はピントのずれたものになる。

　次に紹介するケースは「女子中学生の不登校に関する母親からの相談」である。母親によれば、この生徒（P子とする）は1年の9月

末から不登校状態となっており、その後改善に向かったものの教室には入ることができず、2年生の4月から学校内の「適応教室」に毎日通っている。教職員との関係は良好で、数名の友人もおり、高校進学の展望をもっている。母親は、ベテランの教育相談担当教員との面接を定期的にもつことで、P子を受容することができるようになったという。

初回面接での母親の話がひと区切りついたので、担当者は「これまでの経緯を感心しながらうかがいました。さて、これから私がさらにお力になれるとしたら、どのあたりでしょうか」と尋ねた。すると、以下のことが明らかになった。

P子の父親の、P子の現在の登校に対する理解は、母親のそれとはまったく異なり、毎晩のように母親とP子に対して口うるさく非難し、母親の説明にも聞く耳を持たない。また、ごく近所に住むP子の祖父母（父方）もP子に聞こえるところで「世間体が悪い」という意味のことを口にしている。母親は、P子といっしょに家を出てしまうことまで深刻に考えているが、あと少しの勇気がわかない。そこで、「自らの背中への一押し」を求め、カウンセラーとの面接を希望したという。

このように、相談の申し込みにおける表向きの訴えとは別に、隠されたもう1つのニーズが用意されていることがよくある。このようなときは、援助の焦点は見えにくくなり、援助が不安定になりやすい。しかしその場合も、いかなる見通しのもとに「援助の焦点を移していく」のか、つまり、何を当面のターゲット（変化が起こることが期待される側面）として、誰とどのように接触をもちながら、いかなる制限や枠組みの中で援助を行っていくのかについて、ひとつの見通しをしっかり自覚した上で選択していかなければならない。さらに、そのように選択した援助者側の意図を適切な形でクライエントに伝えなければならない（インフォームド・コンセント）。

「援助の焦点」がなかなか定まらないときは、「しっかりとクライエントの主観を汲みとる」が原則である。相談に訪れた人の準備状況とあるいは諸事情への考慮がないままに、「より根の深い問

題へ」、「援助者自身が関心を寄せる側面へ」と掘り進めてしまうことで、肝心の来談者(母親)、あるいはその周辺(P子、父親、その他の家族、関係者)を混乱や無力な状態に落とし込んでしまうようなことがあってはならない。

　このケースでは、P子の学力向上という問題について、夫婦がうまく機能できているところに目を向け、比較的容易に悪循環の解消につながりそうなかかわりを増やしていく見通しが得られた。また、家族のそれぞれの役割についての母親のリフレイミング(とらえ方の転換)が功を奏し、「ひとつの解決」が達成された。後に母親は「娘と家を出るまで思いつめていた自分」を、笑いながら振り返るまでに落ち着いた。

　「見通しがしっかりと立つまでの間」ないし、「さまざま沸いてくる仮説の整理がつくまでの間」では、できるだけ援助対象にぴったりと接触を保っていくことが要求される(具体的に要求されるのは、「よく聴き、よく観る」能力)。しかし、単に「丁寧に情報を集める」だけでよいというわけではなく、実効ある臨床心理学的援助が提供可能となるように、「ある見通しや仮説のもとに問題を整理していくための冷静な情報処理」も不可欠である。

リフレイミング (reframing)
ある出来事の意味を解釈し直すこと。それによって、その出来事がもつ情緒的な色彩(不安だ、苦しい、悲しいなど)を構築し直し、問題の解決あるいは解決のための心理的ゆとりの確保、心理的な苦痛の軽減などの効果をもたらすこと。心理面接の技術としては、たとえば、「子どもの問題に無関心な父親」と不満をもつ母親に対して、「口出しせずに見守ることができている父親」と表現し直してみることなどがその例である。

❷ かかわりながら仮説と検証を繰り返す

　心理治療は、なんらかの理解のための仮説を立ててはそれを検証し、その仮説に修正を加えながら進めていく作業である。そこでは「かかわりながら見立てる」能力とその覚悟が要求される。

　ある地点を目指して知らない場所を歩く場合、あるいはドライブなどをする際、普通ならばその土地の地図を頼りとするだろう。ところが、何らかの事情で地図が入手できない場合、目印になるものなどを、自分にとってわかりやすい形でメモをとりながら、自分なりの地図のイメージを作成していかざるを得ない。頭の中に地図のイメージを作成しながら見通しを立てていかないと、目

的地にはいつまでもたどり着けない。

　心理治療を担当する者は、クライエントが陥っている混乱の中を、クライエントとともに歩きながら、「こっちは危険そうだから、こっちを迂回していこうか」といった案内役を勤める。ところがやっかいなことに、援助者自らにとっても不案内なところを案内しなければならない。むろん専門家として、心理社会的問題、障害や病理についての一般的知識を身につけてはいるものの、あるひとりのクライエントが抱える困難さのための地図はあらかじめ用意されるはずもないので、「その事例にオリジナルな」地図を作り上げながら、できるだけ安全に、かつ着実に改善へと歩を進めていく能力が要求される。

　一般にこの地図の作成過程のことを「ケースを見立てる」といい、作成された地図は、「見立て」とよばれる。事例の検討会で、常に議論の中心になるのはこの見立てである。最近は、ケース・フォーミュレーション (case formulation) という表現も浸透しつつある。いずれも、「このケースについての困難さと資源（リソース）をよく把握・整理した上で立てられた、解決や援助の見通し」という意味がある。なお、見立ての作業は、「クライエントとその抱えた問題を理屈っぽく表現する作業」ではない。あくまで援助の道筋をつける手続きであることを忘れてはならない。

　心理治療の初心者が事例を担当した場合、しばしば、まるで位置と方向がわからないまま動き回る、あるいは逆にまったく身動きがとれなくなってしまうことが少なくない。通常、臨床心理学のトレーニングでは、見立ての基礎となる臨床心理学の理論と、具体的な介入技法論を並行して学ぶ。しかし、実際には、見立ての力を養うことの方がどうしても後回しになる。またその熟達度の評定も困難である。そこでしばしば、「しっかりした見立てをもてていないにもかかわらず、見かけ上では、介入らしきものを行っているように見せかけてごまかす」ことになる。

　ありがちなパターンとしては、①心理検査の実施とその解釈を積み重ねるだけで時間稼ぎをしている介入、②不確かな仮説の

上にさらに不確かな仮説を積み重ね、「きわめて難治な事例である」との印象を与えるように装飾する作業ばかりでなんら手当がなされない介入、③次から次へと各種技法を乱発、あるいは技法パッケージとして投入し、その中で何とか改善が得られるのをひたすら待つのみの介入、④延々と「傾聴のための傾聴」を繰り返していくだけの事例、などである。

　①は心理査定アプローチに、②は精神力動や家族関係アプローチに、③は行動療法・認知行動療法アプローチに、④は来談者中心アプローチの、それぞれ初心者にしばしばみられる「停滞」である。

　地図を作成していく作業は、仮説検証の繰り返しでもある。何が確実にわかってきているのか、どこまでは仮説に過ぎないのかなどをよく整理して、なるべく有効で確実な検証を、「実質的な援助的介入」として進めていく。検証のための検証ではなく、援助になる可能性の高い介入を進めながら、それ以降の援助のあり方について指針となる資料を収集していかねばならない。

　仮説をとりあつかう仕事に従事する者に共通して大切な資質がある。それは、「自らが立てた仮説について、誤りであることが見えてきたら、落胆するどころかむしろ心踊らせながら、新しい仮説の作成とその検証作業に取り組めること」である。平たくいえば、「柔軟さ」とよばれる資質である。困難にも容易にくじけることがない粘り強さと同時に、この柔軟さが身につけば、「援助の名の下に新たな不幸を積み上げてしまう確率」を低くすることができる。

　心理臨床の作業は、「ながら作業」を要求されることが多い。たとえば、一定の手続きを厳密にすすめることを要求される心理検査を実施しながら、被験者の特徴的なサインを記憶や記録にとどめておく、といったスキルが要求される。面接の中のクライエントの訴えに丁寧に耳を傾けながら、その中に繰り返されるパターンがあればそれを同定し、違和感を覚える兆候があればそれもとどめておかねばならない。サリバンの「関与しながらの観

察」という言葉があるが、これは、「クライエントを単なる観察対象としておくのではなく、その間に適切な関係を構築し、その関係の展開そのものを観察する(俯瞰する)」態度を指す。理論や技法が異なっても、クライエントがわれわれ援助者の心(行動)に引き起こす「何かの意味(機能)」までも見定めていかねばならないのは同じである。

　心理治療の理論や技法を越えて、上述したような能力と覚悟が、実践活動やスーパービジョン、事例検討などを通じてレベルアップしているかどうか、そこに心理臨床家としての成長の確認ポイントがある。

機能 (function)
人のふるまい(行動)が環境(人、物)に及ぼす影響のこと。行動はしばしばその型(トポグラフィー)から記述される。しかし、まったく同じ動作や発言、意図的ないしは無意識的態度などでも、状況が異なればまったく違った機能を発揮する。逆に、まったく異なる型の行動が、同じ機能を発揮することもある。このようにおかれた環境(文脈)において、あるふるまいがどのような役割を果たしているか、いかなる相互作用(しばしば悪循環)を引き起こしているかという観点から理解していくことは、臨床心理学的な人・問題行動の理解とその援助(変容)においてきわめて重要である。

4 心理治療のプロセス

　心理治療の実際のプロセスについて、ここでは、初回面接、処遇決定、導入期、中間期、終結期に分けて、実際にケースを運営する立場からみていくことにする。

1 初回面接

　初回面接で忘れてならないのは、援助者がクライエントのことを知らないのと同時に、クライエントも援助者のことを知らないということである。援助を求めるクライエントの多くは、初めての経験で不安を感じていることが多い。その組織がどのような構成になっているのか、料金システムはどうなっているのか、どのようなサービスが受けられるのかなど。クライエントの中には、心理相

談室と医療機関とを区別していない場合もある。クライエントの求める情報を確認し、誠実に伝えることで、誤解が生じることを防ぎ、クライエントの緊張を和らげることができる。

　主訴とは、クライエントが援助を求める理由として語るものである。初回面接では、主訴を聴き取り、クライエントの抱える問題をアセスメントするための情報を集めることがその主たる目的になる。援助者とクライエントとの接触は来談の前からすでに始まっている。申込時の電話での応対や、来所時刻、クライエントの服装や喋り方、第一印象などもクライエント個人についての重要な情報となる。たとえ、あらかじめ紹介や電話などで来談の理由が明らかであっても、必ずクライエント本人との間で主訴を聴きとることが重要である。典型的には、治療者の「どういうことで援助を求めているのですか？」とクライエントのニーズに耳を傾けることによって、援助の第一歩が記されることになる。

　初回面接で得る必要がある情報は、主訴のほかに、生育歴や家族歴や結婚歴、学歴や職歴、主訴にまつわる問題とその経過、これまでに受けた援助、クライエントがもつ資源、またどのような経緯や紹介の元に今回の来談に至ったかなど多岐にわたる。しかし、だからといって、クライエントを質問攻めにするのは好ましくない。初回面接は、その後に続く援助プロセスの最初の一歩でもある。理解と受容と支持を示し、クライエントが話しやすい環境を治療者が積極的に作り上げることによって、クライエントの抱える問題を聴いていくことが重要である。クライエントとされている個人は、話す準備が十分にできた状態で初回面接に臨むとは限らない。不登校の児童であれば、母親に連れられてしぶしぶ来談したのかもしれない。このような場合にも、その後の継続を可能にするような配慮をしながら初回面接を進める必要がある。また、自分から望み来談した場合でも、問題を話すことで不安になることがある。初回面接者としての義務感から情報を得ようとあせって、クライエントの不安を高めることは慎まなければならない。初回面接に限らず常に必要なことであるが、援助者はク

ライエントのそのときそのときの感情の動きに配慮しつづける必要がある。悩みを抱えた個人は、他のストレスに対して過敏になっているものである。クライエントの感情に配慮しない不用意な発言や質問は、逆にクライエントを傷つけてしまうことがある。

初回面接では援助のためのアセスメントに必要にして十分な情報を収集する。情報が足りなければ、アセスメントを行うことができない。収集が過剰であれば、クライエントはプライバシーを侵害されたと感じたり、過度に依存的になるなど、その後の治療関係を阻害することになりかねない。この情報収集と治療的配慮とのバランスは困難な課題である。このため、初回面接は熟練した治療者が担当することが多い。初回面接の運営は実践を通しての熟練を必要とするが、必要にして十分な情報とは何かという感覚は、数多くの事例研究に接することでも身につけることができるであろう。

2 処遇決定、受理会議等

初回面接までで得られた情報をもとに、初回面接の担当者は、ケースのアセスメントを行う。もし初回面接だけで十分なアセスメントが行えない場合には、さらに診断面接の期間を設定したり、必要な心理検査を施行するなどの処置が必要となる。また、関連機関と連絡をとるなどの作業が必要な場合もあるかもしれない。

アセスメントは、初回面接を担当した援助者個人によって行われる場合もあれば、その援助機関の所員を集めて開かれる受理会議などの場でなされる場合もある。受理会議などの手続きがあれば、初回面接で得られた情報をまとめた記録を発表し、適切な処遇について話し合う。このような手続きによって、ケースの情報を客観視することも可能になり、アセスメントはより効果的になされるであろう。受理会議では、適切な担当者の決定や、場合によってはリファー先の検討などを行う。

リファー（refer）
クライエントの抱える問題に対して、より適切な治療資源をもつ機関へ紹介して橋渡しを行うこと。

これらの複雑で慎重なアセスメントのための手続きを経て、ようやく適切な処遇が決定され、臨床心理学的援助が開始されるための準備が整う。この段階で、継続的な面接を担当することになった治療者はクライエントの抱える問題についての仮の地図を作成し、治療目標と治療方法を計画する。

3 導入期

治療契約

　継続的な心理治療が開始されるにあたっては、まず援助内容についての確認と合意が必要である。治療者とクライエントの間で、治療構造について確認し、治療目標と治療方法に対する合意を明示的に取り交わすことが治療契約 (therapeutic contract) である。治療契約では、実際的な契約の側面として、必要に応じて、面接のスケジュール、各セッションの時間、料金、治療期間、治療目標、治療方法、終結基準などが話し合われる。治療契約の内容は、治療者が専門家として提案し、クライエントが選択するという過程を経て結ばれる。

　クライエントは漠然とした目標を取り上げがちであるが、治療者はこれをクライエントの訴えに添って明確化し、相互に受け容れることのできる目標に達するまで、話し合いや調整を行う。目標を明確化する作業は、1回で終わるとは限らず、数回にわたって行われることもある。このような手続きを経て治療目標が明確に設定されたら、援助者はクライエントの抱える問題についての仮の地図をもとに治療方法を計画する。行き当たりばったりでは道に迷う。この地図にもとづいて、治療者はクライエントに対して治療方法を提案することになる。また、治療目標が達成されたことをどのように判断するかの終結基準についても、必ずこの治療契約の段階で確認されなければならない。はじめから終わ

ることを意識づけることは日常生活の対人関係ではあまりないが、この確認がないままに心理治療が始められれば、面接は終わりなき面接となってしまう。

✏️ 治療的関係づくり

　心理治療が対人関係を基盤にした作業である限り、良好な治療者―クライエント関係が成立しないことには援助自体が成り立たない。ただし、ここでいう良好な関係は、日常的な関係における良好さとは内容を異にする。治療を進める作業は、クライエントにとっては苦痛を伴う作業である。このような困難な作業を共同で進めていくには、明確な契約と信頼にもとづいた治療的な対人関係が必要である。

　来談者中心療法では治療者のあり方の3条件として、一致、無条件の肯定的配慮、共感的理解をあげている。このような治療者の態度は、有効な治療的対人関係をつくる条件となる。また、治療者が十分な訓練と知識を実際に有しており、その専門性がクライエントに対して十分に伝わらなくてはならない。特に治療の導入期には、クライエントが解決への希望をもつことが重要であり、心理治療が開始される以上、クライエントが価値のある個人であり、治療が望ましいものであり、治療者は援助したいと思っており、援助するための技能と知識をもっているということを伝えることは重要である。

　このような治療のための対人関係は、そのために特別な何かがなされるというよりは、心理治療の実際のプロセスを進めていく中で形成されていくが、特に導入期にはこの関係づくりが治療者にとっての課題となる。導入期での問題を探索し目標を明確化する過程を通して、このような希望がクライエントに十分な確信をもって伝わったときに、治療のための関係づくりが進んだといえる。

④ 中間期

　中間期には、治療目標に至るための幅広い援助を行う。継続面接の中間期に起こることは心理治療の中心である。中間期はその臨床心理学的立場によってまったく様相を異にする。期間的にも、その援助形態も、短期的目標とされるものも、立場や治療構造によりまちまちである。それらは個々の理論についての解説に譲るとして、ここでは、すべての心理療法の共通点と注意点をあげる。

　どんな援助であっても、第一にクライエントの自主性が尊重されなければならない。クライエントの抱える問題の解決を援助者が代行するのではなく、共に考えていく態度が重要である。行動の主体は常にクライエントである。このような態度なくして何か問題が解決したとしても、それは仮の安定に過ぎず、援助を終結することで失われてしまうだろう。治療者が解決のための行動を肩代わりすることが双方にとって楽であっても、あくまでもクライエントの自主性によって治療目標が達成されるように援助する。

　中間期には、その都度、治療目標に照らし合わせて、現在位置が確認される必要性がある。確認に基づいて短期的な目標、長期的な目標を立てながら進め、特に短期的な目標については常に見直されつづける必要がある。援助のための仮説は何度も書き換えられる。このプロセスにおいては、一度達成されたと感じられたものが失われたり、また回復されたりと、一方向的な変化ではなく、行きつ戻りつすることもあるだろう。その中で治療者は長期的な治療目標を見失わずにクライエントをガイドする必要がある。また、治療プロセスにおいては、治療構造を崩すような挑戦が何度もなされるかもしれず、またお互いの馴れ合いから崩れそうになることがあるかもしれないが、治療構造を適切に維持しつづける緊張感は、治療を促進するものである。

5 終結期

　治療の終結は、治療目標と不可分に結びついている。両者が治療目標が達成されたと感じて終結に至ることは、心理治療の終結の理想的なあり方である。しかし実際には、終結はさまざまな妥協の産物としてもたらされる。治療終結の判断は、治療継続によってクライエントが得るであろう利益と、そのためにクライエントが要する時間、努力、費用とをはかりにかけた上でなされる。

　終結は治療者の側から持ち出される場合もあれば、クライエントの側から持ち出される場合もある。治療者の側から終結を持ち出すときには、終結の提案を伝える際に、クライエントが治療者から拒否されたとか見捨てられたと感じたり、これ以上の改善が望めないのだなどと感じないように特別な配慮が必要である。たとえクライエントも終結を意識しているはずと治療者に感じられたとしても、十分な終結理由が説明され、話し合われる必要があるだろう。治療目標が達成されたことを確認するか、現時点でこれ以上の進展が望めないことをお互いに確認する必要があるだろう。これはクライエントの側から終結が持ち出された場合にも同様である。無理に終結しようとすることはない。終結を持ち出しても、話し合う過程で治療契約の見直しや治療の継続もあり得ると考えるべきである。

　終結することが決まったら、治療を通じて経験されたことが総括される必要がある。それによって、達成されたものが維持されるように援助したり、援助者の手を離れて、クライエントが自分自身の手だけで、もしくは周りのサポート資源をうまく活用して、問題を解決できるように援助する。終結は、特に長期の面接が行われていた場合、1回で行われるのではなく、徐々に期間をあけるという形で行われることもある。終結によって引き起こされる可能性のある問題には十分に配慮する。このために、終結後にも適切なフォローアップ期間を設ける場合もある。

6　治療の中断

　援助がすべて、最初に立てた治療目標まで至って、もしくは両者が合意して終結するとは限らない。中断という場合には、治療者の側が、まだ終わるべきではなかった、まだ治療過程の途中であるという地図をもっていることになる。このためにどうしても治療者には不全感が残る。

　クライエントが中断の判断に至る理由はさまざまである。無断キャンセルをしたあと、気まずくて来談できない状態であるのかもしれない。治療によって変化することに耐えられなくなったことを理由に中断したのかもしれない。このような場合に、治療者の側から治療の継続を促す電話をすることは、クライエントの負担感をいたずらに増す場合がある。あくまでも、治療において主役となるのはクライエントであり、クライエントの判断で中断となったのであれば、そのクライエントの中断という選択もまた尊重されなくてはならない。

　中断を受け容れるとしても、治療者は中断に至った理由や要因について客観的に検討し、治療者の見立てや治療的対人関係について検討する必要がある。このような作業を治療者個人やスーパービジョンの中で検討することで、治療者として成長することができる。中断は多くの場合失敗として語られるが、必ずしも、中断イコール失敗を意味するわけではない。クライエントとしてのニーズが満たされたと感じられたために、治療を中止する場合もあるだろう。治療の中断はクライエントからの理由が示されないことが多く、治療者にとっては後味が悪いものであるが、そのことで自責的になったり、他責的になることは有効ではない。

参考文献

1) Zaro, J. S. ほか著、森野礼一ほか訳、『心理療法入門——初心者のためのガイド』誠信書房、1987
2) Hersen, M. ほか編著、深沢道子ほか訳、『臨床面接のすすめ方——初心者のための13章』日本評論社、2001

Chap. 6

臨床心理学の研究

1. 質的研究法(定性的アプローチ)

　心理学が今日まで発展してきた理由のひとつは、数多くの研究者が多大な努力をその方法論の確立に注いだことにある。それは、科学としての心理学を誕生させ、とりわけ実験心理学の分野において、数々の知見を得ることが可能となった。科学的知見は実証されなければならない。心理学の応用分野である臨床心理学もまた、その基礎として、心理学の方法論がある。臨床心理学の研究において大切なことは、基礎的知識・技術として、心理学における実験的方法論の基礎的知識・技術を習得することである。その基礎の上に、応用心理学としての臨床心理学における方法論を習得する必要がある。研究のおもな目的は、事実の確認にあるからである。この目的を達成するための方法は、いくつかのタイプに分類することができる。どのようなデータを扱うのか、どのようにデータを収集し処理するのかによって、おもに質的研究法(定性的アプローチ)と量的研究法(定量的アプローチ)に大別される。

　ここでは、質的研究法について説明する。

❶ 質的研究法とは

　臨床心理学の分野では、標本(サンプル)の数が限られていたり、あるいは少ないといった現実的な問題が常に存在する。さらに、対象となるクライエントは特異的であり、疾病カテゴリーの間でも、また同じ疾病カテゴリー内でも多様である。

　科学哲学の最近の発展とともに、臨床心理学において、質的研究の重要性、実践にあたってのさまざまな問題をより全体論的に

分析することの必要性、そして臨床心理学の諸問題を分析するときに、個人が経験するのと同じように、その周囲の世界を記述することにますます多くの関心が向けられるようになってきた。その背景には、研究しようとする臨床的対応(トリートメント)が、個別の結果を重視していること、対象者や治療プログラムについての詳細で綿密な情報が要求されていること、個人間の多様性、個人の特異性、それぞれが示すユニークな性質に焦点が向けられるようになったことがあげられる。

❷ 質的研究法のタイプ

✏ 現象学的研究

　現象学的な研究は、個人および主観的な経験を強調する点において、エスノグラフィ的アプローチとは異なる。それは、ひとつの現象あるいは経験についての個人の知覚および意味づけを追求する。現象学的研究における主たる問いは、クライエントはどのように経験しているかである。そして、クライエントの視点から出来事を理解し、記述することを意図している。主観的経験を研究の中心にするところが現象学的研究の特徴である。

✏ エスノグラフィ(民族誌)

　エスノグラフィ(ethnography)は、個人というよりも集団やコミュニティにある文化、さまざまな行動の背景にある関係や信念、世界観などを記述し、分析する研究方法である。個人を強調する現象学的研究とは異なる。類似するのは、研究者の視点よりも観察対象がどのように感じているか(考えているか)、観察対象を強調する点である。文化人類学のフィールドワークの手法を用いた観察・調査研究であり、参加者としての観察がメインとなる。現実

から観察を通して、データすなわち事実を抽出し、それら事実間の関係を説明する仮説を導く。あらかじめ仮説があるわけではなく、新たな仮説を発見する研究法である。

事例研究

　個人に強調をおく事例研究は、とりわけ臨床心理学では、とても重要な役割を果たしてきた。事例研究は、主に面接法や行動観察法などの心理学的技法を用いて、クライエントとセラピスト(研究者)がひとつの臨床の場を共有し、クライエントの問題を共感的に理解し、個人あるいはひとつのグループ全体を、注意深く、そして詳しく研究する方法である。実験研究の研究方向が、一般化・普遍化の方向にあるのに対して、事例研究は逆に心理学的な一般的原理を特殊化・個別化する方向にある。事例を通じて新しい技法が提示されること、また新しい理論とその検証の過程が明らかにされること、ある症状についての心的メカニズムの解釈に新しい見解が示されることが事例研究の特徴である。また特異事例をはじめ治療が困難とされている事例の治療記録、これまでの理論・解釈を否定あるいは修正するような事例である場合、その臨床的意義は大きい。

③ 質的研究法の方法論

現実は社会的な構成過程の結果である

　質的研究法は、量的研究法の実証主義のように、ひとつの現実がすでに存在していて、それが「発見される」のを待っているという前提そのものを疑う立場をとる。たとえば、「QOL」という概念は、単一の一元的な概念ではなく、多面的な相互作用のある社会的に構成された概念であり、1人ひとりにとって、その概念

QOL (quality of life)
生活(生命)の質のこと。QOLの概念をめぐっては、次のような問題がある。①QOLとは、単一の一元的概念かあるいは多面的な相互作用のある構成概念か。②客観的指標と主観的指標の両方の観点から評価できる指標はないのか。

は異なるものになる。すなわち複数の現実があるという方法論的な意味は、研究の開始にあたって、すでに研究対象としての概念が定義として確立されているというわけではなく、むしろ研究を進めていく中で変化していくものととらえる。

✏ セラピスト（研究者）とクライエントが互いにかかわる

セラピスト（研究者）とクライエントはその相互作用の過程を通して、互いに影響し合っていると仮定する。ゆえに、実証主義が主張する客観性の概念を拒否し、より相互作用的で個人的な関わりを伴うデータ収集のスタイルを選択する。

✏ 事実は社会的に構成されたものの産物である

「事実」を取り巻くさまざまな価値が研究され、明らかにされなければならないと考える。

❹ 質的研究法のデータ収集

質的研究を行うための正しい方法というものは存在しない。通常、データ収集に用いられる方法として、おもに参加者としての観察、インタビュー、文献・記録の3つがある。

✏ 参加者としての観察

まったくフィールドに参加しないレベルから、相互作用のない受身的な参加型観察、積極的に参加して、実践を行うレベルまで多岐にわたる。記録方法としては、一般にビデオ録画が用いられる。

✏ 面接

あらかじめ最小限の質問項目を決めて行う方法（半構造化面接）とまったく質問項目を決めない方法の2つに分かれる。面接は、参加者による観察の一部としても行われる。

✏ 文献・記録

文献や記録には、メモ・報告書・計画書といったものだけでなく、コンピュータ・ファイル、テープ（オーディオ、ビデオ）なども含まれる。重要となる文献・記録には、各報告書、個人カルテ、日誌、訓練記録、治療プログラム、治療プログラム立案の会議録、教育課程の資料、テストの点数表などがある。

5 質的研究法の問題

妥当性と信頼性
妥当性とは正確性であり、得られた結果は正しく現実を反映しているかを意味する。それに対し、信頼性とは一貫性であり、得られた結果が一時的ではなく、一貫しているかどうかを意味する。

✏ 内的妥当性

クライエントが社会的に構成されたものを実際に知覚する仕方と、研究者が自分自身の解釈を表現する仕方との間に一致があるかどうかを問うものである。内的妥当性（internal validity）を高めるためには、必要に応じて、実質的な面を重視した関与、持続的な観察、共同研究者との意見交換、失敗した事例の分析、記録データのチェック（クライエントの記録はクライエントを正確に反映しているかどうか）など、さまざまな視点からの検討を行う。

✏ 外的妥当性

外的妥当性（external validity）の判断を行うのに十分な情報、詳細な記述を提供しなければならない。時間、場所、状況そして

文化的背景を詳細にかつ慎重に記述する必要がある。

✏️ 信頼性

信頼性とは、時間的な変化があっても常に同じように一貫していることを意味する。ある程度の変化は予想されるが、その変化は追跡され、公に検証されるものでなければならない。

✏️ 検証可能性

検証可能性とは、データおよびその解釈が研究者ひとりの想像の産物ではないということを意味する。データは、その根拠を明示できるものであり、そのデータを解釈するのに用いられる論理は明示されていなければならない。

✏️ 真実性

真実性とは、すべての視点、価値そして信念について、研究者の一方的な解釈ではなく、バランスのとれた解釈を提示することである。クライエントの解釈について、さまざまな解釈や価値が検討されたか、世界に関する個人の意識的体験がどの程度拡大され、あるいは洗練されたかに関して、チェックする必要がある。

2 量的研究法(定量的アプローチ)

1 量的研究法とは

　数量化はもともと実証主義にもとづく方法論(パラダイム)から展開された方法である。すなわち、この方法の目的は、臨床心理学における現象に関して、その現象を客観的に観察し、数量化できる事実の集積から仮説を導き出すこと、そしてその仮説が正しいのか、あるいは誤りなのか、観察によって集められた証拠をもとに確認することにある。量的研究法とは、客観性・普遍性を重視し、導き出された仮説を経験的に確かめるプロセスとして定義づけることができる。

2 実験研究(実験的アプローチ)──因果関係を検証する

実験研究とは

　実験研究では、基本的に比較対照を必要とする。比較するものがなければ実験する意味はなく、実験することはできない。比較するグループを設定し、ランダム(無作為)に被験者をそれぞれの条件に割り当てる。仮に新しく考えられたAという治療プログラム(臨床的対応)がどのような効果があるのかを確かめるための実験を思い立ったとしよう。そこでは、Aという治療プログラムを与えるグループと何もしないグループを設ける必要がある。予想される効果、期待される結果をBとすると、AならばBであることを検証するためには、AでないならばBではないという結果を導き

出さなければならない。そのためには、Aという治療プログラムを与えるか否かという実験条件とその結果である測定値を得る必要がある。実験研究では、前者を独立変数 (independent variable)、後者を従属変数 (dependent variable) として、明確に区別する。つまり、独立変数(治療プログラムなど)とは操作する変数といえる。従属変数はこの独立変数によって影響を受ける変数であり、独立変数に依存する。たとえば、新しい治療プログラムと従来の治療プログラム、そして何もしない条件とを比較する場合、新しい治療プログラムは実験グループに行われることから、ふつう実験グループという。従来の治療プログラムは対照グループに、何もしない条件は統制グループに対し適用される。

実験計画

　研究者は、自分たちのもつ世界観や研究課題のみならず、論理的に導く研究の諸条件をもとにして実験計画を選択する。おもに、実験研究計画、準実験研究計画、単一事例研究計画の3つがある。

　実験研究は、原則として、比較対照となる統制グループを含めて、各グループに無作為に被験者を割り当てなければならない。もし被験者を無作為に割り当てることが不可能なら、準実験的アプローチがある。準実験研究と実験研究との違いは、被験者を無作為に実験グループあるいは統制グループに割り当てられたか否かにある。また、何らかの制約で統制グループを設定できない場合、単一事例研究計画がある。この方法は、態度変容、行動変容をねらいとした治療プログラムの効果を確かめるのによく用いられる。

単一事例研究計画

　実験的技法のひとつであり、1人(あるいは少人数)の被験者が集

中的に研究される。基本的なタイプとして、A-B-A-B計画と多重ベースライン計画の2つがある。

A-B-A-B計画

臨床的対応以前にある行動の一貫性が確認される(A)→臨床的対応(B)→その結果行動上の変化がみられた場合、その行動上の変化は、おそらくその臨床的対応(B)によるものだといえるだろう。このことを確かめるため、続いて臨床的対応が除去される(A)。そしてその問題となる行動を観察し、もともとの規準値(ベースライン)に照らし、変化したかどうかを確認する。最後に同じ臨床的対応で再強化する(B)。この研究計画は以下の理由で強力な方法だといえる。つまりベースラインのデータがあること、測定対象の行動が特定でき、しかも観察可能であること、かなりの期間にわたる観察が行われ、しかもその観察は一貫したものであり何度も行われることである。そして、あえて除去手続きを設けることで、その臨床的対応を実証しているといえるからである。

多重ベースライン計画

臨床的対応を除去することが倫理的に問題がある場合、その除去過程そのものの設定が不可能になる。また、臨床的対応を除去したとしても、行動上の変化が何らみられないこともある。あるスキルがすでに学習されてしまったか、臨床的対応を取り除いたとしても、容易に変化しないほど、態度がすでに変容してしまっている場合である。こういった場合は、多重ベースライン計画を適用する。おもに行動間タイプ、被験者間タイプ、場面間タイプの3つのタイプがある。

①行動間多重ベースライン：2つの異なった行動を目標行動として選択する。これら両方のベースラインを確立しておき、まず最初の行動に臨床的対応が導入される。もしその行動で変化が観察されたなら、同じ臨床的対応を2つめの行動にも適用する。
②被験者間多重ベースライン：行動の変化を導いた同じ独立変数

ベースラインの決定
安定性が問題となる。変動が大きいデータ、バラつきのあるデータはベースラインとしては不適当である。安定するまで一定期間測定する必要がある。

を、あらためて別の(1人以上の)被験者に対しても適用しその変化を確かめようとする研究計画。
③場面間多重ベースライン：ひとつの行動、ひとつの独立変数、1人の被験者を選定し、その行動の変化が2つ以上の場面状況でもみられるかどうかを確かめる研究計画。

単一事例研究計画を実施する上での留意点
・同様の手続きを他の被験者に対しても行い、同じような結果を得ているか。その効果が被験者のもつ特性(独自性)によるものといえないだろうか。
・行動は特定できるものであり、観察可能なものであったか。
・ベースラインのデータはあるか。
・除去手続きにおいてベースラインの水準まで戻る効果についても調べたか。また、治療プログラムを再び導入し、行動が再び変化することが観察されているか。
・行動の変化の程度、方向性を明らかにするため、一定期間にわたる観察が行われたか。
・観察はできる限り継続的に、かつ頻繁に行われたか。

実験研究の問題

実証主義的には、ある知識が真か偽かを確かめるのに2つの重要な問題がある。それは、①得られた結果は当面の場面状況において、本当に真なのか(内的妥当性)、②得られた結果は他の別の状況においても本当に真なのか(外的妥当性あるいは一般化)、という点である。

①内的妥当性
内的妥当性とは、観察された従属変数の変化が、他の予期しない変数(攪乱変数)によるのではなく、独立変数の影響によることを意味する。攪乱変数を統制できるなら、得られた結果は治療

9つの攪乱変数
次の9つを指す。①予期しない出来事、②発達的成熟による影響、③テスト慣れ、④検査・測定道具、⑤極端値、⑥被験者のもつ特性、⑦欠損値、⑧実験条件の混乱、⑨統制グループの意識的努力(ジョン・ヘンリ効果)。

プログラムの効果によるものと考えることができ、研究結果は内的に妥当であるといえる。しかしながら、攪乱変数を統制していない場合、その結果は反論を免れない。そのためには、事前に被験者のもつ特性に関する情報を得ること、実験グループと統制グループに無作為に被験者を割り当てることが原則である。内的妥当性を高めるために、以下の点をチェックする必要がある。

・独立変数以外の予期しないできごとが生じたことの影響はないか。
・被験者の発達的・心理的変化（独立変数に直接・間接的に結びつかない調整的応答が可能になる、あるいは疲労といった変化）。
・被験者は事前テストを受けたことで、「検査慣れ」していなかったか。
・事前テストと事後テストとで検査・測定道具等の違いはないか。
・極端値をもつデータが使われていなかったか。
・実験グループと統制グループは独立変数による違い以外に、何か別の点で違いはなかったか。

②外的妥当性

外的妥当性とは、研究で得られた結果がどの程度、他の状況でも適用できるかである。もしその結果が別の状況でも観察できるなら、その結果は一般化可能とされ、外的に妥当であるといえる。外的妥当性を確認するために、以下の点をチェックする必要がある。

・実験手続きは十分にくわしく記述されているか。
・複数の治療プログラムが行われていなかったか。そうである場合、相互に干渉していなかったか。
・動機づけによる影響（ホーソン効果）は操作されていたか。
・治療プログラムの新奇性による影響はなかったか。
・特定の実験者（臨床家）による影響はなかっただろうか。
・事前テスト・事後テストを受けたことによる影響はなかったか。被験者の応答が調整的になっていなかっただろうか。

調整的応答
経験による学習。応答の仕方・内容が実験意図に合ったものに学習されること。

ホーソン効果
ウエスタン電力会社が行った研究に由来する。実験条件による効果ではなく、被験者として選ばれたといった思いが動機づけとなり、行動を変化させる効果をいう。

✐ 実験研究を行う上での留意点

①治療プログラム手続きがあらかじめ計画していたように行われたか

独立変数を実行に移す段階で、研究者が特定の意図したとおりの正確な手続きで実施できなかった場合の影響である。この治療プログラム条件を最大限に厳密にするためには、実験者は適切な訓練や指示を受ける必要がある。また、観察や記録をとるなどしてその厳密さを評価しなければならない。

②治療プログラム期間の長短の影響はなかったか

治療プログラムの効果を確かめる実験なら、数時間、数日、数週間、数か月、あるいは数年にわたって、継続して行うことができる。実際のところ、クライエントの行動や態度が短期間で効果的に変わると期待できる場合は少ない。検査測度は小さな変化にも鋭敏でなければならないし、十分な時間をかけて効果をみていく必要がある。

③統制グループに治療プログラムを行わなかったことの倫理的な問題はなかったか

積極的な(ポジティブな)効果が期待される治療プログラム条件から、特定の被験者だけを除外してグループをつくる(統制グループ)ことが倫理的にみて問題になることがある。その場合、厳密な実験を行うのではなく、従来の治療プログラムを与えるグループ(対照グループ)との比較を行う。また、単一の被験者研究計画や質的な面をみる研究計画を考える必要がある。

❸ 調査研究(相関的アプローチ)——仮説を導く

📝 調査研究とは

　調査研究は、データを集めるひとつの方法であり、研究の対象そのものを探索し、記述する研究計画といえる。主な目的は、①対象を記述すること(記述的研究)、②対象の中に潜在する変数間の相関的な関係を探ること(相関的研究)にある。

　1人ひとりの個人には、実にさまざまな特徴がある。障害のタイプ、障害の程度、性別、人種、年齢などを操作すること、統制することは簡単ではない。こういった特徴を研究する場合、相関的な関係を明らかにする調査研究法を適用することができる。この方法はそれぞれの変数間に何らかの関係を探索的に探るものであるが、得られた結果を因果的関係の証明として用いることはできない。治療プログラムの有無といった変数を実験的に操作していないからである。このタイプの研究は、因果関係を求めることが目的ではなく、得られた研究結果を説明づけるような仮説をいくつか導き出すことが主たる目的になる。

　調査研究は、実験研究とは対照的に、多くの人々から情報を集めやすいという利点がある。他方、短所として、データの信憑性があげられる。また、調査の質問項目が不適切な表現で書かれていたために、偏った応答しか得られないという場合もある。正しい回答、社会的に望ましい回答を導くような手がかりとなる記述がないかどうかをチェックしておく必要がある。インタビューなどの対象者自身に報告を求める場合、対象者は自分にとって都合のいいことだけを口にする可能性があり、またあえて言わなかったり、事実をゆがめて伝えることもある。

回答
ある質問項目で「はい」と答えた場合でも、①「文字どおりそうである」、②「被検査者がそう思っている」、③「被検査者がそう答えた」という事実を認める解釈の3通りがある。

調査研究を行う上での留意点

　調査研究には、①短期的に傾向等を記述する調査、②横断的調査、③縦断的調査、そして④コホート法がある。

　短期的調査はワンショット調査といわれ、対象となった集団そのものの特徴を記述する目的で行われる。

　横断的研究は、対象が異なるさまざまな集団の反応をある時期に限定して調査する方法である。横断的研究は、時間的に制約がある場合、数多くの情報を集めることができるという長所がある。短所は、たとえば対象とした大学1年生と別の対象とした大学4年生とがはたして同じとみなせるか、同じような経験をもつといえるだろうかという点である。

　縦断的研究ではひとつの集団・少人数の対象者をさまざまな時期(1年後、2年後、3年後など)にわたって追跡調査する。縦断的研究の長所は、同じ対象者を一定の期間にわたり、その変化を追う点にある。短所は時間的に長期にわたる点であり、条件的にみても以前とまったく同じ条件で行えないというおそれである。

　横断的研究と縦断的研究の短所を軽減するための方法としてコホート法があるが、いずれにしても長所・短所があり、それぞれのもつ限界を知る以外にない。

> **コホート法(世代差分析)**
> 横断的方法で世代間あるいは年齢間の比較を行い、その後同じ対象を縦断的に追跡調査する方法。

　調査研究では、あらかじめ配布(想定)した質問紙やインタビューに対し、どのくらいの回答を得ることができたかの比率を計算する。回収率を上げるには、何らかの予備的(パイロット的)調査や手続きが必要になる。小さな標本で探索的に質問紙調査を行い、対象者として適切かどうかを確認する。回収率の意味するところは、得られた知見がどの程度一般化できるかにある。そこには、その調査に回答しなかった者の影響が反映して、つまり回答しないデータが除かれているという点で、偏った結果になっているかもしれないからである。その他、以下の点を事前にチェックしておく必要がある。

・質問数が量的にみて多過ぎることはないか。回答者にあまりに

も負担をかけるものになっていないか。
・回答のタイプ(自由記述、はい・いいえなど)の影響はないか。
・回答をどのように記録するか。
・インタビューを行った調査者は前もって十分にその訓練を受けているか。

参考文献

1) 鎌原雅彦・宮下一博・大野木裕明・中澤潤編『心理学マニュアル質問紙法』北大路書房、1998
2) 河合隼雄「事例研究の意義と問題点 ── 臨床心理学の立場から」京都大学教育学部心理教育相談室紀要、3、p.9-12、1976
3) 河合隼雄『心理療法論考』新曜社、1986
4) 下山晴彦『臨床心理学研究の理論と実際』東京大学出版会、1997
5) 下山晴彦編『臨床心理学研究の技法』福村出版、2002
6) 中村雄二郎『術語集』岩波書店、1984
7) 南風原朝和・市川伸一・下山晴彦編『心理学研究法入門 ── 調査・実験から実践まで』東京大学出版会、2002
8) 保坂亨・中澤潤・大野木裕明編『心理学マニュアル面接法』北大路書房、2000
9) 山本力・鶴田和美編『心理臨床家のための「事例研究」の進め方』北大路書房、2001

Chap. 7

心の病い

1 心の病いとは

　心の病いとは、さまざまな心理的な問題を医学的な立場からとらえようとしたとき、浮かび上がってくる状態である。したがって、心の病いとはほぼ精神障害のことであると考えてよいであろう。ここでは、医学的な考え方の基本にある、健康、病気、疾患、精神、精神障害などの概念について、心の病いと関連づけて取り上げることにする。また、医学的アプローチと心理学的アプローチの本質的な相違点についても述べる。

1 健康と病気

　健康と病気は、実践的な見地をふまえた価値的な判断からの概念である。健康とは、WHO(世界保健機関)の定義では、疾病でないというだけでなく、身体的にも心理的にも社会的にもよい状態にあることとされている。これに対して病気(病い、疾病)とは、平均からかけ離れ、しかも生存に不都合、不利な状態のことである。

　なお、精神的に健康な状態とは、精神障害がないことだけではなく、安定性と柔軟性があり、環境によく適応し、正しい社会の発展に積極的に貢献でき、人格の統合がよくなされ、自己ならびに社会を正しく認識できることなどがあげられている。

2 疾患と病気

　疾患(disease)とは、病的な状態の自然科学的概念である。1つ

の疾患とは、生物の種のように、他と明確に区別しうる状態で、クレペリンによると次の4つの条件をみたしたものである。単位としての1つの疾患は、①一定の原因にもとづき、②一定の症状群を示し、③一定の経過（急性か慢性か）と転帰（治るのか、不治のものか、その疾患のために死に至るものか）とを示し、④多くの場合、身体的な特有の病変が証明されるものである。

クレペリン
(Kraepelin, E. 1856-1926)

しかし、厳密にこの条件を満たす精神障害は、梅毒が原因となっている進行麻痺くらいで、多くのものは②と③の条件を満たすに過ぎない。この点で心の病いを医学的にとらえようとするとあいまいさが残ることになる。

これに対し、**病気(illness)** は、病い、あるいは疾病ともいわれるが、「健康」と対置される「病的」に相当する概念で、疾患による不具合だけでなく、人間が社会的に生存していく上で不都合な状態を指し、自然科学的概念である疾患と異なり、価値概念である。

3 精神障害の原因

かつて、精神障害の原因は内因、外因、心因の3つに分けられると考えられてきた。しかし、これはドイツ精神医学のかなり観念的な考え方で、現実はもっと複雑である。精神障害を含め、すべての病気には生物学的、心理学的、社会学的な要因が関与していると考えられるようになった。このような考え方はアメリカではかなり徹底し、心因性障害とされた神経症という言葉も使われなくなってしまった。しかし、WHOのICD-10ではまだ用いられており、わが国でもなお用いられている。

4 精神病および精神障害ならびに精神障害の分類と診断

精神病(psychosis)という用語は、2通りの意味に用いられる。1つ

ICD
(International Classification of Diseases)
国際疾病分類と訳される。疫学的調査の国際比較を目的に、世界保健機関(WHO)により作成された疾病分類。その中の「精神および行動の障害」において精神疾患が分類されている。現在は、改訂第10版であるICD-10(1992)が出版されている。

進行麻痺 (general paresis) 梅毒スピロヘーターにより脳実質が侵され、さまざまな精神症状を呈する疾患。梅毒感染後10〜20年を経て発病する。精神症状として痴呆が中核となるが、躁うつ病様症状、幻覚妄想などがみられる。ペニシリンが有効である。
病識欠如 患者自身が個々の疾病症状の全部あるいは病い全体に関して、その種類も重症度も正しく判断できている場合を病識(insight into disease)があるといい、それが欠けているのを病識欠如とよぶ。
現実検討能力障害 主観的な観念、表象や認識が客観的な現実と一致しているかどうかを検討する機能を現実検討(reality testing)能力という。これが障害されると、夢と現実、観念や空想と幻覚、妄想の区別が不可能となる。

は精神病を精神疾患とし、身体的基盤をもつものに限るドイツ精神医学の考え方である。定型的な精神病は進行麻痺のような器質精神病である。統合失調症(精神分裂病)や気分障害(躁うつ病)などのいわゆる内因性精神病は、おそらく将来身体的基盤が見出されるであろうという前提のもとに精神病に含められている。もう1つは、精神障害の程度の差によって精神病と神経症に分けるフロイト以来の考え方である。全体的な人格変化、病識欠如、コミュニケーション障害、現実検討能力障害、社会適応能力障害などの程度に応じて重症のものを精神病、軽症のものを神経症とする。

精神障害(mental disorder)という用語は、精神病、反応の異常(異常体験反応あるいは神経症)、人格異常、精神遅滞など精神の病的状態をまとめてよぶときに用いられる。

ここで用いられている障害(disorder)という用語は、ICD-10では、疾患(disease)とか疾病(illness)という用語の概念が不明確なために生じる混乱をさけるために使用することが明言されている。障害は正確な用語ではないが、個人的な苦痛や機能障害を起こすような、臨床的な症状や行動が存在するときに用いられる。しかし、社会的な逸脱や葛藤だけで個人的な機能障害を伴わない場合にはこれには含めない。

また、精神障害の分類で現在一般によく用いられているのは、アメリカ精神医学会のDSM-Ⅳ-TR (図表7-1)とWHOのICD-10「精神および行動の障害(図表7-2)」である。DSM-Ⅳ-TRは分類のみでなく、診断基準も発表されている。ICD-10では、臨床記述と診断ガイドラインが示されている。診断基準も出されているが、研究用のものにとどまっている。これらは純然たる記述的な診断基準であるので、診断者による偏りを極めて少なくすることができる。

5 医学的アプローチと心理的アプローチの基本的な相違点

　臨床精神医学と臨床心理学は非常によく似ている。また、精神病理も異常心理も重なっている点が少なくない。しかし、医学的なアプローチの目標はあくまでも病気である。病気が見出されなければ、医学の出番はない。それに対して心理学的なアプローチでは異常な場合も正常な場合もともにその対象とし、異常と正常を共通して説明できる理論を見出そうとしている。このため異常そのものの理解となると医学に比べあいまいさが残ってしまう。このようにそれぞれの立場の違いをよく認識した上で、必要な協力を進めていく必要がある。

図表7-1　診断カテゴリー（DSM-Ⅳ-TR）

1. 通常、幼児期、小児期、または青年期に初めて診断される障害
2. せん妄、痴呆、健忘性障害、および他の認知障害
3. 一般身体疾患による精神疾患
4. 物質関連障害
5. 統合失調症および他の精神病性障害
6. 気分障害
7. 不安障害
8. 身体表現性障害
9. 虚偽性障害
10. 解離性障害
11. 性障害および性同一性障害
12. 摂食障害
13. 睡眠障害
14. 他のどこにも分類されない衝動制御の障害
15. 適応障害
16. 人格障害
17. 臨床的関与の対象となることのある他の状態

出典：高橋三郎ほか訳『DSM-Ⅳ-TR 精神疾患の分類と診断の手引』医学書院、p.9-33、2002、一部抜粋、一部改変

図表7-2　診断カテゴリー (ICD-10)

- F0　症状性を含む器質性精神障害
- F1　精神作用物質使用による精神および行動の障害
- F2　統合失調症、統合失調型障害および妄想性障害
- F3　気分(感情)障害
- F4　神経症性障害、ストレス関連障害および身体表現性障害
- F5　生理的障害および身体的要因に関連した行動症候群
- F6　成人の人格および行動の障害
- F7　精神遅滞
- F8　心理的発達の障害
- F9　小児期および青年期に通常発症する行動および情緒の障害および特定不能の精神障害

出典：融道男監『ICD-10 精神および行動の障害——臨床記述と診断ガイドライン』医学書院、p.21-51、1993、一部抜粋、一部改変

参考文献

1) 大熊輝雄「精神医学における正常・異常と健康・病的状態(疾病)の問題」『現代臨床精神医学(改訂第9版)』金原出版、p.4-6、2002
2) 高橋三郎・大野裕・染矢俊幸訳『DSM-Ⅳ-TR 精神疾患の診断・統計マニュアル』医学書院、2002
3) WHO著、融道男・中根允文・小見山実監訳『ICD-10　精神および行動の障害——臨床記述と診断ガイドライン』医学書院、1993

2　広汎性発達障害

　広汎性発達障害(pervasive developmental disorder)は自閉的な傾向をもつ障害の総称で、DSM-Ⅳ-TRでは、自閉性障害、レット障害、小児期崩壊性障害、アスペルガー障害、特定不能の広汎性発達障害(非定型自閉症を含む)に分けられている。ここでは、自閉性障害に重点をおいて述べる。

1 自閉性障害(autistic disorder)

1943年にカナーが発表した幼児自閉症のことである。

カナー
(Kanner, L. 1894-1981)

症状

次の3つが主症状である。①極度の孤立に陥り、他の人と感情的な交流をもとうとせず、自閉の殻の中に閉じこもった状態を示す。②コミュニケーションの質的な障害がある。話し言葉が遅れたり、言葉が話せても意味のある会話を続けることが困難である。③興味や関心が限局し、自分のやり方に固執し、周囲の状態の変化を極度にいやがる同一性保持の強迫的欲求がみられる。

知能は重い知的障害を有する場合もあるが、正常あるいは優れた知能の場合もある。最近の研究では、自閉性障害の半分は知能が正常であることがわかってきた。また、有病率も思いのほか高く、0.2％くらいといわれている。一般に男児の方が女児より多い。発症は3歳以前である。

基本的障害と原因

自閉性障害の心理的な基本障害は「心の理論」(p.196参照)をもつことができない点にあると考えられている。このため他人の企図を読み取ることができない。この欠陥のため孤立に陥り、コミュニケーションが障害される。また、強い固執傾向は実行機能の障害の表れではないかと考えられている。これらの障害は何らかの脳機能の障害が原因とされているが、真の原因はまだよくわかっていない。神経化学的な異常として神経伝達物質の1つであるドーパミン(dopamine)の機能亢進が有力な仮説と考えられている。

治療と予後

　治療は心理・教育的な治療と薬物療法とに分けられる。精神(心理)療法としては行動療法が広く行われている。

　心理・教育的な治療は、指導に応じられる態度の形成から始まり、その子どものもっている能力を少しずつ伸ばし、好ましくない行動を次第に除去していくようにする。この場合、さまざまな行動療法的技法が用いられる。最近、社会生活技能訓練(SST)(p.238参照)が重視され、対人的な技能の獲得を特に目標として訓練していく。学校では、その子どもの知的水準に見合った学習を進めていくが、個別あるいは小集団で指導するよう配慮する必要がある。自閉性障害の子どもは、特定の感覚刺激に極度に敏感なことに留意するようにする。また、過去の記憶が鮮明に残っていることがあり、類似の体験で過去のいやなことが再現され、パニックに陥ることがある。言語を介するより視覚的な手がかりを用いることも重要である。

　薬物療法は、抗精神病薬を用いて精神の安定をはかるようにする。幼児期よりも思春期以降になって特に必要となる。予後は知能の水準によって大きく異なる。しかし、知能が正常でも社会的適応がうまくいかず、楽観は許されない。知的障害が重い場合には、施設入所も考えられるが、できるだけ地域社会の中で正常者とともに過ごすことができるよう努力する必要がある。

抗精神病薬
(antipsychotics)
強力精神安定剤(major-tranquilizer)ともいい、精神病(特に統合失調症)に対し、強力で持続的な鎮静作用に加えて、異常行動や病的体験の軽減・消失をもたらす薬剤である。錐体外路症状の発現などの副作用もみられる。

❷ その他の広汎性発達障害

レット障害

　レット障害(Rett's disorder)は、1966年にレットにより見出された。全例が女児であり、生後6～18か月ころに発症し、発病とともに急速に退行が起こり自閉的となる。両手を胸の前で組み合わせ、手を洗うような動作を繰り返すのが特徴的である。発病と

ともに脳の発達が障害され、小頭症の状態となり、重度の知的障害に陥る。

小児期崩壊性障害

小児期崩壊性障害（childhood disintegrative disorder）は生後順調に発育していた子どもが1歳半ないし3歳すぎに急速に精神機能が崩壊し、自閉的になってしまう。知的機能の低下はさまざまである。発病から6か月くらいで崩壊は止まり、それ以上悪化することはなくなる。その後の経過は自閉性障害と類似している。

アスペルガー障害

アスペルガー障害（Asperger's disorder）は1944年にアスペルガーが子どもの自閉性精神病質として発表した。言語の理解や表出にあまり大きな障害はないが、孤立的で自閉的な対人関係の障害や興味の限局や同一性保持の傾向は自閉性障害と共通している。社会的な適応は自閉性障害よりはよい。

アスペルガー
（Asperger, H. 1906-1980）

参考文献

1）Wing, L. 著、久保紘章・佐々木正美・清水康夫ほか訳『自閉症スペクトル —— 親と専門家のためのガイドブック』東京書籍、1998

> **column 6** 心の理論
>
> 　他人とコミュニケーションをとるには、その相手の感情や考えを推測する能力が必要になる。こうした自分や他者の心に関する理論的な理解の枠組みを「心の理論」という。理論といっても科学的で系統だったものではなく、乳幼児が外界とのやりとりの中で獲得し、修正されていく自分の中の理論といえる。
>
> 　心の理論を子どもが確立しているかどうかを知る実験として、「サリーとアンの課題」というのがある。これは、サリーとアンの2体の人形を使った劇を子どもに見せ、それについて質問をする課題である。劇は、①サリーとアンが一緒に遊んでいる、②サリーはかごを持っており、アンは箱を持っている、③サリーはビー玉をかごに入れ、部屋から出る、④アンはサリーがいない間に、かごからビー玉を出し、自分の箱に入れる、⑤サリーが部屋に戻ってくる、という場面設定で行われ、「戻ってきたサリーはビー玉を探すとき、まずどこを探すでしょう」と問う。心の理論を確立している子どもは、アンがかごに移したという事実を知らないという、サリーの認識を推測し、「かごを探す」と答える。ところが心の理論を確立していないと、事実とサリーの認識の区別ができず、「箱を探す」と答えるのである。
>
> 　このように心の理論は、自分や他者の心的状態を事実や対象と区別してとらえ、人はそれぞれの内的な世界をもち、それにもとづいて行動していることを知る能力ともいえる。一般に3～4歳ごろに確立し、自閉症児はこの心の理論の獲得に障害があるとされる。

3 ADHD

　注意欠陥・多動性障害（attention-deficit/hyperactivity disorder、以下ADHD）とは、精神年齢に比して不適当な注意力障害、衝動性、多動性を示す行動障害である。報告によりその出現度は2～7％と幅があるが、おおよそ小児の3％前後と推定される。

男児に多いのが特徴で、男女比は約4：1といわれる。

1 原因

　原因に関しては、現時点では不明である。しかし、一卵性双生児で双方ともADHDとなることが多いこと、同胞出現率が約30％であること、親子例も稀ではないことなどより、成因としては遺伝的要因が大きく関係していると考えられている。一方、子ども虐待などのような劣悪な養育環境でも同じ行動特徴を示すことがあるといわれている。このためもあってか、精神医学の分類では、ADHDは発達障害ではなく行動障害（破壊的行動障害）の中に分類されている。

> **同胞出現率**
> きょうだいそろって同じ病気になる頻度。

2 症状

基本症状

　症状は大きく基本症状と合併症状に分けて考えることができる。基本症状とは、ADHDを規定する症状、つまり、診断の根拠となる症状であり、注意力障害、多動性、衝動性の3症状が相当する（図表7-3）。乳児期は、2つの異なる臨床像を示すタイプが存在する。1つは、おとなしくミルクを与えていれば手のかからないタイプである。他の1つは、刺激に敏感でよく泣いたりむずかったり、身体がそわそわ動いているなどである。幼児期では、多動性、衝動性の症状が目立つことが多い。危ない所や知らない場所でもすぐにどこかに行ってしまう、迷子になりやすい、順番を待てない、動作が乱暴などである。学童期には、幼児期にはっきりしなかった注意力障害が目立ってくることが多い。授業中ボーッとしている、授業時間の態度が悪い、話を聞いていないなどである。中学生以降

では、不適切な対応が続いていると、2次的な精神行動面の問題が中心となっていくことが多い。反抗的な言動がみられながらも、落ち込みやすく不安が強いなどである。成人期では、社会生活・日常生活において支障をきたすほどの症状を示すことは少ない。しかしながら、ときに衝動的行動や乱暴な行動が問題とされることがある。

図表7-3 注意欠陥・多動性障害の診断基準の概要(DSM-IV、1994)

A （1）か（2）がある。6項目以上、6か月以上、日常生活に支障、発達段階に不相応。
  (1) 注意力障害
    注意集中困難、うっかりミス、課題持続・達成困難、話を聴いていない、集中が必要な課題を嫌がる、注意転動性、物忘れ、所持品紛失
  (2) 多動性・衝動性
    多動、身体のどこかが動いている、離席、多弁、落ち着かない気分、静かに遊べない、待てない、相手が話しているのに話す、他児の会話・遊びに介入、大声

B 症状の一部は7歳以前に出現。

C 2か所以上の場でみられる。

D 社会的、学業上、職業上、臨床的に明らかな支障をきたしている。

E 除外疾患：広汎性発達障害、統合失調症（精神分裂病）、その他（気分障害、不安障害、解離性障害、人格障害など）。

> **気分障害**(mood disorder)
> うつ状態や躁状態を示すもの。以前躁うつ病とよばれていたものに相当。
>
> **解離性障害**
> (dissociative disorder)
> 健康な個人は、統一された自己という感覚をもっている。しかし、解離性障害では、そうした意識や記憶の統一性を失い、自己の同一性を失ったり、場合によって、多数の同一性をもつ。以前、ヒステリーとよばれていたものに相当。

合併症状

合併症状には、ADHDと並列に存在する合併症によるものと、ADHDがあることで生じるストレスから2次的に生じているものがある。発達・認知面に関するもの、行動・精神面に関

するもの、身体面に関するものに分けられる。

　発達・認知面の合併症の代表的なものは、発達性言語障害、発達性協調運動障害、学習障害である。発達性言語障害は、ことばの遅れという形であらわれるが、中でも、理解力はあるが表出能力が劣るというタイプが多い。発達性協調運動障害は極端な不器用さを示すもので、幼児期より不器用さやバランスの悪さという形であらわれる。学習障害は、「話す、聞く、読む、書く、計算する、推論する」という能力のどれか1つ以上が障害されているものであるが、ADHDの30～40％前後が学齢期になると学習障害の状態像を示してくるといわれている。

　行動・精神面の合併症では、反抗挑戦性障害(反抗的な言動を繰り返す)、行為障害(反社会的行動の反復)、適応障害(不登校など)、うつ状態、不安状態などがみられる。小児期にもっとも問題となるのは行為障害である。行為障害とは、他人の基本的権利や年齢相当の社会的ルールや常識を侵犯するような行為を持続的に行うものをいう。具体的には、万引き・窃盗・傷害など、いわゆる非行のことと理解してよい。行為障害は、予後不良の因子とされている。

　身体面の合併症では、チック障害やてんかんがある。

チック障害(tic disorder)
チックとは無目的で同じ形の動作を繰り返すものをいう。

境界線
知能の遅れがあると判断する基準は、知能指数が70であり、知能が正常と判断する基準は85である。この間、71～84の知能を境界線知能という。

　なお、知的能力に関しては、多くは境界線(IQ70)以上の知能指数を示す。しかし、全般的な知的能力に大きな遅れがなくとも、認知能力のアンバランスさを認めるものが多い。

　現実的には、基本症状と合併症状が、1人の患児の中で同時期あるいは経時的に混在することで多彩な臨床像が示される。

3　経過

　多動性は10歳までに、注意力障害・衝動性は12歳までに、最低限必要な場ではある程度コントロールすることができるように

なるといわれている。ただし、症状がなくなるわけではなく、必要性に応じてコントロールすることができるようになるということであり、その必要性が感じられない場(たとえば家庭の中など)では、変化がないようにみられることは稀ではない。実際、大人になっても約半数は何らかの症状を残しているともいわれている。

4 対応

ADHDの最終状況を決めるのは、情緒面の問題である。療育や教育も含め、あらゆる対応は、当面は対象とする問題自体の改善を目指したものであるにせよ、最終的には、ADHD児が自尊心を回復し維持できるようになることを目標にすべきであろう。

上記目標達成のための対応の実際は、①破壊的行動のコントロール、②情緒の安定、③学力の保障、④合併症への対応などである。具体的方法としては、薬物療法、行動変容技法、環境調整、治療教育、心理療法などがある。薬物療法では、わが国では、中枢神経刺激剤であるメチルフェニデートがよく用いられる。有効率は70％とされるが、子どもにとってのメリットを考えて使用すべきであろう。

破壊的行動
その行動のために、本人よりも周囲が困るような行動をいう。多動や衝動的な行動など。

行動変容技法
問題行動の原因ではなく、その問題を続かせている要因へ介入することで問題行動を改善しようとする技法。

4 虐待

1 児童虐待とは

　保護者あるいはそれに代わる人が、子どもの基本的人権を侵害するような行為を繰り返し行うものを児童虐待という。児童虐待には、行為として4つの種類がある(図表7-4)。

　身体的虐待は、生命の危険が大きい。子どもに薬を飲ませ体調を悪くして病院を転々とするものを、子どもを代理としたミュンヒハウゼン症候群といい、身体的虐待の特殊型とでもいえるものである。

　心理的虐待や性的虐待は、心の傷が大きく、虐待を受けた子どもが大人になっても大きな影響を残すことが多い。

　ネグレクトは、乳幼児期では、生命の危険も少なくない。また、子どもに発達の問題がある場合、発達の遅れを憎悪させるなど、発達面に与える影響も大きい。

　4つの虐待のタイプは、それぞれ子どもの心身に与える影響は大きく、虐待としての重症度に違いはない。

ミュンヒハウゼン症候群
(Munchausen syndorome)
もともとは、自分で薬を飲んだり、自分を傷つけて、自分の体調を悪くして病院を転々とするものをいう。

2 児童虐待の背景

　児童虐待は、保護者の要因、家庭の要因、子どもの要因の3つの要因の下に生じる。一番大きい要因は保護者である。一般的に、保護者には、共感性に乏しい、被害者意識が強い、子どものことよりも自分のことを優先するなどの特徴が認められやすい。また、「子どもは殴ってしつけるべきだ」などの不適切な

図表7-4　児童虐待の種類

1. 身体的虐待
子どもの身体面に損傷を与えるもの。殴る、蹴る、水をかける、火傷をさせる、薬・毒を飲ませるなど。

2. 心理的虐待
子どもの心理面に「外傷」を与えるもの。一方的な叱責、悪態、脅し、罵倒、無視、きょうだいで差別するなど。

3. 性的虐待
子どもを性的対象として扱うもの。性行為、子どものポルノ写真を撮る、子どもに性的場面を見せつけるなど。

4. ネグレクト
子どもの健全な心身の成長・発達に必要なケアをしないもの。食事を与えない、汚れても放置、風呂に入れない、病気でも治療を受けさせないなど。

教育観をもっていることも多い。こうした保護者の特徴は、保護者自身が自分の親から愛された経験が乏しい（保護者自身が虐待を受けた経験があるなど）ことが関係していることが多いといわれている。

家庭の要因では、地域における孤立状況があることが多い。地域の人との交流に乏しく、家庭が「密室」になっており、外からの援助が入りにくくなっている。また、保護者間の不和もあるのが普通である。

子どもの要因では、育児の負担を増すような要因があげられる。低出生体重児(未熟児)、障害児などである。

低出生体重児（未熟児）
「未熟児」とは一般用語であり、医学の専門用語では「低出生体重児」という。出生時の体重が2,500g未満の児をいう。

③ 虐待を受けている子どもの症状

身体面では、新しい傷と古い傷が混在するのが特徴である。大抵の親は、「この子、転びやすいんです」などの理由を言うことが多い。しかし、入院などで家庭から離れると新しい傷ができな

いことから、親の話がおかしいことがわかる。

　精神行動面の問題では、食行動の異常が高頻度に認められる。また、ガツンと頭をどこかにぶつけても顔色ひとつ変えないなど、痛みに対する反応に乏しいのも特徴である。対人行動にも、内にこもるタイプと誰彼かまわないタイプの2種類の特徴がある。内にこもるタイプは、警戒心が強く、自分に対する言動に敏感である。外に向かうタイプは、大人に対しては過度になれなれしくべたべたしてくるが、同年代の子どもとは交流せず、年下の子をいじめる、という特徴がある。

　虐待を受けた子どもにみられる身体面や行動面の特徴は、虐待を受けている子どもを早期に発見する手がかりとして重要である(図表7-5)。

　その他、虐待を受けた子どもは、成長してからさまざまな精神障害を合併しやすいことが指摘されている。摂食障害(特に、過食症)、不安性障害、解離性障害、うつ状態、心的外傷後ストレス障害(PTSD)、人格障害(反社会的人格障害や境界型人格障害)、反社会的行動(傷害、窃盗、器物破壊など)などである。逆に、成人でこうした精神障害を見たときには、背景に児童虐待がなかったかどうかにも配慮して対応すべきである。

④ 児童虐待への対応

　児童虐待は、適切な対応がなされなければ、死亡や重篤な後遺症(寝たきり状態、知的障害など)に至ることも稀ではない。また、成長した後も、さまざまな精神障害で悩むことも少なくない。したがって、早期発見、早期対応が重要である。

　現在、わが国では、虐待を見つけた人は誰でも、地域の児童相談所や福祉事務所へ通告する義務があることが、児童福祉法と児童虐待防止法で定められている。通告を受けた児童相談所は、処遇会議を開き、虐待の確かさや重症度を判定し、その状況に

乳幼児突然死症候群
(sudden infant death syndrome：SIDS)
乳児が睡眠中に呼吸が停止してしまい、死亡してしまうもの。原因不明であるが、脳の呼吸中枢の問題が推測されている。乳幼児突然死症候群とされるものの中に、親が児を窒息させたものがあることがあり、注意が必要とされる。

応じて家族への対応を考えていく。心身の危険が大きいときや性的虐待では、一時保護など、子どもの安全を確保する対応が先ず考えられる。

虐待を受けた子どもや、虐待をしてしまう保護者の心のケアは重要であるが、わが国では、まだその体制が整っておらず、今後の整備が望まれるところである。

図表7-5　虐待を疑うべき子どもの症状

まず虐待を考えるべき状況

身体面
以下の状態が複数存在、あるいは反復して出現

外傷（痕）、火傷（痕）、骨折、中毒、その他の事故（溺水など）、小円形の火傷痕、硬膜下血腫、多数の齲歯
乳児：骨折、硬膜下血腫、口腔内熱傷

行動・精神面
以下の行為の反復

年少児：過食・異食・盗食、過剰で無差別な対人接近行動、痛みに無反応
小学生：非行（盗みと作話・虚言）、動植物への残虐行為、加減しない暴力行為
中学生：非行（徘徊、家出）

虐待も考えるべき状況

身体面
不潔な皮膚、低身長、腹部臓器損傷、DOA*（乳幼児突然死症候群を含む）
乳児：体重増加不良

行動・精神面
年少児：保護者からの隔離に平気、過剰な警戒心
小学生：集団行動からの逸脱、反抗的言動
中学生：怠学、暴力行為、性的逸脱行為

*DOA：dead on arrivalの略。病院に着いたときには、すでに死亡していること。

5 ひきこもり

1 社会的ひきこもりとは

　若者のひきこもりがこの20年近く増えている。ひきこもりはひとつの行動を表す状態であって病名ではない。それは多種多様のものを含んでいて、均一な集団ではなく、ごく普通の人でもなり得る。ここでは、臨床的に問題になる「社会的ひきこもり」に限定して考えよう。たとえば、弟の素戔嗚尊の乱暴狼藉に耐えかねて天の岩屋に閉じこもった天照大神や、性愛的意味をもつ自閉的趣味に没頭する「おたく」とよばれる健康者にまで「ひきこもり」の範囲を広げるつもりはない。次のような一群が治療を要する臨床単位と考えられる。

①成人早期までに始まる、6か月以上にわたる、著しく、持続的な社会的ひきこもり
②社会的、学業的、あるいは職業的な活動に携わりたがらない
③家族以外の親密な友人がまったくかあるいはほとんどいない
④心因反応的、一過性あるいは機会性以外の精神症状はほとんどない
⑤何らかの身体疾患や他の精神障害(たとえば、統合失調症、うつ病、脳器質性精神障害など)によるものではない

　ところで、子どもの不登校やサラリーマンの出社拒否なども本質的には同様にとらえられる。子どもの不登校の場合は、本人の適応能力や登校意志の問題だけでなく、親の養育態度や学校教育の問題とも大いに関連がある。それだけに、子どものペースに合わせた周囲の暖かく粘り強い取り組みが不可欠であり、そうするだけの時間的・経済的なゆとりも残されている。本人のあせり

が周囲のあせりを呼び、それがまた本人のあせりをつのらせるという悪循環に陥ってしまうことが多い。他方、成人の出社拒否の場合は、働かなければ生活の糧を失う危機にさらされるわけで、ある意味では不登校より深刻な事態である。最近のように不況が蔓延化すると、無断欠勤や失踪などを起こす社員は真っ先にリストラ合理化の対象になるし、再就職の機会も容易には得られない。だから、復職の可能性が針の穴ほどでもあるならば、それを徹底的に追求する姿勢が大切である。

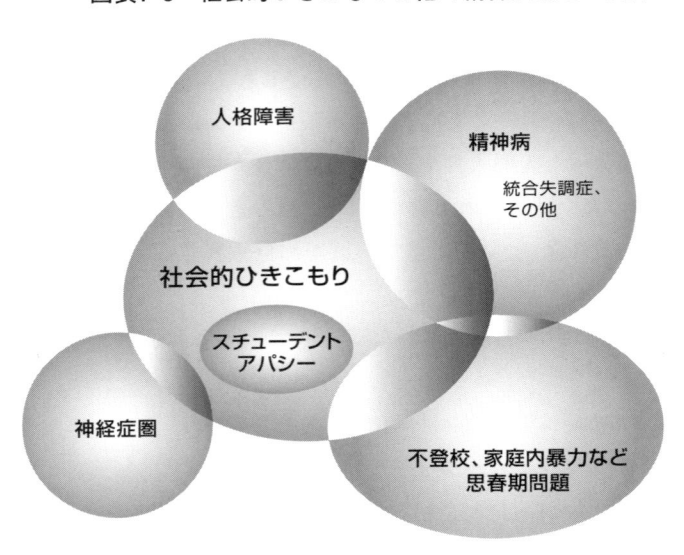

図表7-6　社会的ひきこもりと他の精神疾患との関係

（人格障害／精神病　統合失調症、その他／社会的ひきこもり／スチューデントアパシー／神経症圏／不登校、家庭内暴力など思春期問題）

鑑別が困難な近接領域が存在する。実際はその他の精神疾患同士も近接しており、重なりがみられる。

出典：菊池章「社会的ひきこもりの疾病学的位置づけ」倉本英彦編『社会的ひきこもりへの援助』ほんの森出版、p.26、2002

❷ 社会的ひきこもりへの対応

✐ 家族の対応

最初から本人が治療相談機関に足を運ぶことは少なく、たい

ていは本人への対応に困り果てた家族(おもに親)が相談に来る。その際、以下の点が大切であろう。

① 子どもが家の中で機嫌よく、のびのびとふるまえるようにしてやる。この状態を「家庭内適応」とよぼう。そうするには、親が一番ききたいこと(たとえば、「これからどうするつもりなの」など)を子どもから言い出す前に聞かない。そして、子どもの興味や関心のあるところでの会話やつきあいを心がけて、子どもとの関係を良好に維持するのである。この方法を「雑談療法」とよぼう。

② 子どもとのゆがんだ依存・攻撃関係に陥らずに、適度な自律心をはぐくむために、やってほしいといわれたことだけをやり、それ以外のことは本人任せにする。つまり、「心をつくして、手をつくすな」である。けだし子育ての名言といえる。

③ 家族、特に両親が仲よくする。子どものことで両親が互いに罪をなすりつけ合うのではなく、同志として闘う。原因を探るのではなく、問題をともに解決する。また、子ども(の問題行動)を変えたいと願っていた親が(自分の問題に気づいて)変わると、子どもが見違えるようによくなることがある。「親が変われば子も変わる」というのはどうも臨床的な真実のようである。

こうした対応を家で日常的に行っていると、そのうち本人が本音を漏らすようになる。「このままじゃだめだ」「どうしたらいいんだ」「誰かに相談したい」等々。そうしたときにはじめて、慎重に言葉を選んで、適切な医療相談機関へ行くことをすすめてみる。

治療者の対応

やっとの思いで相談に訪れた本人を前にして、治療者(相談員)は以下の点に配慮するといいだろう。

① 来られたことをよくねぎらう。本人は、初対面の治療者(相談員)が信用できるかどうか、このときは半信半疑である。また、長い間他人と会話していないので思うようにしゃべれないことも多い。

② 根掘り葉掘り尋ねず、時間を十分にとって聞き役に徹する。核

心をついた質問や、よかれと思った忠告、生半可な分析的解釈の押しつけは、脆く傷つきやすい心にはかえって有害である。本人から言い出さないうちは、情報は家族から収集して、あせって本人から聞き出さないようにする。

③ 関係を崩さないことを目標にする。先の「雑談療法」を主体にして、最初から現実原則を強調し過ぎない。治療はたいてい長丁場になるので、治療者(相談員)が無力感にさいなまれずに、本人に対しておだやかな好意と好奇心を抱き続けることができるような工夫をする。

④ 本人のマイナスの要素を指摘することは避け、どんなささいなプラスの要素でも評価し、その場で伝えるようにする。これは本人の自然治癒力を引き出すとともに、治療者(相談員)自身が敗北主義に陥らないための自戒の効果がある。

こうした家族や治療者(相談員)の一貫した粘り強い対応で、本人は徐々に自信と意欲を取り戻していくはずである。

❸ まとめ

本人がずっと世間との交わりを断っていた理由は、いざ社会復帰という段階になってはっきりしてくる。多くの事例では、他者との生身の人間関係や、群れの中での何らかの不適応の問題を抱えている。その点は個人精神(心理)療法や家族療法だけではなかなか改善しないので、集団、特に同年代のグループの中でうまく適応できるように援助することが不可欠である。そうして徐々に社会参加への道が開かれていくのである。

参考文献

1) 田中千穂子『ひきこもり』サイエンス社、1996
2) 黒川昭登『閉じこもりの原因と治療』岩崎学術出版、1996
3) 斉藤環『社会的引きこもり』PHP研究所、1999
4) 狩野力八郎・近藤直司『青年のひきこもり』岩崎学術出版、2000

5）倉本英彦編『社会的ひきこもりへの援助――概念、実態、対応についての実証的研究』ほんの森出版、2002

column 7　学校に行きたくない

「学校に行きたくない。何だか勉強する気にならない」と思ったことはないだろうか。それは、もしかしたらスチューデント・アパシー（student apathy）かもしれない。

そもそもアパシー（apathy）は、ギリシャ語のpathos（passion）の欠如という意味であり、精神医学用語では、無感情や感情鈍麻を意味し、本来重症のうつ病、統合失調症、脳器質疾患の症状とされている。ウォルターズ（1961）は、ある学生が「学業」に対してはほとんど無気力、無関心なのに対して、「その他の領域（アルバイト、趣味活動など）」では意欲的であり、ときには優れた業績をあげている、というような大学生に独特の症候群のあることを指摘し、それを「スチューデント・アパシー」と名づけた。

笠原（1976）は、これらの大学生の特徴として、一見ぐうたらにみえる生活態度とは逆に、その性格は極めて真面目で、しかも完全主義者であるが、同時に卓越した能力の両親や同胞との葛藤を経験しており、優勝劣敗に敏感すぎる傾向があると述べている。また、その背景として、わが国における高学歴社会の到来、青年期の延長、一人前という自覚のもちにくさなど、現代社会特有の心的環境があると考えられている。

6　摂食障害

1　摂食障害

摂食障害とは食行動の異常をいうが、おもに神経性無食欲症（anorexia nervosa、いわゆる拒食症）と神経性大食症（bulimia nervosa、い

わゆる過食症)に分けられる。圧倒的に思春期の女性によくみられる。食糧に困らず、ファッションモデルのようなやせた体つきを理想とする社会である欧米や日本などの先進国に多発している。とくに若い女性における過食症の増加は現代の社会病理といっても過言ではないだろう。他の摂食障害としては、異食症(pica)、つまりふだんは口にしない非栄養物質である土、チョーク、釘、ごみ、大便などを食べるものや、反芻(rumination)といって食物の吐き戻しや噛み直しを繰り返すものがある。

2 摂食障害の定義

次に、アメリカ精神医学会の「精神疾患の分類と診断の手引き」であるDSM-Ⅳ-TR (2000)による摂食障害の定義の要点をあげよう。

神経性無食欲症

神経性無食欲症は、①正常体重の最低限またはそれ以上を維持することの拒否、②体重の増加や肥満への強い恐怖、③自己の体重や体形の感じ方の障害、自己評価に対するそれらの過剰な影響、または現在の低体重の深刻さの否認、④無月経、と定義され、規則的なむちゃ食いや排出行動の有無によって制限型とむちゃ食い・排出型に分けられる。制限型(restricting type)とは、神経性無食欲症のエピソード中に規則的なむちゃ食いや排出行動を行ったことがないことを意味する。ここで、むちゃ食い(binge-eating)とは、①はっきり区別される時間帯に、ほとんどの人が同じような時間や環境で食べるよりも明らかに多く食べる、②そのエピソード中は、食べることを制御できないと感じる、という2つで特徴づけられる。また、排出行動(purging)とは、自己誘発性嘔吐、あるいは下剤、利尿剤や浣腸の誤った使用をいう。

神経性大食症

神経性大食症は、①むちゃ食いの繰り返し、②体重増加を防ぐための不適切な代償行動の繰り返し(排出行動、絶食、過剰な運動)、③それらが3か月間に少なくとも週2回起こる、④自己評価が体形と体重に過剰に影響される、⑤神経性無食欲症のエピソード中にだけ起こるものではない、と定義され、排出型と非排出型に分けられる。

特定不能の摂食障害

しかし、実際には、上記の定義を完全には満たさない特定不能の摂食障害(eating disorder not other specified)が多い。また、摂食障害のみの純型よりも、抑うつ気分、社会恐怖、強迫性障害、身体醜形障害、社会的ひきこもり、境界性人格障害、薬物・アルコール乱用、自殺企図(リストカットが多い)などの精神障害を併存した例がよくみられる。

とくに神経性無食欲症では、極端な栄養不良による飢餓と、排出行動による体液の喪失や電解質バランスの乱れにより、2次的な身体症状が出やすい。無月経、便秘、腹痛、耐寒性低下、傾眠、るいそう、低血圧、不整脈、低体温、皮膚の乾燥、うぶ毛、徐脈、末梢の浮腫、点状出血、耳下腺の肥大、歯のエナメル質のびらん、貧血、腎機能障害(脱水と低カリウム血症による)、骨粗鬆症などが特徴的である。神経性無食欲症が悪化した場合、行動を制限するとともに、体重を回復させ体液や電解質の異常を補正するために入院治療が必要になる。飢餓、自殺、電解質異常などで死亡する患者も少なくない。

事例

つづいて、事例を簡単に紹介しよう。

初診時23歳の女性。細身だが体重は正常範囲。日本人の父親とユダヤ系フランス人の母親の一人娘。父母の仲が悪くなり中1時に母親が帰国してしまったことをきっかけにしてダイエットから拒食が始まった。どんどん体重を減らしているうちに月経が停止したが、気力は昂揚し行動はますます活発になった。学校や家でいやなことがあった時にムシャクシャして、冷蔵庫の中の食物を平らげることがあった（むちゃ食い）。食べた後には太りたくない一心で指をのどに突っ込んで胃の中のものを全部吐き出した（肥満恐怖と自己誘発性嘔吐）。その代わり、心の中はいいようのない自己嫌悪感と罪悪感でいっぱいになった（抑うつ気分）。それから10年くらい経っても食べ吐きの習慣は断ち切れない（嗜癖化）。だれにも相談できずに何度も死のうと思い、リストカットや大量服薬を繰り返した（自殺企図）。衝動や怒りの制御ができず、絶えず空虚感に支配されていた（境界性人格障害の併存）。休むことができず、いつも食にこだわっていて、たとえばある特定のパン製造会社のパンしか食べなかった（強迫性というよりむしろ固執性）。フィアンセが急いだため結婚はしたものの、あくまでセックスは拒否した（女性性の忌避、成熟拒否、むしろ性熟拒否）。結婚して1年も経たないうちに離婚した（摂食障害というより"接触"障害か）。ある日、突然の啓示を受けたように、ニューヨークでデザインの勉強をすると出国し、かの地でやっと自分らしさを見出した（同一性障害の併存）。

　なお、この事例は純粋な摂食障害とはいえないかもしれない。なぜなら、食に対するこだわりは強かったが、肥満恐怖、やせ願望や身体像の歪みはそれほど目立たなかったからである。

　摂食障害の治療はそれほど簡単ではない。神経性無食欲症にはまず栄養状態を改善させ体重増加をめざす身体的治療とともに、身体像の歪みを修正して食行動を是正する認知行動療法的アプローチが必要である。神経性大食症にはそれらに加えて、むちゃ食い・食べ吐きの減少と抑うつ気分の改善のためにセロトニン再取り込み阻害作用をもつ抗うつ薬が有効なことがあり、摂食障害の神経化学的要因が想定されている。が、それらの治療

は治療者と患者の粘り強い共同作業であり、即効性を過剰に期待する患者の治療脱落にあうこともしばしばである。

参考文献
1) 高橋三郎ほか訳『DSM-Ⅳ-TR 精神疾患の分類と診断の手引き』医学書院、2002
2) 倉本英彦「自分らしく生きたい」藤縄昭編『こころのソムリエ——精神科医28人の見立てと助言』弘文堂、1998

7 PTSD

　心的外傷後ストレス障害(posttraumatic stress disorder：PTSD)は、ストレス関連障害の1つである(図表7-7)。ストレス関連障害とは、かつて心因反応ともいわれたもので、心因(ストレス)があり、それに反応してさまざまな精神症状を示すものである。

1 急性ストレス反応

　急性ストレス反応は、突然の一時的なストレスを原因として起こるものである。症状としては、不安、イライラした感じ(焦燥感)、気分の落ち込み(抑うつ)、無気力、睡眠障害、だるさ・気分不快・食欲低下などの漠然とした身体的不調(不定愁訴)などがみられる。もともと心が健康な人が大きなストレスに遭ったときに生じるのが普通である。短期間で落ち着いてしまうのが一般的である。
　急性ストレス反応であると判断する上で重要な3つの条件がある。それは、①了解可能性、②時間的な矛盾がない、③ストレス

図表7-7　ストレス関連障害の分類

- 急性ストレス反応：ストレスから数日以内に出現。多くは短時間で軽快
- 適応障害：ストレスから3か月以内に出現。ときに長期化
- 心的外傷後ストレス障害：心身の安全性がおびやかされるできごとを経験したあとに出現。通常、長期間持続

消失後の症状改善、の3つである。「了解可能性」とは、あのようなできごとがあったのならば、そうした症状が出てもおかしくない、と周囲の人が納得できる状況があるということである。「時間的な矛盾がない」とは、ストレスとなるできごとが症状よりも時間的に先に起こっている、ということである。「ストレス消失後の症状改善」とは、ストレスとなっているできごとが解決しなくなってしまえば症状も自然によくなる、ということである。

② 適応障害

適応障害は、長く続くストレスや生活の変化、あるいはさまざまなストレスが次々と起こるような状況で、そうしたストレスや変化に適応できなくなり生じるものである。ストレスの具体例としては、重い身体の病気であったり、転居・転校であったり、親しい人との離別・死別などがあげられる。ストレスの度合いが強い場合にはどのような人にも起こり得るが、通常は、新しい環境になじみにくい性質など、本人の側にも症状の起こりやすさがみられることが多い。

症状は、急性ストレス反応と同様である。子どもでは、幼児語やおねしょなど、いわゆる赤ちゃんがえり(精神的退行現象)がみら

れることもある。

③ PTSD（心的外傷後ストレス障害）

　心的外傷(トラウマ：trauma)とは、死や重大な外傷、災害、暴力状況(犯罪、戦争など)など、身体や心の安全が強くおびやかされる出来事をいう。そうした心的外傷体験のあと、不安と抑うつを中心とする特有の精神の不安定状態が持続するものをPTSDという。1995年1月の阪神・淡路大震災のとき、被災者の心のケアに関して注目されてから、日本でも一般的に知られるようになった。

　もともとは、ベトナム戦争帰還兵や難民の中に、心が不安定で社会に復帰できない人たちが少なくないことから関心が高まったものである。現在、PTSDを起こすおもなできごと・体験としては、外国では戦争体験・難民生活・拷問・殺人目撃・子ども虐待・性的虐待(強姦体験を含む)などが多く、日本ではいじめ・子ども虐待・性的虐待(強姦・痴漢体験を含む)・死亡者が出た交通事故で生き残った体験などが多いといわれている。

　症状は、不安と抑うつ症状に加え、PTSDとしての特徴的な症状が認められる。それらは、心的外傷を受けたときと同じ行動や不安などの感情が何度も繰り返される(再体験)、心的外傷と関連するような事柄を無意識的に避ける(回避)、常にオドオドし周囲のことすべてに警戒心をもち、ちょっとした刺激(物音など)にビクビクしてしまう(覚醒レベルの亢進)、の3つがおもなものである。

　なお、PTSDは、もともと何らかの悩みや心の問題を抱えている人に現れやすいことが知られている。

事例

　38歳、女性。夜眠れない、落ち着かない、すぐに泣いてしまう、という訴えで病院を受診。大地震の被災者で、潰れた家の中か

ら15時間後に助け出された。仮設住宅に移り住んでから、テレビのドラマで救急車が走る場面を観ていて、突然、言いようもない不安感におそわれ、いてもたってもいられず、「こわい、こわい」と興奮することがあった。その日から、救急車やパトカーの音を聞くと不安発作が起こるようになった。ボーッとしていることが多くなり、家族がちょっと話しかけると、ビクッとしてしまい、家事もできなくなってしまった。薬物療法と精神(心理)療法が開始された。自分が感じた不安や恐怖感を話していく中で、夫婦仲がうまくなく、離婚の話が出ていることも語られるようになった。面接では、地震の恐怖体験の話から夫婦や自分の家族の問題の話が中心になり、長く悩んでいたことが話されるようになってから、症状は少しずつ落ち着いていった。

④ ストレス関連障害の治療と経過

治療では、症状に応じた向精神薬と精神(心理)療法や環境調整を行う。急性ストレス反応では、短期間に改善してしまうものがほとんどであり、安心させるだけで十分なことも少なくない。適応障害では、ストレス状況の調整がうまくいけば比較的短期間で改善するが、調整ができない場合、症状が長期間続くことがときにある。心的外傷後ストレス障害は、長期間の精神(心理)療法を必要とする場合がほとんどである。

向精神薬
抗不安剤、抗うつ剤など、精神状態の改善を目的とした薬物の総称。

8 依存症

1 依存症とは

　依存症とは、アルコールや薬物など精神作用物質で起こる病気である。それらの物質がないとどうしようもなくなった状態をアルコール依存あるいは薬物依存という。依存には精神依存と身体依存の2種類がある。精神依存とは精神作用物質を使用することで得られる快感や、使用しないことで出てくる不快感のために使わずにはいられない状態である。一方、身体依存とはその物質を使用することで身体のバランスが保たれており、中止すると身体症状、つまり禁断症状が出現するものである。

　およそ依存症といわれるものはすべて精神依存をもち、精神依存だけのものと精神依存＋身体依存のものの2種類がある。前者はニコチン、大麻、LSD、覚醒剤などで、後者はアルコール、アヘンなどである。

禁断症状
幻覚、錯覚、失見当識、不眠、精神運動興奮などを伴う意識混濁状態。振戦や発汗、頻脈などの自律神経症状もみられる。数日で出現し、1週間程度持続する。

2 アルコール依存症

　アルコールは古くからある合法的な嗜好品である。多くの人が酒をたしなむが、度が過ぎると依存症になる。個人差はあるが、日本酒換算で毎日3合以上、10年以上飲んでいると依存症に陥るといわれている。アルコール依存 (alcohol dependence) が形成される要因としては、不安や焦燥感をなくすためであったり、飲酒によって精神的な抑制を除き社会性を増大するためであったりする。

　初期には、毎日酒を飲まないと過ごせないようになり、人前に

出たり、会議に出席する前に酒が必要となる。早朝から酒を飲み、作業能力も著しく低下する。それが高じると酒量はもっと増え、日常の活動のために酒が欠かせなくなり、何日も飲み続ける(連続飲酒)。暴力や無断欠勤など酒によるトラブルも多く、しばしば失職して経済的にも行き詰まってくる。身体的にも肝障害などがみられるようになる。最終的には痴呆や痙攣発作、アルコール性嫉妬妄想などアルコール精神病といわれる状態となり、身体的にも肝硬変や末梢神経障害などがみられる。

また、アルコールは身体依存も伴うため、飲酒を中断した後2日〜数日で急にせん妄(状態)が現れる。幻覚(特に小動物幻視)や被害的な妄想が激しく、精神運動興奮(状態)となる。手の震え(手指振戦)もみられ、特に夜間に多い。また作業せん妄といって日常行っている作業と同じ動作を続けることもある。

> **せん妄(状態)**
> (delirium)
> 意識の異常のひとつで、意識混濁のもとで活発な錯覚・幻覚に精神運動興奮や不安が加わって、急性に経過する状態。
>
> **精神運動興奮(状態)**
> (psychomotor excitement)
> 意志・欲動の発動が著しく亢進した状態。多弁・多動で、行為にまとまりがない。躁病や統合失調症でしばしばみられる。

❸ 薬物依存症

◆ 覚醒剤依存

　覚醒剤依存は今日、わが国において重大な社会問題となっているものの1つである。強い中枢神経刺激作用があり、服用すると高揚感が得られ、疲労感が消失する。薬効が切れると不快感が強くなるために依存を引き起こすが、身体依存は生じない。

　依存から覚醒剤精神病になると、その精神症状は統合失調症のそれによく似ている。「自分の噂をしている」などの幻聴や、「誰かに狙われている、殺される」といった被害的な妄想が著しく、そのために反応的に他人に対して攻撃的な行動に走るようになる。抗精神病薬で治療することはできるが、いったん治った幻覚症状が覚醒剤を使用していないにもかかわらず、数か月か数年後に何らかのきっかけ(飲酒、少量の覚醒剤の使用など)で再発することがある。これをフラッシュバック現象という。

有機溶剤依存

シンナー、ボンドなど有機溶剤を吸って精神的な高揚感、恍惚感を得ようとすることが青少年の間で広まっている。精神症状は酩酊に近く、錯乱や失見当識、幻覚もみられる。吸引しないとイライラする、気力がなくなるなどから精神依存が形成される。

> **失見当識**
> (disorientation)
> 現在の状況の中で自分を正しく位置づけ、自分を取り巻く環境を正しく把握する能力を見当識という。その不足ないし欠如した状態。

睡眠薬・鎮痛薬・抗不安薬の濫用

医薬品として用いられる睡眠薬・鎮痛薬・抗不安薬のなかには、気分高揚・酩酊感・爽快感などを引き起こすものが多い。耐性形成が強く、使用量が急速に増大する。アルコールとの併用や多剤依存がしばしばみられる。

4 依存症の治療

アルコール依存症に対する治療は、せん妄状態にはマイナートランキライザーなどの薬物療法が主体となる。依存に対する治療としては抗酒剤を用いることもあるが、結局は患者の断酒への強い意志がないとうまくいかないことが多い。精神(心理)療法的かかわりや自助グループである断酒会、AA(Alcoholics Anonymous)への参加も断酒の手助けとなる。

薬物依存症に対する治療も同様で、離脱期には薬物療法主体となるが、DARCなど自助グループへの参加も有効である。

> **DARC**
> (Drug Addiction Rehabilitation Center)
> グループセラピーを行う薬物依存の回復のための自助グループ。そこで共同生活を送ることもできる。ダルクとよばれる。

5 症例

覚醒剤精神病・37歳・男性

16歳で覚醒剤濫用となり、17歳時に幻覚妄想状態で入院歴が

ある。20歳以降断薬していたが、ペンキ職人をしていた35歳時に再び覚醒剤を使用し、「周囲の家からレントゲンをあてられる」など意味不明の言動がみられ、焦燥感激しく興奮状態となったために入院となった。抗精神病薬治療により症状は数日で消失。以降、不眠不安感などを訴えて外来通院しているが、仕事はきちんとしている。

9 統合失調症

1 統合失調症とは

統合失調症は内因性（脳に明らかな病変が認められないもの）の人格全体の病いである。

1896年、クレペリンにより、それ以前からすでに議論された破瓜病や緊張病などをまとめ、1つの疾患単位として「早発性痴呆」と名付けられた。その後ブロイラーは、「精神分裂病（schizophrenie）」という表現を提唱した。わが国でも長くその名称を用いてきたが、誤解や偏見が強いために原語を翻訳し直し、2002年より「統合失調症」に呼称変更された。

ブロイラー
(Bleuler, E. 1857-1939)

2 好発年齢と頻度

後述する病型によって好発年齢も違ってくる。破瓜型はいわゆる思春期、10歳代後半に好発し、緊張型は10歳代後半から20

歳代前半、妄想型は20歳代後半ないし30歳代が多い。出現頻度は約1％であり、老年期精神病を除くと、もっとも頻繁に現れる精神病である。

③ 症状

　統合失調症では、さまざまな面にわたって障害がみられる。
　思考では内容、過程ともに障害される。内容の異常としては妄想があげられる。妄想（delusion）とは、その内容が実際にはあり得ないことにもかかわらず、確信をもって信じられており、訂正不可能な内容のものをいう。周囲に何か不気味な恐ろしいことが起こる予感がしたり（妄想気分）、外界のことがらに特別の意味をつけて知覚したり（妄想知覚）、突然に閃いたことを確信したり（妄想着想）するものや、周囲の人やできごとが自分にすべて関係していると確信する関係妄想など被害的な内容であることが多い。また、過程の障害としては、考えが1つの主題から他の主題へと飛躍する連合弛緩がみられ、ひどくなると支離滅裂となる。極端になると患者の話すことはまったく理解できなくなり、ただ言葉を羅列しているだけとなる（言葉のサラダ）。ほかに、会話していても急にプッツリと言葉が途切れ、その後また続きを話し始めるという状態も観察される。これは自然に流れている思考が突然止まってしまう思考途絶といわれるものからくる。
　幻覚（hallucination）もよくみられる症状であり、その中でも幻聴が多い。命令されたり、呼びかけられたり、自分のことを複数でうわさをしていたりなど、さまざまなタイプの幻聴がある。概して幻聴は患者を迫害する内容が多い。
　自分と外界の境目が曖昧になるために自我意識障害もみられる。これは、思考が他人に抜き取られる（思考奪取）、または吹き込まれる（思考吹入）と感じたり、自分が誰かに操られている（作為体験）と確信したりする状態である。

意欲の低下や感情の平板化、また相反する感情を同時にもつ両価性といわれる状態もみられる。その他、統合失調症には自分が病気であると認めない(病識欠如)という特徴がある。

④ 病型

破瓜型

不登校や成績の急激な低下、欠勤で気づかれることが多く、そのうちに空笑や独語が始まる。連合弛緩が著明で思考にまとまりがない。感情も平板化し、意欲が低下する。次第に自閉的で無為な生活になっていき、一般に予後は悪い。

緊張型

緊張病性興奮または緊張病性昏迷で急激に発症する。強い不安や緊張感に支配され、表情は硬く、対人接触もかたくなになる。唐突で突飛な行動をとることも多く、しばしば思考も滅裂になり幻覚妄想状態となる。一般に短期間でよくなることが多いが、再発はまれでない。

妄想型

内容豊富で明瞭な確信度の強い妄想をがんこにもち、妄想はしばしば体系化する(妄想体系)。意欲や感情面には障害が少なく、生活は活動的で他人との交流も支障なくできる。しかし、妄想と関連して生活するため、次第に社会生活が円滑にいかず、孤立した生活になりがちである。

5 治療

1952年にクロルプロマジンが導入され、それ以降フェノチアジン系、ブチロフェノン系の薬物が使用されてきた。これらの薬物にはほとんどに錐体外路系の副作用がみられ、パーキンソン症状、静座不能などの症状がある。近年はそれらの副作用が比較的少ない非定型抗精神病薬が開発され、症状に応じて使い分けられている。統合失調症の服薬は継続することが必要で、急に服薬を中止すると再発することが多い。

他に病気への理解や不得意な対人関係への助言などというかたちで精神(心理)療法を行い、緊張緩和や再発予防に努める必要がある。また、リハビリテーションとして生活療法やSSTなどへの参加も有効である。近年、グループホームや援護寮などの中間施設も整備されつつある。

> **SST**
> (social skills training)
> 社会生活技能訓練のこと。生活技能を高めることを通じて生活の質を高め、再発を防止することを目的とする(p.238参照)。

図表7-8 統合失調症の分類

病型	好発年齢	発病形式	人格予後	前景症状
破瓜型	10歳代後半	緩徐	悪	意欲低下 感情平板化
緊張型	20歳前後	急激		緊張病性興奮 緊張病性昏迷
妄想型	30歳代	緩徐	良	妄想体系 幻覚

6 症例

緊張型統合失調症・24歳・男性

23歳時、突然風呂の湯を出しっぱなしにしたり、車を無意味に前後させたりと奇異な行動がみられた。その1週間後、固まって

動けない状態となり入院となった。入院後2週間くらい緊張病性昏迷状態が続いたが、非定型抗精神病薬を中心に治療し、徐々に疎通もとれるようになり、幻覚妄想も少なくなってきた。3か月ほどで退院し、現在外来通院しながら仕事をしている。

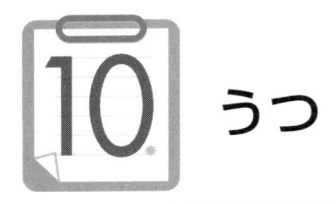

10 うつ

1 うつとは

うつ病 (depression) を含む躁うつ病は感情の病いであり、感情と意欲の障害を周期的に繰り返す内因性(脳に明らかな病変が認められないもの)の精神病である。単極性に躁病相のみのものを躁病、うつ病相のみのものをうつ病、双極性に障害がみられるものを躁うつ病という。ここでは、おもに単極性のうつ病について古典的概念に従って述べることとする。

単極性・双極性
躁うつ病のうち躁うつ両病相をもつものを双極性というのに対して、うつ病相だけあるいは躁病相だけをもつものを単極性という。

2 好発年齢と頻度

うつ病の初発年齢は20歳代後半がもっとも多く、もう1つのピークが40歳代後半から50歳代前半のいわゆる初老期にみられる。一般人口における生涯有病率は6％前後といわれる。男女比では男性より女性の比率のほうが高い。

③ 病前性格

躁うつ病の疾患概念を確立したクレッチマーの分類によれば、躁うつ病者の体型には肥満体型が多く、性格は循環気質である。循環気質とは陽気で社交的な性格である。他に下田光造が指摘した執着性格、テレンバッハ(Tellenbach,H.)が唱えたメランコリー親和性(melancholic type)がある。執着性格とは几帳面で熱中しやすい性格であり、メランコリー親和性とは他人の評価を気にして自分の意見より他人を尊重する性格である。

④ 症状

うつ病の主症状(図表7-9)は、言葉どおり抑うつ性感情障害である。悲哀感、絶望感が強く、何でも悲観的にとらえる特徴がある。不安感も強く、激越性うつ病とよばれる状態になると、焦燥感、苦悶感も強くなり、いわゆる内的不穏といわれる状態となる。それらは何らかのきっかけから始まることもあるが、環境や心理的状況に影響されにくく、その場を離れても抑うつ気分は変わらず継続する。もっとも、うつ病では日内変動という現象がよくみられ、朝起床時にはもっとも気分が悪く、夕方から夜にかけていくらかよくなるという気分の変動がある。

意欲の障害もみられ、なにもやる気がおきない、何をするのも億劫だという状態となることが多い。行動の面でそれらが起きれば運動抑制、思考の面で起きれば思考抑制といわれる。ひどくなるとうつ病性昏迷となり、会話もできず、脱力してほとんど動かなくなる。これは行動や思考が徐々にゆっくりとなり、ついには動けなくなった状態である。また、うつ病患者の自殺は病相回復期に多い。これは極期には抑制が強く、自殺するのも「めんどう」だからである。自殺防止の観点からも回復期には十分な観察が必要である。

統合失調症ばかりでなく、うつ病でも妄想がみられる。しかし、前者とは違ってうつ病性の妄想は、妄想であるから訂正はできないが、患者がそのような妄想を抱くに至った経緯が第三者にも十分に了解できる範囲の妄想である。おもな妄想は、自分は罪な人間であるから生きているとみんなの迷惑になるなどと考える罪業妄想、自分はお金がないので将来路頭で餓死してしまうなどと考える貧困妄想、自分は不治の病いに侵されており死ぬべき運命であるなどと考える心気妄想である。

　うつ病では、自律神経症状を含む身体症状も示すことが多い。もっともしばしばみられるのが睡眠障害、特に朝早くに目が覚めてしまう早朝覚醒である。食欲低下やその結果としての体重減少もよくみられ、便秘、口の渇き、頭重感などの訴えもよくきかれる。

図表7-9　うつ病の症状

意識の異常	なし
意欲の異常	抑制〜うつ病性昏迷
記憶の異常	なし
知能の異常	なし
自我意識の異常	なし
思考の異常	思考抑制 妄想（罪業・貧困・心気）
感情の異常	抗うつ気分 不安〜内的不穏
その他の異常	病識欠如 睡眠障害（早朝覚醒） 日内変動

⑤ 治療

　今日、うつ病治療の主役は薬物療法である。軽症ないし中等度のうつ病は外来治療が可能となっている。しかし重症例、難治性のうつ病は入院治療が必要となる。

薬物療法では抗うつ薬が主体となってくる。従来からある三環系、四環系抗うつ薬に加え、近年ではいわゆる非定型といわれる抗うつ薬も多く使われるようになってきている。また不安などが強い場合には抗不安薬を併用することもある。いずれの薬物も副作用に十分注意しながら適量で治療することが望ましい。

薬物療法に抵抗する遷延性、難治性のうつ病の場合には電気ショック療法も試みられる。現在は麻酔科とも連携して無痙攣で患者に苦痛を与えない工夫がされてきている。

精神(心理)療法的な接近も必要であるが、気をつけるべきことは患者を叱咤激励しないということである。むしろ患者には病気であることを自覚させて十分に休息をとることを勧め、支持的に接することである。回復期には家族や職場の上司らとも連携して環境調整を行い、患者とは今後の心のもち方や生活の過ごし方について話し合っていく。

電気ショック療法
通常、50～60C/S、80～110Vの電流を両側前額部に2～3秒通電する。通電と同時に患者は意識を失い、強直間代けいれんを起こし、次いで睡眠に移行し、20～30分で意識を回復する。

6 症例

うつ病・65歳・女性

初発年齢は50歳。職場の健康診断があり高血圧を指摘されたことで、心臓病で死亡した親に関連づけた心気妄想をもつようになり、精神科を受診してうつ病と診断された。その後も家庭内の冠婚葬祭などがあるとその心配から抑うつ状態となることがあったが、通院しながらも60歳までゴルフ場のキャディーとして働いた。65歳時、主治医の交代もあり、抑うつ状態が遷延したのを悲観し、「私は生きていても意味がない」と自殺を図り入院となった。入院時には、希死念慮、抑うつ気分、思考・行動抑制、食欲低下、体重減少、睡眠障害などがみられた。うつ病性の昏迷状態も一部みられ、入院当初は話しかけにも応答のないこともあった。入院後は三環系抗うつ剤を中心に非定型抗うつ剤も使用し、3か月程度で症状軽快し退院。現在、外来にて投薬治療中である。

column 8　広がる心理教育

　心理教育（psychoeducation）とは、予防・治療・教育・発達・開発を志向する新しい心理療法の形態の1つである。そしてこれは、多くの場合、グループで行われる。
　心理教育の目的は、日常生活の中で起こりうるさまざまな問題を治療的に教育し、問題が起こることを予防し、個人の成長を促進することにある。
　具体的には、グループで心理教育のアプローチをする場合には、①情報を提供すること、②対処技法について話し合うこと、③話し合った対処技法を工夫すること、などが行われる。また、グループをより有意義で効果的なものとするためには、参加している者同士が支えあい、気持ちが楽になるようにグループを運営することが重要となる。
　心理教育が欧米で開発されたのは1970年代で、日本に導入されたのはおおむね80年代の後半であった。
　心理教育の適応対象については、精神保健の分野において、精神障害者、特に統合失調症、うつ病、摂食障害、パニック障害、物質関連障害の患者やその家族などに対して幅広く用いられている。また、近年、学生相談などの教育関係の分野においても注目されつつある。

Chap. 8

現場で生きる
臨床心理学

1 学校

1 「学校臨床心理学」の構築

　昨今、「臨床心理学」という言葉と並んで、「スクールカウンセリング」という言葉が、よく聞かれるようになった。臨床心理学の新たな実践領域・現場として、現在もっとも注目され、飛躍的にその需要が高まっているのが、学校である。

　従来の心理臨床の実践場面は、治療機関や相談機関といった、「治療」を目的とした場における、非日常的かつ閉鎖的・密室的な場面であった。しかし、学校における心理臨床場面は、「治療」を主たる目的としない（子どもたちの発達・成長の促進・援助を目的とする）場における、より日常的かつ開放的な場面である。また、援助実践の対象も、病院や相談室の臨床では目の前の患者さんやクライエントであるが、学校の臨床ではその学校にかかわるすべての子どもたち、さらに大人たち（教師、親）までに広がる。こうした違いの中で、心理臨床の枠組みや援助方略も新たに改変・発展される必要が出てきており、「学校臨床心理学」という独自の分野が構築され始めてきている。

2 学校領域における問題と学校臨床心理学の役割

　近年、さまざまな学校領域における問題が取り上げられてきている。たとえば、不登校、いじめ、暴力行為、学級崩壊、中途退学といった学校場面における諸問題から、最近注目されている学習障害（LD）、アスペルガー障害（高機能自閉症）、注意欠陥・多動

不登校
何らかの心理的、情緒的、身体的、あるいは社会的要因・背景により、児童生徒が登校しない、あるいはしたくともできない状況にあり（ただし、病気や経済的理由によるものを除く）、年間30日以上学校を欠席したもの。

性障害（ADHD）といった発達障害関連の問題、さらに摂食障害やうつ、薬物依存、自殺企図など、生命にかかわる問題まで多岐にわたっている。2001年度における「不登校」児童生徒数は約13万8千人を超え、1991年度の調査開始以来最多を更新、「いじめ」は報告される件数こそ減少傾向にあるものの、依然として日常的な問題として継続している。「暴力行為」の発生件数はここ数年また増加傾向を示しており、それは「学級崩壊」に象徴されるように小学校にまで広がっている。学校領域における問題は年々深刻化している。また、子どもたちの犯した社会的事件が大きく取り上げられる一方、大人たちが犯した事件によって大きく子どもたちが傷ついている状況も生じている。子どもたちへの虐待の問題は年々増加し、健全な成長を脅かす状況が散見される。

また、日々子どもたちにかかわる大人たち（主に保護者と教職員）の側にも、さまざまな困難や問題が存在する。子どもたちに何らかの問題が発生した際の、保護者や教職員の疲労は夥しい。たとえば、教職員におけるうつ病の発生率は、他職種に比べてもかなり高い割合となっている。スクールカウンセラーは児童生徒だけでなく、日々彼らにかかわっている大人たちをもサポートしていく必要がある。

これらの問題や援助は、従来の臨床心理学が扱ってきた領域よりもはるかに広範囲に及んでおり、学校臨床心理学に期待されているものは大きい。学校臨床心理学は、学校コミュニティ全体への援助を目指して展開されるものである。

学習障害
(learning disorder : LD)
全般的な知的発達に遅れはないが、「聞く」「話す」「読む」「書く」「計算する」または「推論する」能力のうち、特定のものの習得と使用に著しい困難を示すさまざまな状態を指す。原因として、中枢神経系に何らかの機能障害があると推定される。

いじめ
①自分より弱いものに対して一方的に、②身体的・心理的な攻撃を継続的に加え、③相手が深刻な苦痛を感じているものと定義され、起こった場所は学校の内外を問わない。

暴力行為
「対教師暴力」（自校の児童生徒が起こした暴力行為を指し）、「生徒間暴力」（何らかの人間関係がある児童生徒同士の暴力行為に限る）、「対人暴力」（対教師暴力、生徒間暴力を除く）、学校の施設・設備などの「器物破損」の四形態に分類される。

3 スクールカウンセラーの派遣

文部省（現・文部科学省）は、教育現場での諸問題に対処すべく、1995年度から「スクールカウンセラー（以下SCと略）活用調査研究委託」事業を実施してきた。本事業は、臨床心理士など心の問題に関する専門家を公立小・中・高等学校に派遣し、その活用調査

を行うものであり、学校に学校外部の専門家を配置するというわが国初めての試みであった。当初は2年間の限度つきの試金石的な事業であったが、関係者の関心や評価も高く、その後6年間継続され、初年度全国で154校だった派遣校数も2250校にまで拡大された。そして、2001年度から、活用「調査」から正式の「事業」へと移行され、臨床心理士資格を基本とする非常勤SCを全国の公立中学校に全校配置する5か年計画が推進されている。

こうした国の事業と並行して、地方自治体も、都道府県・市区町村といったさまざまなレベルで、独自の相談員派遣事業を展開するようになった。また、私立学校においてもSC導入は積極的に行われている。

❹ 学校臨床心理学の特徴―包括的スクールカウンセリング活動

学校臨床心理学は、臨床心理学において独自の実践的枠組みをもって構築される新たな領域である。学校心理臨床活動は、一対一の個別的で直接的な面接(カウンセリング)にとどまるものではない。

✎ 援助対象者は、「個」から「集団」まで

援助対象者は、児童生徒に限らず、保護者、教職員までが含まれ、また、個から小集団、大集団、あるいはコミュニティに至るまで、さまざまなレベルがある。学校臨床心理学において特徴的なことは、援助対象である「学校」を1つの有機的な単位と見なし、「学校」を1人のクライエントになぞらえて見立てる「学校アセスメント」という発想をもつことである。

✎ 援助者は、「学内」から「学外」資源連携まで

援助対象者に対して、SCが1人で援助するという発想は基本

的にもたない。SCは、教職員との学内チームや保護者を交えたチーム、あるいは学校外部の社会資源(教育相談所、児童相談所、医療機関、福祉事務所、警察少年課、少年鑑別所など)との連携・協働によって成り立つ学内外の援助チームを形成し、その中で役割を分担しつつ動く。守秘義務の原則は、「チーム内守秘」の形で重要視される。

✏ 援助方略は、事例への「直接的」援助から「間接的」援助まで

事例に対して、面接や訪問等の直接的援助を行う場合もあれば、学校関係者(教職員や保護者)へのコンサルテーションを通じて、当該事例を間接的に援助する場合もある。児童生徒に日々向き合い、また教育の責任をもっているのは教師や保護者である。それぞれが立場の違う「専門家」である。SCが多くの児童生徒を援助する際には、しばしば、コンサルテーション(「専門家」同士の作戦会議)を通じて行われる間接的援助がより効果的である。

コンサルテーション (consultation)
コンサルティ(相談をする側)が受け持っているケースへの対応方策に関して、専門性の異なるコンサルタント(相談を受ける側)が、その専門性に沿った情報提供と示唆を与える(作戦会議をもつ)ことであり、カウンセリングとは異なる援助関係である。

✏ 活動は、「事後」だけでなく、「事前」にも

SCは、不登校・いじめ・心身の症状・暴力行為・薬物乱用など、それらの解決に向けて、問題が生じてから事後対応するばかりではない。それらの問題の発生予防を目指し、問題への対応スキルを向上させるために、事前に心理教育的プログラム(たとえば、コミュニケーション・スキルを高めるねらいで、学級での体験的エクササイズを取り入れたり、薬物や摂食障害の知識について講義したり、ストレスマネジメントやアサーション、あるいはピアサポートのプログラムを導入するなど)を計画実施することも求められる。また、学内通信(お便り)を定期的に出したり、学校内外のサポートネットワークを作ったり、緊急事態が起こったときの対応システムを校内に整備しておくなどの、事前の活動が重要である。

アサーション (assertion)
自己主張行動は、受身でも攻撃でもなく、自分も相手も大切に感じられる人間関係を作る上で重要なものである。自己主張訓練では、基本的人権を認め合い、体験学習などによって言語や非言語による適切な表現や問題解決行動を学習する。

ピアサポート (peer support)
広義には同輩支援活動を指すが、学校では、子どもたちが仲間を支援する人的資源になれるよう援助し、思いやりのある学校風土を育成する活動を指す。コミュニケーション・スキル(傾聴、問題解決、対立解消など)をトレーニングする。

介入は、「緊急」対応から「長期的」展望まで

SCは、いじめ・虐待・自殺・暴力・事件・事故等、緊急で一刻を争う問題に対して迅速・適切に対応しなければならない。また、どのような内容の相談であっても、できるだけ短期で効果的・効率的に解決を得られるアプローチを選択しなくてはならない。同時に、危機後介入といった事後の中期的な対応をも行っていかなくてはならない。さらに、その後の子どもたちの人生を視野に入れた長期的展望をもった介入・援助も必要とされる。

5 学校心理臨床活動の5本の柱

学校心理臨床活動は、以下の5つの領域(柱)に整理できる。①狭義の個別相談活動(カウンセリング・ガイダンス)、②コンサルテーション、③心理教育プログラム、④危機介入／緊急対応、⑤システム構築。これら5つの領域の活動が学校現場で包括的に行われるために、臨床心理学が生かされるばかりでなく、現場で役立つ学として、今後も不断に切磋琢磨されていかなければならない。

図表8-1　学校臨床活動における「5本の柱」(黒沢、2000)

1. 狭義の個別相談活動（カウンセリング・ガイダンス）
2. コンサルテーション
3. 心理教育プログラム
4. 危機介入／緊急対応
5. システム構築（体制作り）

危機介入
(crisis intervention)
いわゆる自傷他害、つまり生命・身体・財産等に損害が及ぶ事態や行動が起こるか、そうなる恐れが高い場合に、緊急に対応し、その危機状態が通常の状態に早く戻るように介入することである。

システム構築
援助を提供する体制（システム）を構築することを指す。必要な援助サービスが、必要なときに必要な形で提供されるように、その学校に合った「体制づくり」が必要であり、学内体制のみならず、外部機関や保護者・地域との連携体制も含まれる。

参考文献

1) 黒沢幸子『指導援助に役立つスクールカウンセリング・ワークブック』金子書房、2002
2) 村山正治・鵜養美昭編『実践！スクールカウンセリング』金剛出版、2002
3) 村山正治・山本和郎編『全国の活動の実際〈臨床心理士によるスクールカウンセリング第3巻〉』誠信書房、1998

2 病院・医療機関

1 病院・医療機関における心理の仕事

　医療分野は心理士が古くから活躍してきた場であり、今現在も多くの心理士が活動の場として勤務している。病院・医療機関に勤務する心理士の割合は他の領域と比べると比較的多く、調査に協力した臨床心理士有資格者のうちの約半数が常勤、非常勤を含め、この領域で働いている。臨床心理士が働く職場を病院の形態別にみると、総合病院に15％、単科の精神病院に約11％、診療所・クリニックに約13％の人が働いている（津川律子ら、2002）[*1]。受診科別にみると、精神科が心理士の主な活躍の場となっていることがわかるが、最近では心療内科で働く臨床心理士も増えつつある。

[*1] 津川律子・北島正人「第3回臨床心理士の動向ならびに意識調査結果報告第1報」日本臨床心理士会報、33、p.77-83、2002

2 精神科における心理の仕事

　精神科では、外来が中心の大学病院や総合病院と、入院治療

デイケア
病院などで、対象者を毎週4日以上通所させ、6時間以上、レクリエーション療法や作業療法などを行うもの。通常1グループ8〜12人で、主に社会復帰を目的とする。

病態水準
精神症状に関する患者の病態の重さを表現する言葉。この水準という言葉には、自我機能水準もしくはパーソナリティの発達水準という含みをもっている。

精神保健福祉士
精神保健福祉士法(1997年成立)によって定められた精神科ソーシャルワーカーの国家資格。精神障害者の抱える生活問題や社会問題の解決を手助けし、社会復帰を果たす上で必要な援助活動を行う。

コメディカルスタッフ
医療行為に携わる医師、看護師とは異なり、直接には医療行為に携わらない仕事を行う医療関連職種のこと。

が中心の単科精神病院とでは心理士の仕事の比重が異なるが、心理査定、心理療法、デイケアでの集団心理療法、作業療法、SST(社会生活技能訓練。p.238参照)の指導といったことがおもな業務となる。外来が中心の場合、心理査定や心理療法を依頼されることが多く、慢性患者の入院や通院が中心の場合、デイケアの実施依頼が多い。

心理査定では、精神病水準なのか神経症水準なのかといった病態水準や自我の脆弱性の査定が求められる。そのような査定を行うには、ロールシャッハ・テストを中心とした投影法検査の実施と解釈の力が必要となる。また知能検査や、より構造化された自己報告式の質問紙などと組み合わせて(テスト・バッテリー)実施することで、総合的にクライエントの病態や人格を査定し、今後の治療方針を決めたり予後を推定することが可能となる。心理査定は担当医からの依頼にもとづいて行われるが、クライエントの中にはテストを受けることに拒否反応を示したり、担当医や心理士に不信感を示したりする者もいるので、テストを受けることについてクライエントがどのように感じているのかを把握し、クライエントの不安に適切にかかわることで、テストを受けることについてクライエントの同意を得なければならない。

心理療法は担当医の依頼のもとに、クライエントの状態や治療者のオリエンテーションに応じてそれぞれに実施される。個人面接も行われるが、デイケアの形で集団で実施される作業や心理療法が主である。慢性統合失調症患者の場合、内省を深めるような心理療法は行わず、むしろ社会適応が可能となるように対人スキルの訓練を行ったり、生活指導を行うことが大切なので、デイケアではそういったプログラムを組んで各クライエントに実施する。また、担当医、看護師のほかに、作業療法士、精神保健福祉士といったコメディカルスタッフと連絡をとりあい、クライエントの動きに対して機敏に対応できることが望まれる。

③ 心療内科における心理の仕事

　心療内科は、1996年に標榜科として正式に認可された、比較的新しい診療科である。内科の中でも、心理的要因が発症や症状の持続に関与する心身症や、パニック障害（p.104参照）、抑うつ症状などを取り扱う科である。

　心療内科で働く心理士は、おもに心理検査と心理療法を行う。

　心療内科における心理検査は、文章完成法、PFスタディなどの投影法や、CMI、YG性格検査、エゴグラムなどの質問紙がよく用いられる。心理検査はおもに、症状の背景に心理的要因が強く関与しているかどうか、またどのような要因が強く関与しているかを調べたり、患者の人格特性を測定することを目的として実施される。心理的要因が症状と関係することを認めない患者もいるので、心理検査の実施の際には、精神科における場合と同様に、患者が実施に同意するまで十分説明を行う。

　心療内科における心理療法は、分析的心理療法、自律訓練法、行動療法などが行われる。精神科に来談する患者と比べて、病態水準が軽く、自我の強い患者が多いので、症状の背景にある心理的負担感や葛藤への洞察、気づきを深めるようなかかわりがなされ、それらへの対処法を探っていく。

標榜科
内科、外科など、病院やクリニックが掲げる診療科名のこと。厚生労働省が認める標榜科は現在27科名ある。

心身症
(psychosomatic disease : PSD)
身体の病気の中で、その症状の発症や経過に心理的因子が密接に関与するもの。本態性高血圧、胃潰瘍、片頭痛などがこれに含まれる。

CMI
(Cornell Medical Index)
身体症状と精神症状の2側面から神経症的傾向を把握する質問紙。身体症状に心理的要因が関与しているかを簡単に調べるスクリーニングテストとしても用いられる。

④ その他の科での心理の仕事

　小児科では、慢性疾患の子どもやその母親に対する心理的援助、小児心身症患児や不登校児に対するプレイセラピーなどが行われることがある。産婦人科では、不妊症や出産前後の不安・うつ症状に対する心理療法なども行われる。しかしこれらの領域で働く心理士の数はまだ少ないのが現状である。

　医療分野で心理士が行う業務については保険点数による診療

報酬請求ができないが、医師の監視・監督の下で行う場合はその限りではないとされている(松野俊夫、2000)*2。しかし、今後心理士が医療分野でメディカルスタッフの一員としての立場を確保するためには、心理士の国家資格化が確立されることが急務の課題となっている。

*2
松野俊夫「自律訓練法の新しい適用可能性——症例検討を中心に」、自律訓練研究、18(2)、p.40-44、2000

参考文献

1) 小此木啓吾・深津千賀子・大野裕編『心の臨床家のための精神医学ハンドブック』創元社、1998

---

column 9　SSTで社会的スキルを身につける

　SSTとは、social skills trainingの略語で、社会的スキル訓練、社会生活技能訓練と訳される。精神科領域においては、生活技能訓練とよばれることが多い。
　SSTは、対人行動における障害やつまずきを社会的スキルの欠如としてとらえ、不適切な行動を修正し、必要な社会的スキルを学習させ、改善する治療技法である。
　理論的な背景としては、オペラント条件づけ、社会的行動理論、認知行動理論といった行動療法諸理論があげられ、1970年代以降に飛躍的に発展した。
　具体的な手順の一例としては、①グループの目的を説明する、②標的行動を決める、③練習する標的行動を伝える、④標的行動のお手本を見せる、⑤お手本をまねる、⑥よかった点をほめる、⑦繰り返し練習する、といったプロセスで実施される。また、SSTにおいて修正し改善される社会的スキルは、自分の権利や要求をうまく主張したり、不合理な要求を断ったりするための主張スキル、社会的な諸問題を解決するための社会的問題解決スキル、人との関係を円滑にし、それを維持するための対人関係形成スキルに大別することができる。

3 福祉

1 社会福祉の目的と対象

　「社会福祉」の目的は、すべての人の幸福(well-being, welfare)を保証するところにある。憲法第25条では「①すべて国民は、健康で文化的な最低限度の生活を営む権利を有する。②国は、すべての生活部面について、社会保障および公衆衛生の向上および増進に努めなければならない」と規定している。そして、近年の「福祉」の考え方では、すべての人は幸福を追求する権利(幸福追求権、福祉権)を有するとして、昔のように福祉は、老人・障害者・児童といった「社会的弱者」の救済・厚生・援護のためだけのものではないという考えが一般に広まってきている。

　社会福祉援助について具体的に考えるとき、社会福祉の対象は、生活問題であるといわれることが多い。生活問題とは、健康で文化的な社会生活の営みを阻害するようなさまざまな生活不安要因を意味している。生活不安を引き起こす要因は、環境問題、就労問題をはじめその数は極めて多く、特に近年は、社会経済の変動などのために、福祉サービスを必要とする人は増加の一途をたどりつつあり(福祉需要の拡大)、そのための対応も多様化している状況にある。

　ここでは、こういった福祉の分野において、生活問題とは切っても切れない関係にあり、しかも人の幸せの中心的課題である心の問題に対して、臨床心理専門家の活動がどのように期待されるかについて概観することとする。

　先に記したように、福祉の対象となる人はさまざまであるが、それを年齢・状況別に考えてみよう。

❷ 児童福祉

児童福祉法では「児童」を満18歳に満たないものとしている。児童福祉の実施機関には、児童相談所・福祉事務所・保健所がある。その他児童福祉にかかわる者としては、児童委員・児童福祉司がいる。一方、司法機関である家庭裁判所なども児童福祉にかかわりが深い。

児童相談所

児童相談所は、児童福祉専門の相談・判定機関であるとともに、処置や治療を行う機関である。最近の児童相談所での取り扱い件数などは図表8-2、8-3に示すとおりである。相談は養護相談、教護・非行相談、障害相談、性向・健全育成相談に大別される。少子化社会にもかかわらず、相談件数は増加しており、特に虐待、不登校などのケースが増えている。

児童相談所には、児童福祉司、心理判定員、医師、保育士などの専門職員が配置されている。そのうち心理判定員は心理専門職である。相談を受理してから、心理判定員は子どもに心理検査などを行って心理的診断をし、医師など他の専門家とのチームによる協議により、処遇の決定をする。指導が必要とされたケース(児童、保護者など)に対して心理治療やカウンセリングを行う場合には心理判定員や医師が担当することが多い。

福祉事務所・家庭児童相談室・保健所

乳幼児健康診査、養育指導、心身障害児に対する療育指導などの事業が行われることが多く、その場合には臨床心理士のかかわりが求められる。

福祉事務所
社会福祉行政を総合的に担う第一線機関である。生活保護、児童、障害者、高齢者などの福祉にかかわる(いわゆる社会福祉六法に定める)業務を行う。都道府県、市および特別区は義務設置、町村は任意設置である。

保健所
地域の保健活動の中心で、住民の疾病予防と健康増進、生活環境の安全などにかかわる業務を担う行政機関である。職員として、医師、保健師、看護師、薬剤師、助産師、栄養士など保健にかかわる各領域の専門職員がいる。

児童委員
児童福祉法にもとづき、市町村の区域におかれる民間奉仕家である。民生委員があてられる。おもな業務は、児童や妊産婦の生活や環境を把握し、その保護、保健その他福祉に関し援助や指導を行う。

児童福祉
児童について、その保護者とともに、国、地方自治体および社会全体がその生活と発達、自己実現を保障する活動の総体をいう。基本的には、憲法、児童福祉法を基調とし、他の多くの領域と連携しながら推進される。

心理判定員
児童相談所、知的障害者更生相談所などの福祉行政機関などで、心理学的な診断や援助に携わる専門職員である。ソーシャルワーカーなどとともに、福祉・医療・保健分野において重要な役割を果す。

図表8-2　児童相談所における相談内容別受付件数の推移

	総数	養護相談	非行相談	障害相談	育成相談	保健相談その他の相談
	実数					
平成11年度('99)	347 833	44 806	17 072	183 748	69 108	33 099
平成12年度('00)	362 655	53 867	17 211	189 843	68 324	33 410
平成13年度('01)	382 016	62 560	16 897	202 199	67 568	32 792
	構成割合（％）					
平成11年度('99)	100.0	12.9	4.9	52.8	19.9	9.5
平成12年度('00)	100.0	14.9	4.7	52.3	18.8	9.2
平成13年度('01)	100.0	16.4	4.4	52.9	17.7	8.6

出典：厚生労働省「社会福祉行政業務報告」

図表8-3　児童相談所における相談受付件数

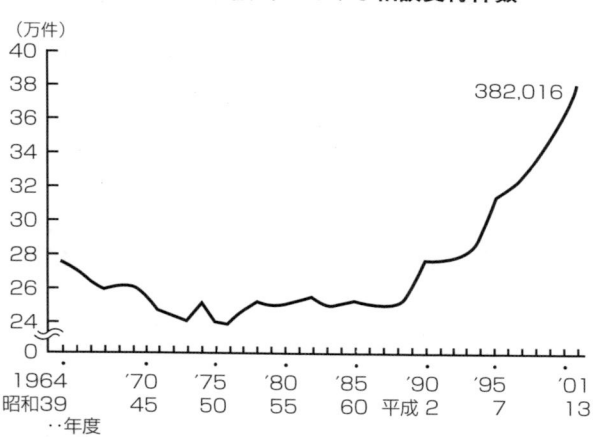

出典：厚生労働省「社会福祉行政業務報告」

福祉施設

乳幼児、児童養護施設、保育所、知的障害児施設、盲ろうあ児施設、肢体不自由児施設、自閉症児施設、重症心身障害児施設、情緒障害児短期治療施設、児童自立支援施設など各種の施設が、それぞれの目的に応じた活動を行っている。これらのうち、児童養護施設には、近年、被虐待児童の入所が増加し、彼らに対する

保育士
児童福祉施設や保育所などで児童の保育や養護に従事する専門職員である。男女を問わない。以前は保母という名称が用いられていたが、児童福祉法施行令の改正により、1999年度より保育士という名称になった。

心のケアが重大なテーマとなっており、臨床心理の専門家が配置されるようになった。また、自閉症児の療育・知的障害児などに多い行動障害への対応に対して臨床心理専門職への期待が高まっている状況である。

3 心身障害者および精神障害者の福祉

　身体障害者福祉手帳の交付状況は図表8-4のように近年急増している。これは高齢化に伴って心身機能に障害がある人の増加によるところが多い。心身機能に障害がある人に対しては、各種機能訓練と同時に、自立へ向けての心のケアが必要である。この分野における臨床心理学の参加はまだあまり多くはないが、今後の貢献が期待されるところである。

　精神障害者は今まで、医療のかかわりがすべてであった。

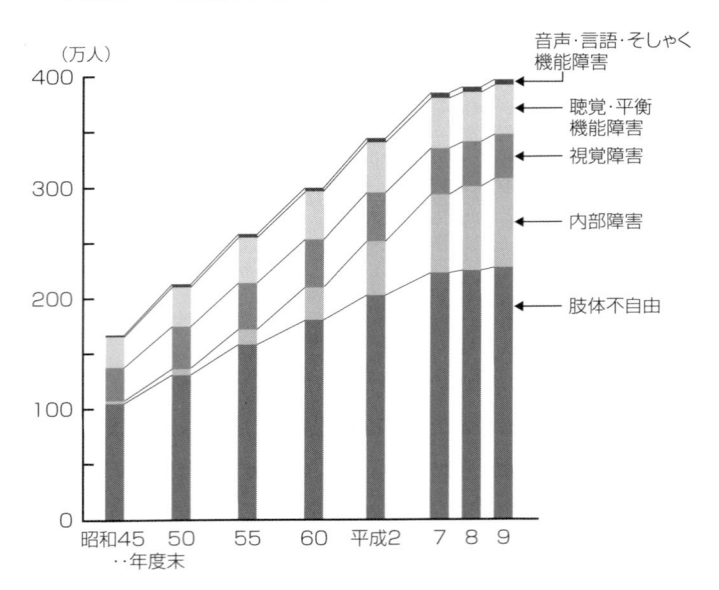

図表8-4　身体障害者手帳交付台帳登載者数の年次推移

1997(平成9)年、精神保健福祉法が成立して以来、精神障害者にも福祉の傘が差しかけられるようになり、「精神障害者手帳」の交付をはじめ、各種福祉施設が提供されることとなった。しかし、制度が開始されてから日が浅く、まだ十分とはいいがたい点も多い。これらの分野においては、医学と心理学の協働による患者の「自立支援」に関する働きかけ、および家族支援が重要な課題である。

知的障害(自閉症を含む)の人に対する福祉施設は種別も数も多く、そこで働く職員の数も多い。今日、施設現場では障害の重度化・高齢化が大きな問題であるが、同時に、行動障害への対応が重大な課題となっている。これらの課題に対して臨床心理専門職の参加と活躍とが期待されるところである。

4 高齢者に対する福祉

高齢期の喪失体験

わが国の高齢化は世界に例のないほど急速に進んでいる(図表8-5)。

図表8-5 100歳以上の高齢者数の推移

(単位 人)

	総数	男	女
昭和38年('63)	153	20	133
昭和40年('65)	198	36	162
昭和50年('75)	548	102	446
昭和60年('85)	1 740	359	1 381
平成 2 年('90)	3 298	680	2 618
平成 7 年('95)	6 378	1 255	5 123
平成12年('00)	13 036	2 158	10 878
平成13年('01)	15 475	2 541	12 934
平成14年('02)	17 934	2 875	15 059

注)各年9月現在の人数
出典:厚生労働省老健局

臨床心理学から見た高齢期の問題はさまざまであるが、まず老年期が喪失の時代であるという問題がある。つまり、加齢による心身の健康の喪失、社会や家庭における立場や役割の喪失、さらに人間関係の喪失などである。これら老年期の喪失体験が大きな埋めがたい空洞を生じ、無気力やうつ状態に陥るケースも少なくない。したがって、これら喪失体験から生じる高齢者の精神面をどう援助していくかという課題は大きい。また、孤独も自立が難しくなる高齢者にとって大きなテーマである。

　高齢者の中には、家庭を離れて介護施設などの施設に入所する人もいる。施設入所はこれまでの数十年の生活や生き方を一変させることになり、もっとも適応力が衰えた時期にもっとも厳しい適応を強いられることになる。施設では満たされない精神的部分をどう埋めるか、それに対する心理学的なかかわりが重要となる。最近、心理療法を入所高齢者に対して行っている施設も一部見られる。

寝たきり高齢者への援助

　高齢者の生活の場がどこであれ、老いが進むにつれて慢性的疾病や、日常生活動作の低下や障害をもつことが増えてくる。これは高齢者の大きなストレス源となる。そしてその極端なものがいわゆる寝たきり状態である。寝たきり状態になると、心身の機能がますます衰えてくるので、今日では、寝たきり防止のための介護の必要性が認識されている。しかし、たとえ寝たきり状態であっても、人間の心を失うことなく生きがいをもって生きていけるようにするには何ができるか。これは難しい問題であり、規範的な答えもないが、心理学的にも大きな課題である。

痴呆性高齢者への援助

　寝たきり状態と並んで介護者を悩ます大きなものは老人性痴

呆である。痴呆の中でも脳血管性痴呆は判断力が部分的に保たれる傾向があるので、自分の障害に対する心因反応を起こしやすい。また、アルツハイマー型痴呆でも、自分の障害に対する戸惑いや不安はある。

したがって、痴呆性高齢者に対するかかわり方は、まず本人の感じている戸惑い、不安、ストレスなどに共感すること、そして本人の構成している世界を共有することから始まる。逆にこちらの論理による説得や行動の強制、本人が現実や事実と思っていることに対する否定、見下した言動などは、問題といわれる行動をいっそう誘発することになる。

アルツハイマー型痴呆
アルツハイマーによって初めて報告された老年期の疾患で、原因不明の大脳の萎縮によって生じ、特有の記憶障害を中心に人格変化や精神症状が現れる。根本的治療法はなく、心理的・環境的側面でのケアが重要とされる。

まとめ

このように高齢者のかかわり方や介護に当たっては、臨床心理学にもとづいた対応が必要な場面が多く出てくることがわかる。しかし高齢者を対象とした臨床心理学の研究はまだ緒に就いたばかりであり、今後も福祉の実践にもとづいた研究がいっそう必要となろう。

column 10　老いや障害を受容するには

　それまで元気であった高齢者でも、脳血管障害、骨折、老化・老衰などによっては生活機能の障害を生じる。リハビリテーションによっても改善がほとんど望めず、生涯にわたってケアが必要となったとき、本人はとまどい、挫折感、不安、怒り、落胆などを体験する。中には、そのためにうつ状態になったり、ほかの精神症状が現れる者もいる。ケアをかたくなに拒否する者もいる。また、精神不安定のため、支離滅裂な発言や理不尽な言動によって周囲を困らせる者もいる。しかし、こうした態度や言動は、現実の自分の姿を受容できないための苦悩であり、一時的な混乱とみることができる。

　それは、初めてケアを受けるとき、自力で歩行や排泄のできなくなったときなどに特に多くみられるようだ。このようなとき、「ケアを受けるのは情けないことでも、恥ずかしいことでもない」などと言ってもあまり効果はない。何より本人がそういう心境になることが必要で、それには個人差はあるが、一定期間を要する。それは、新しい自分に生まれ変わるために必要な期間といえる。だから、本人の理不尽な言動等を問題視するよりも、必要最低限のケアを行って後は「待つ」という対応がもっともよいようだ。このように、老いや障害の受容において、基本的に「待つ」ということの意味を改めて考えてみたい。

4. 産業

① 心の問題の増加

　日本における「働く人たちの健康」に影響を与える要因は、長い間次のようなものが考えられてきた。高温、振動、多湿といった物理的因子、有機溶剤、粉塵といった化学的因子、作業密度、作業時間といった作業様態の因子の3つである。つまり健康とは

物理的、身体的な健康を指すことが多く、心の健康について考えることは、極めて少なかった。しかし近年、技術の進歩や産業構造の変化などを背景に、上述のようなタイプの問題は少しずつ軽減され、それと入れ替わるように新たな問題が表面に出てきた。それがさまざまなストレスによる、心の健康の問題である。労働省(現・厚生労働省)の調査[*1]によれば、「仕事や職業生活に関する強い不安、悩み、ストレスなどを感じる労働者の割合」は、1982年には50.6%だったが、1997年には62.8%にも増加しており、この問題への対策が急がれている。

[*1] 労働大臣官房政策調査部統計調査第二課編「労働者健康状況調査報告」労働大臣官房政策調査部、1982、1997

❷ 「予防」の概念の適用

では、心の健康を守るために具体的にどのような方法があるだろうか。ここでは、公衆衛生の分野で使われている「予防」の概念の適用を考える。予防の概念は、アメリカの精神科医カプラン(Caplan, G.)によって地域精神医学に取り込まれたもので、健康の問題への対策を、健康を損ねた人の治療のみに限定していないことに特徴がある。また治療するより以前に不健康な状態を作らないようにすること、さらに治療を終えてもそこで終わりではなく、元の社会生活に復帰することまでを目標としている。つまり健康とは単に病気をしていないだけではなく、その人の能力が十分に発揮できる状態であることとしてとらえている。そしてその実現のためには、病気の人だけではなく、地域、コミュニティに所属するすべての人たちをその対象としている。これはひとつのコミュニティを形成する企業社会においても有効な考え方といえる。

予防には、次の3つの段階がある。ここでは、各段階について働く人の心の健康を守る観点からそれぞれ説明する。

✏️ 第1次予防──未然防止

　この段階は、問題が起きることを未然に防ぐことを目的としている。そのためにはまず、心の健康を脅かす要因を職場内外から、できるだけ減らすことが求められる。ストレスの元となりそうな、作業環境・業務手順の改善、労働条件や作業量、権限、報酬の見直し、企業内のコミュニケーションパターンや、組織の調整などを行う。

　1人ひとりのストレス耐性を上げることも大切である。ストレスに対する抵抗力をつけ、問題を予防するのである。そのためには、食生活の改善や、趣味、スポーツなどストレスに負けない生活習慣を身に付けること、適切なコミュニケーションの方法を習得し、対人関係のストレスを生み出さないようにすること、受けたストレスを適切に解消し、ため込まないようにする方法を身に付けることなどがあげられる。

　ストレスや心の健康の問題について、正確な基礎的知識を共有することも、未然予防において大切な作業である。現在の日本の社会は、心の健康を損なうことに対し、強い誤解や偏見がある。そのため問題を感じても、それを隠したり、問題そのものを認めなかったりして対応が遅れ、悪化させてしまうことがある。経営者も含め、職場全体で正しい知識をもっていることは、問題が起きたときに正しい対応をすることに役立ち、また健康で問題が起きにくい職場を作るためにも大切なことといえる。

✏️ 第2次予防──早期発見と対処

　この段階は、問題が発生した場合の早期発見と対応を目的とする。心の健康の問題は体の健康の問題と同じく、早く見つけて対処すれば解決も早い。一般に企業や役所では、働く人たちに対して健康診断を行うことが義務付けられ、体の健康を見直す機会がある。しかし、心の健康についての健康診断はほとんど行わ

コミュニケーション方法
臨床心理学的な方法として、ロール・プレイング、アサーション・トレーニング、ソーシャル・スキル・トレーニングなどがある。

ストレスの解消・発散法
臨床心理学的な方法として、自律訓練法、筋弛緩法、バイオ・フィードバック法などがある。

れていない。また、心の健康は数値で表すことは困難で、体の健康診断のように実施することは難しい。そこで問題の早期発見には日常一緒にいる機会の多い人たち、同僚や上司の役割が大切となる。いつもと違う様子、遅刻や欠勤が増える、作業の能率が極端に落ちる、ひどい落ち込みやイライラしている様子が見られるがそれらの理由がはっきりしない。こうした状態が続く場合、心の健康の問題が潜んでいる可能性がある。このような場合、その人の意思やプライバシーに十分配慮した上で、話を聞き、社内の相談室や、医療機関など適切な機関に紹介する対応が求められる。安易な励ましや叱責は逆効果になることが多く、また自分たちだけで解決しようと抱え込むと、問題がかえって大きくなる恐れもある。無理をせず専門家に委ねることも大切である。そのためには日頃から医療など各種の機関との連携を取れる体制を作っておく必要がある。

　また、心の健康の問題には、休養が一番に大切である。もし問題が見つかった場合は、休養・治療に専念できるよう、職場環境を調整する必要がある。そのためには、第一次予防の項にあげた正しい知識の共有が不可欠である。

✎ 第3次予防──リハビリテーションと社会・職場復帰

　心の健康を損ねた人が、医学的な治療や心理療法を受け、健康な状態に近づくと、次の段階として元の社会生活に復帰する作業が始まる。ここでは社会復帰のうち、職場への復帰について述べる。

　従来、職場復帰のタイミングは、完全に治療を終えてからとされていた。しかしこの場合、今まで業務から離れていたことから、周囲への負い目や、元の通り働けるかという不安、今までの穴を埋めようと張り切り過ぎて無理をするなどして、すぐに問題が再発してしまうことがある。そのため最近では、治療がある程度進行した後、並行して負担の少ない仕事で心身を慣らしながら職

場復帰を図る方法が取られ始めている。短い勤務時間やサポート的な簡単な業務から始め、回復の程度を考慮しながら徐々に元の業務に近づけていき、完全な復帰へとつなげるのである。しかしこうした方法を取る場合、働く現場の上司や同僚の理解や協力は欠かせない。職場の上司・同僚、人事・厚生担当、治療スタッフ、ときには家族など、本人を取り巻く人々の連携を欠いては困難な作業となる。ここでも正しい知識の共有は欠かせない。

3 まとめ

予防の観点から働く人の心の健康を守る方法を概説した。臨床心理の仕事は、相談室の中で個人を対象としていると考えられがちだが、産業場面においては上述のように、問題に対する知識の普及やさまざまな役割の人との連携、そしてときには経営者への提案など、相談室の外でも積極的に活動することが求められる。

参考文献

1) 日本産業カウンセリング学会編『産業カウンセリングハンドブック』金子書房、2000
2) 中央労働災害防止協会編『働く人の心の健康づくり──解説と指針』中央労働災害防止協会、2001
3) NIP研究会『21世紀の産業心理学』福村出版、1997

5 家庭・家族

　近年の大きな社会変化は、家族集団にも大きな影響を及ぼすこととなった。形態的にも機能的にも、家族の内外で成員を守り得ないような不安定要素が増しており、さまざまな問題が生まれている。揺れ動く家族と多様な問題を抱えた家族成員のそれぞれに、臨床心理学の知見や技法はどのような援助を与えることができるのだろうか。

1 援助を必要とする家庭・家族

　家族は2つの大きな機能をもっている。メンバーの心身の安定機能と子どもの社会化機能（子育て）である。まず、大人のメンバーが安定して生活できる基盤を作り、そこに子どもが生まれ育つ。しかし家族の中には、大人たちが何らかの病理的行動傾向をもっていて、安定した家族基盤を作り得ない場合もある。

虐待

　ここでは、主として虐待を例に、臨床心理学的意義と援助についてふれる。
　一言で虐待といっても、援助を必要とする人はさまざまである。たとえば、子どもを虐待する親、配偶者や老親を虐待する夫婦（すなわちドメスティック・バイオレンス：domestic violence）、アルコール依存症のメンバーを抱える家族、非行者や犯罪者を生み出した家族などである。
　子どもを虐待して死亡させる親のケースが、しばしばマスコミ

で報じられる。夫婦のそれぞれが問題をかかえており、共に病理をもった夫婦である場合もあれば、一方が他方の病理に巻き込まれている場合もある。また夫婦の場合、一方がもう一方の親の病理性をカバーして、子どもや家族(老親など)を護り、虐待行為の発生を阻止している場合もあるが、それができない家族もある。虐待を例にその病理をみよう。

① もともと、行為障害や境界型人格障害、自己愛的性格など、種々の性格上の問題を内包している者が、家庭という密室では、その行為を阻止する者がいないことから、他の家族を損なう行為に走る場合である。

② 人として、または親としての未熟さから、子どもを育てることや、障害者(児)や病人、高齢者などの弱い家族を養護・介護することなど、いわば自己犠牲的な行為が遂行できない場合や、とりわけ相手の世話に、大きな負担を強いられる場合に虐待行為が起こりやすい。この原因は、家族の養育や介護の負担に耐えられないことにあり、他からの援助が必要となる。

③ 親は2人で、または他の家族と共に「集団」を形成し、子どもや障害者(児)、病人、高齢者を護る役目を果たす。しかし家族のサイズが縮小し(核家族化)、2人の親が外に出て経済活動をする場合も増え、さらに一人親家庭も増加する中で、家族集団に内部のメンバーを保護する機能が失われる。ネグレクトに当たる行為も発生しやすくなる。

④ 親から虐待を受けて育った子どもが親になった場合に、親の行動の仕方を学習しており、それを無意識に子どもに発揮することが起こる。虐待の世代間伝達である。虐待を受けて育った子は、しばしば自尊心の形成が不十分であるが、子育ての過程で子どもが自分に服従しないとき、自尊心が脅かされて、子どもを自分の親がしたのと同様に虐待してしまうケースである。

⑤ 体罰は例外的な場合を除いて教育的行為ではなく、虐待である。それに気づかない親もいる。教育的行為と信じて自分の意に添わない家族に体罰を与え、結果として虐待が発生する。

行為障害
(conduct disorder)
大人の場合は、反社会性人格障害に含められる性格の偏りで、18歳未満の場合に特にこの名称が用いられる。他人の権利を侵害し、無責任、攻撃性、衝動性が特徴で、動物虐待、弱い者いじめ、物を壊すなど、周囲を悩ます行動を反復する。

ネグレクト（neglect）
養育の怠慢・拒否。虐待の4つのタイプ(ネグレクト・身体的虐待・精神虐待・性的虐待)の1つ。厚生労働省の定義では、「遺棄、衣食住や清潔さの健康状態を損なう放置」をいう。またこれを、身体的放置と情緒的放置に分ける研究者もいる。

虐待の意味についての知識を与えるなど、社会的啓蒙が必要な場合である。

🔖 虐待への援助

それぞれのケースは、それぞれの事情の中で、虐待的行為を発生させる。虐待者への心理療法による援助を通して、また他の家族(たとえば配偶者や親など)への面接などによって、虐待者がそうした行為をしなくても済むように、虐待者を援助することが必要である。また、子育てや高齢者の介護などが、親や家族の負担に耐えられない場合には、臨床心理学的対応以外に、ケースワーク的な介入が必要となる。

またアルコール依存症や非行、犯罪を犯すメンバーは、単にその個人が問題を発生させているとは限らず、家族全体の病理が1人のメンバーの上で、家族の問題を顕在化させている場合もある。いずれにせよ家族の援助には、心理療法などの臨床心理学的援助に加え、精神医学的な処方、福祉的対応が不可欠な場合もしばしばである。

❷ 子どもを育てるのに配慮を要する家庭・家族

子どもを育てる上では、構造的、経済的、心理的に安定した環境(家族)を整えることが何よりも必要であるが、最近は、その条件を十分に備えられない家族が増えている。標準的な家族形態やライフ・スタイルが要求されるわけではないが、子どもを健やかに育てる上で無理が生じやすい家族形態には、特別な配慮と援助も必要であろう。

✎ 家族形態の上で、しばしば子どもへの配慮が必要な家族

特に子どもへの配慮が必要と思われる家族は以下のとおりである。
・親が離婚したり、再婚した家庭で育つ子ども
・一人親家庭、祖父母等に育てられる子ども
・父親の単身赴任家庭で育つ子ども
・共働き家庭で育つ子ども
・その他の不安定な要素をもつ家族形態

親の離婚は子どもにとって、しばしばストレスとなる。多くの場合、離婚に至るまでに長く両親の不和状態があり、子どもは精神的に不安定な環境で生活している。離婚後も、親が離婚した相手との関係によっては、面会権などをめぐってトラブルが生じたりする。また、一方の親が他方の親を非難するなど、夫婦の葛藤に子どもを巻き込むことも起こる。子どもの自尊心は、愛し合っている両親と愛されている自分という自己認知の中で育つが、それが十分に形成されない場合も多い。

また日本では、文化的に、子どもの自立性や個を育てる教育が家庭や学校で十分に行われない傾向がある。したがって「親の離婚にダメージを受けやすい」子どもも多い。さらに、周囲に離婚や再婚家庭が少ないために、自分の家庭だけが例外的に不幸だと思い、自尊心を低下させやすい。

また父親の単身赴任家庭では、しばしば父親を除いて家族が再構築され、自立性の高い集団として機能しているかに見えて、実際は集団の運営上さまざまな無理があって、メンバーに緊張が生じていることもある。共働き家庭は、子どもに自立性が備えられ情緒的にも安定していないと、両親とのかかわりが希薄になることや世話が十分でないことで、問題が生じたりする。

また、子どもに、不登校、非行、性的問題、「いじめ」、自殺その他の行動問題を発生させやすい家族に対する研究も進んできている。家族タイプ（とりわけ夫婦の組み合わせ）や、親の子育て力の問

題、しつけの不適切さなどの、家族の問題と子どもの問題行動との関連は、これまで常に探られてきた。これらを踏まえ、教育相談の形で親に子育て上の助言を与えるのも、臨床心理学領域での重要な仕事である。

✏️ 援助のしかた

　子どもは1人ひとり、みな素質に違いがある。家族もまた、それぞれ違う条件をもったメンバーが組み合わせられた集団である。その中で、子どもをどう健やかに成長させるかの処方箋は、さらに個別である。子どもに問題傾向や問題行動が発生したとき、それをどう回復させるか。また、そうした問題を生み出さないための親や家族のあり方はどうすればいいのかについて、専門的見地からの援助が重要である。臨床心理学的な援助方法が、ここでも期待される。

6　スポーツ

① スポーツにおける臨床心理学的問題

　スポーツにおいて臨床心理学の研究と実践の対象となる領域に、大きく分けると2つある。
　1つは、スポーツのなかで生ずる問題に臨床心理学の知見と技法を活用して支援をすることである。この領域で扱われる問題にはつぎのようなものがある。

- 選手の成績を高めるための、ストレス対処や情動のコントロール。
- スポーツ活動が原因となる精神的不調の問題。バーンアウトなど。
- 選手の育成過程で生ずる、選手間やコーチと選手の間の心理葛藤の相談。
- 学業や職業とスポーツの両立の問題。
- 選手引退後の社会的適応や職業選択。

第2の領域は臨床心理家や精神科医による相談や治療の補助手段として、スポーツ活動を応用するものである。入院患者のための体操やジョギングや水泳は古くから行われている。近年では、乳癌手術後の人たちのグループに、軽運動と仲間同士の話し合いの機会を与えることによって、不安を低減し、社会復帰を促進させるような試みも行われている(市村操一、1990)[*1]。このような活動は近年の精神免疫学の立場からも有意義なことと考えられよう。

> **バーンアウト(burnout)**
> 燃え尽き症候群ともよばれ、長時間にわたって人の援助をする仕事に従事する者が、極度のストレスと疲労によってさまざまな心の障害を生じるようになることを表現した用語。ここでは、スポーツ選手が著しくやる気を失い、競技をやめてしまう状態をいう。自分の競技生活に主体性をもって区切りをつける引退とは異なる。慢性疲労、心的飽和、そして報われない努力の結果の学習された無力感などによる。

[*1] 市村操一『プレッシャーに強くなる法』読売新聞社、1990

② スポーツ競技者のストレス対処

試合場面でのストレスに対処して、過剰な緊張や興奮や不安を和らげる工夫はスポーツ競技の歴史が始まって以来行われてきた。近代オリンピックの歴史を振り返ると、心理学者が選手の心理的サポートに参加するようになるのは、1964年の東京オリンピックのころからである。日本選手には、成瀬悟策らが自律訓練法を指導した(市村操一、1993)[*2]。

その後、各国で選手の心理的支援が行われたが、オリンピックが国際政治戦略の一部となっていた共産圏諸国では、自律訓練法、ヨガや禅の瞑想法による精神集中などが実践されていた。

1984年のロスアンゼルス・オリンピックに向けて、アメリカは選手の強化に多額の予算を準備した。その時代に、心理学の分野

[*2] 市村操一『トップアスリーツのための心理学』同文書院、1993

ではマイケンバウムの「ストレス免疫法」(1985)*3などの、認知行動療法が広く認知されるようになっていた。

アメリカのスポーツ界はこの認知行動療法の立場からの選手のストレス・マネジメント法を、心理療法の形式ではなく、自己コントロールのための教育的プログラムの形式で採用した。この効果がどれほど上がったのか、客観的なデータの発表はなかったが、多くのメンタル・スキル・トレーニング法が出版され、世界的な「メンタル・トレーニング」ブームをひき起こした。現在では、スポーツ関係者の側には、メンタル・スキル・トレーニングの効果を疑問視する見方もでてきており、この種の技法のいっそうの洗練と理論的発展が期待されている。

③ 認知—情動ストレス・マネジメント法

スポーツ選手のストレス対処技法としては、プログレッシブ・リラクセーションや、自律訓練法や、積極的思考法や、セルフトークや、イメージ・トレーニングなどの技法が単独で用いられてきた。

1980年代に入ると認知心理学の情動理論の影響の下に、ストレス状況での「生理的反応」と「認知的評価」の双方に働きかけて緊張を低減させる技法が開発されるようになった。つまり、「失敗した。面子を失う」という認知が「身体を硬く」し、「硬くなった身体」は「失敗に対する懸念を増大させる」というような悪循環に対処するために、認知と身体の両方に働きかけることが有効と考えるのである。

スミス(1980)*4による「認知—情動ストレス・マネジメント法」の概要を以下に紹介する。この方法を選手に実施するときには、次の段階を踏んで行われる。
① ストレス対処法の合理性の説明。選手に訓練させるストレス対処法が、選手にとって必要であり、またその方法が合理的なものであることを説明する。

マイケンバウム
(Meichenbaum, D. 1940-)

*3
Meichenbaum, D., Stress Inoculation Training, Pergamon Press, 1985

メンタル・スキル・トレーニング
運動イメージの利用、自己動機づけ、リラクセーションなどを意図的に行う技能。

プログレッシブ・リラクセーション
(progressive relaxation)
意図的に各筋群を弛緩させる方法。筋肉をいったん緊張させ、自然にゆっくりと脱力し、脱力した状態を感じとる、3つの手続きを含んでいる。

セルフトーク (self-talk)
自己への語りかけである。試合中に「負けそう」などというネガティブな内語を感じたとき、それに対抗する「まだ粘る」などの語りかけを自分に対して行うこと。

イメージ・トレーニング
遂行しようとする運動をイメージに描いて、実際の運動なしに練習すること。

*4
Smith,R., A cognitive-affective approach to stress management training for athletes. In Nadeau et. al.（eds.）, Psychology of Motor Behavior & Sport - 1979, Human Kinetics, 1980

②ストレス対処技術の習得。ストレスをコントロールする実際の技術がこの段階で指導される。
③リハーサル。ストレス場面をイメージしながら習得した技術を使って情動のコントロールを行ってみる。

②のストレス対処技術の習得の段階においては、(1)スポーツの競技に有害な認知を選手に自覚させる訓練。たとえば、試合は勝たなければ意味がないと思ってしまう自分を自覚する。(2)積極的な内的対話を開発する。たとえ負けても自分の人間としての尊厳を失うわけではない、というような自分への語りかけなどの練習。(3)生理的な覚醒反応をコントロールすること。リラクセーション法を学ぶ、というような内容が含まれる。

1990年代には、同様な方法によって、選手の試合中の「怒り」のコントロール法も開発されている[*5]。

[*5] Schwenkmezger, P., Steffgen, G. & Duci, D., Umgang mit Aerger, Hogrefe, 2000

7 地域臨床

1 地域臨床とは

地域臨床は、地域の住民のための精神保健に関する心理臨床的な活動である。障害の早期発見、早期治療、心理的問題の治療、あるいはコンサルテーションなどが含まれる。対象者の生活の場としての地域の状況を十分に加味しながら臨床を行う。地域臨床では、病院や相談室での臨床のように心理治療の枠組で対応できないこともしばしば起こり、心理職は臨床の枠組みをもちつつ、対象者の現状に柔軟に対応していかなければならない。

地域臨床の仕事は、各自治体で行われている乳幼児の健康診査(以下、健診という)時の心理相談や地域にある相談室、教育相談室、小・中・高等学校でのスクールカウンセラーとしての仕事、最近の子育て支援策の中での業務などが上げられる。いずれも住民がいわば下駄履きで気軽に利用できるという特徴がある。各事業のあり方は自治体により異なるが、相談は無料で受けられるものがほとんどである。

❷ 地域臨床の基盤となる考え方——地域ケア構想

　私たちは、地域に生まれ育ち生活をし一生を送るのが当然と考えている。しかし、子どもに育てにくさや障害があるなど問題を抱えているために、このあたりまえの"地域で生活する"ことが困難になる場合がある。地域ケアとは障害や問題の有無にかかわらず、地域から疎外されずに人が生まれた地域で育ち、生活を続けることができる社会のあり方である。地域ケアが実践される社会では、1つの施設(社会資源)がすべての役割をもつのではなく、地域にあるさまざまな社会資源がその役割や機能を補完しあい地域全体として、住民のニーズにあったサービスを提供し、生活しやすくしていくことが必要である。

　1960年代後半の北欧諸国やカナダでは、すでにノーマライゼーションの理念が定着し、その実現の初歩の課題の1つとして地域ケアが位置付けられ実践されていた(佐々木正美、1981)[*1]。知的障害児・者のための地域ケア構想は、広く今日の子育て支援にも応用可能である。各機関が機能を十分に発揮し利用者に必要なサービスを提供していくには、機関同士の連携が必要である。このとき、キーパーソン(あるいは、キーステーション)の存在が、機関相互の連携をよりスムーズなものにしていくのである。キーパーソンは対象者を時間的流れの中でも十分に理解した上で、他機関と連携を取り合い、対象者が必要に応じ各機関を利用しやすいよ

ノーマライゼーション (normalization：正常化)
障害児・者が地域社会であたりまえに生活できる社会のあり方。インテグレーション(統合)より一歩進んだ社会のあり方で、人々が共同して社会で生活することを目指している。

[*1]
佐々木正美「欧米のコミュニティ・ケアの断面」発達障害研究、2(4)、p.257-264、1981

3 地域臨床の実際

乳幼児健康診査での心理相談

　乳幼児の病気や障害の早期発見・早期治療に結び付け、心身の健康な発達を保障していくための1つとして、乳幼児の健康診査がある。たとえば1歳6か月健診では、心身の発達状態を確認し、親の心配や悩みなどの相談に応じ問題の解決や軽減につなげていく。スタッフは保健師、医師、歯科医師、栄養士、臨床心理士などで、必要に応じてより専門的な治療を紹介する。

　心理士は、子どもの発達状態をみながら家族関係、パートナーの家事・育児への参加状況、経済的な不安や親の訴えを聴き取り、対処を考えていく。健診時の相談は1回の面接で適切かつ専門的な対応をしなければならない。それには、臨床心理の知識・技術に加え、子どもの発達や障害、保育の知識、また、変化する地域の実情なども把握した上で相談に応じる必要がある。近年、誕生直後から乳児の環境適応能力が注目され、より早期に母子の愛着形成のための援助が望まれている。乳幼児健診は誰もが受診する気軽さがあると同時に、早期介入・援助が可能な大切な相談の機会である。

　家族のもつ不安や心情を受け取り、家族が実行可能で適切なアドバイスをすることや地域情報の紹介も相談員の役割である。また、ときには家族を支える地域の体制を保健師と協力して作っていく。保健師に家庭訪問を依頼したり、地域の子育てひろば事業を親子が利用しやすいようにひろばの職員と連絡を取り合う場合もある。

乳幼児健康診査
乳幼児期の障害や病気、発達の問題などを早期発見し、早期治療・療育につなげるための予防的な健康スクリーニングシステム。生後3〜4か月、6か月、9か月、1歳6か月、3歳のときに各市区町村単位で実施されている。

保健師
国家資格をもち保健指導を担当する専門職。乳幼児健康診査の実施主体である自治体の保健センターや保健所などに所属し、健診以外にも母子手帳の交付や家庭訪問など住民の健康維持のために幅広い役割を担う。

図表8-6 乳幼児健康診査における心理相談と他職種との連携

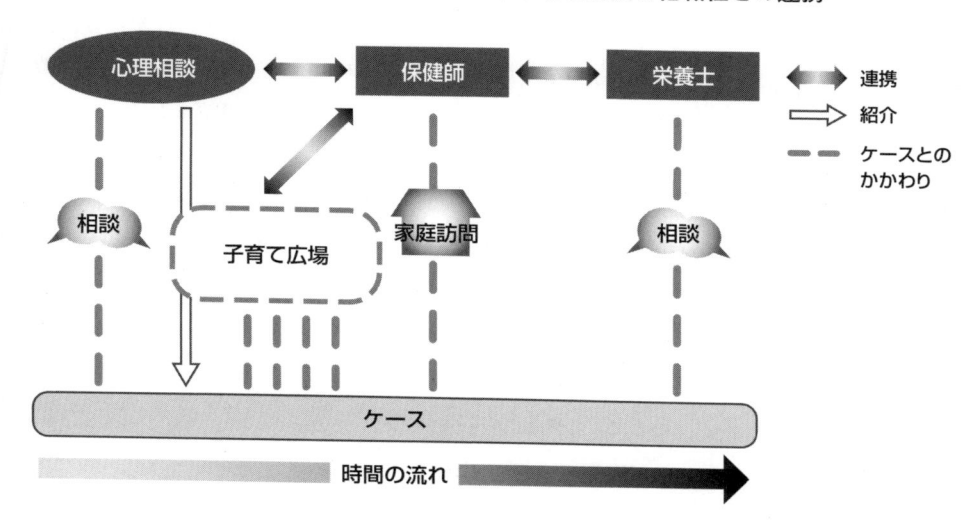

凡例:
⇔ 連携
⇒ 紹介
--- ケースとのかかわり

地域の相談室での心理相談

　ここでは、地域ケアの構想の下に設立された東村山市幼児相談室(1977)[*2]を紹介しよう。高橋彰彦[*3]は人口10万に1つの相談室との考えで、乳幼児の相談を受ける東村山市幼児相談室の設立に尽力した。市が設置、社会福祉協議会が運営する公設民営の相談室である。主な役割は以下の通りである。

①心理相談・心理治療

　一般的な心理相談と同様で、親などからの申し込みを受け、インテーク、アセスメント、相談、心理治療を行う。相談・治療は継続することが多く、必要に応じて発達検査や性格検査なども行う。

②保育園・幼稚園などへのコンサルテーション

　集団の場を訪問し適応状態を観察、保育者などへのコンサルテーションを行う。子どもの発達の確認やとらえ方そして先生の役割などに関して共通理解をもつ。あくまで集団のダイナミックを

[*2] FOUR WINDS東村山「家族を支える東村山の地域ケア」第5回FOUR WINDS全国大会実践報告集、2002

[*3] 高橋彰彦「コミュニティ・ケア」発達障害研究、2(4)、p.241-256、1981

考慮してのコンサルテーションが必要であり、心理治療の枠組みをそのまま集団にもち込んではいけない。それぞれがとる役割を確認し合いながら、親子がトータルとして必要な治療、保育・教育・療育などを受けられるようにしていくことが望まれる。

③他の機関との連携

　図表8-7は相談室が連携を取っている機関である。連携先の機関が担う役割を十分に知り、できるだけ担当者同士の顔と顔が見える関係で連携を取り合う。キーパーソンは、継続して対象者に寄り添う必要がある。

子育て支援の中の地域臨床

　生活の近代化が進み、核家族化、地域状況の変化などの社会変化に伴って、孤立した育児状況や虐待の増加など育児の危機が深刻化してきている。乳幼児を在宅で育てる家族への育児支

図表8-7　幼児相談室と他機関との連携

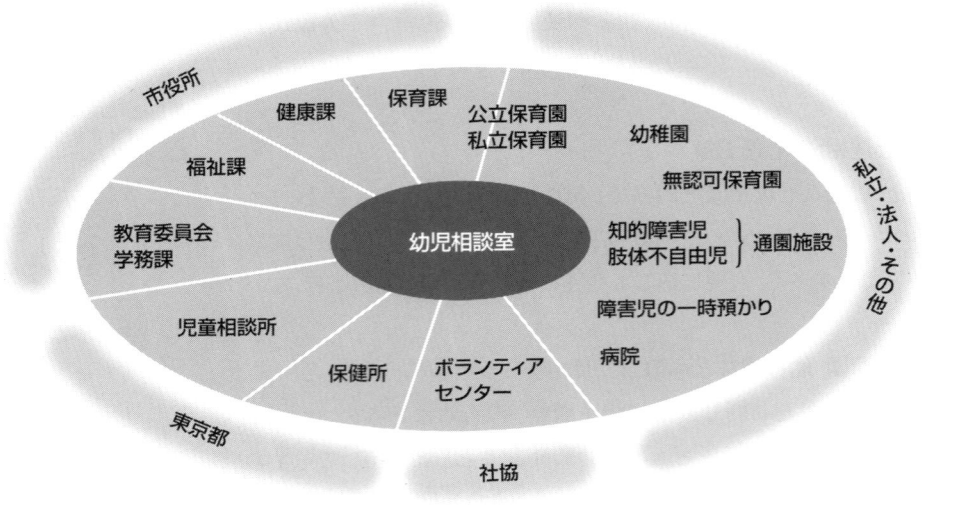

援に社会として取り組まざるを得なくなってきた。これは、心配や問題が発生後の問題対処型の対応ではなく、問題の発生を防ぐ予防的な観点での育児支援である。子どもとだけ向き合う閉塞感や、孤立した子育てから解放し育児を通して親も子も自尊感情を育める施策の1つとして、子育て支援事業が各地で展開し始めている。この事業の中で心理士は、相談を受ける相談員や電話相談員のスーパーバイズをしたり、直接相談を受けたりする。親の思いを十分に聴くことによって、親がありのままの自分を受け入れ、自らの思いで子どもと過ごす時間を豊かにしていく援助を行う。これらの援助は子育て不安の軽減や解消となり、ひいては虐待の予防にもなる。

　ケースによっては医療機関や児童相談所、保健センターなどの他機関との連携は欠かすことはできない。心理士は、子どもの発達や親子の心理状態を把握しながらの対応が可能である。親が困ったときに1人で問題を抱え問題が重度化しないように、適切に周囲に援助を求め、地域のさまざまな施設や機関を活用できる力をつけていく援助をしたり、親子が自尊感情を育てられるようなかかわりをしていくのも、大切な役割である。

自尊感情（self-esteem）
自己肯定感や自分に対する慈しみの感情。自尊感情が育まれていると、長所・短所を含め自分を受け容れられるので、自分に誇りをもち、肯定的に自分を用いることができる。

参考文献

1) カナダの子育て家庭支援研究会『人権尊重と相互扶助の市民意識に根ざしたカナダの子育て家庭支援システムの研究』子ども家庭リソースセンター、2001
2) FOUR WINDS東村山『第5回FOUR WINDS全国大会実践報告集』2002

/ Chap. 9

臨床家の訓練

1. 心理臨床家になるための教育と訓練

わが国においては、1995年度よりスクールカウンセリング制度が文部省（現・文部科学省）によって導入された。臨床心理士の認定制度も発足し、認定協会によって認定された臨床心理士が、スクールカウンセラーとして採用されることとなった。このように臨床心理学は、専門性をもった援助活動であるということが次第に認知されるようになってきており、国家資格制度策定についての論議も進められている。

アメリカでは、1945年以来、心理学の専門活動に関する法律が州単位で制定され、臨床心理士の資格が認定されている。英国では、英国心理学会によって認定された臨床心理士が、広く国民の精神保健を担う専門家として活躍している。

心理臨床家の活動が社会に認められるにつれて、専門活動を行う援助職としてその責任は重くなってくる。それにつれて、臨床家の養成のための教育と訓練が重要なものとされてくるのは当然の流れである。いずれにしても、臨床心理学の何を学ぶか、心理臨床家に必要な専門的知識と技能とは何か、それをどのように学ぶか、ということが重要となる。

基本理念について

人を援助する立場にある専門家の基本として、「ASKコンセプト」または援助サービスのピラミッド・モデルが、アメリカの教育では強調される。これは、まず、態度・価値観(attitude)をしっかり身に備えることがすべての基本であり、その上に、十分な技能(skill)を身につけ、さらにその上に十分な知識(knowledge)があるべきだということであって、人の尊重、臨床家としての倫理性などがす

べての基本にあり、その上に知識や技能などがあるべきだということである(図表9-1)。人の援助を目的とする専門職としては、知識・技能だけあっても基本がしっかりしていなければ、百害あって一利なしといわざるを得ないのである。これは、わが国にあってもまったく同様である。

図表9-1　人を援助する専門家の基本

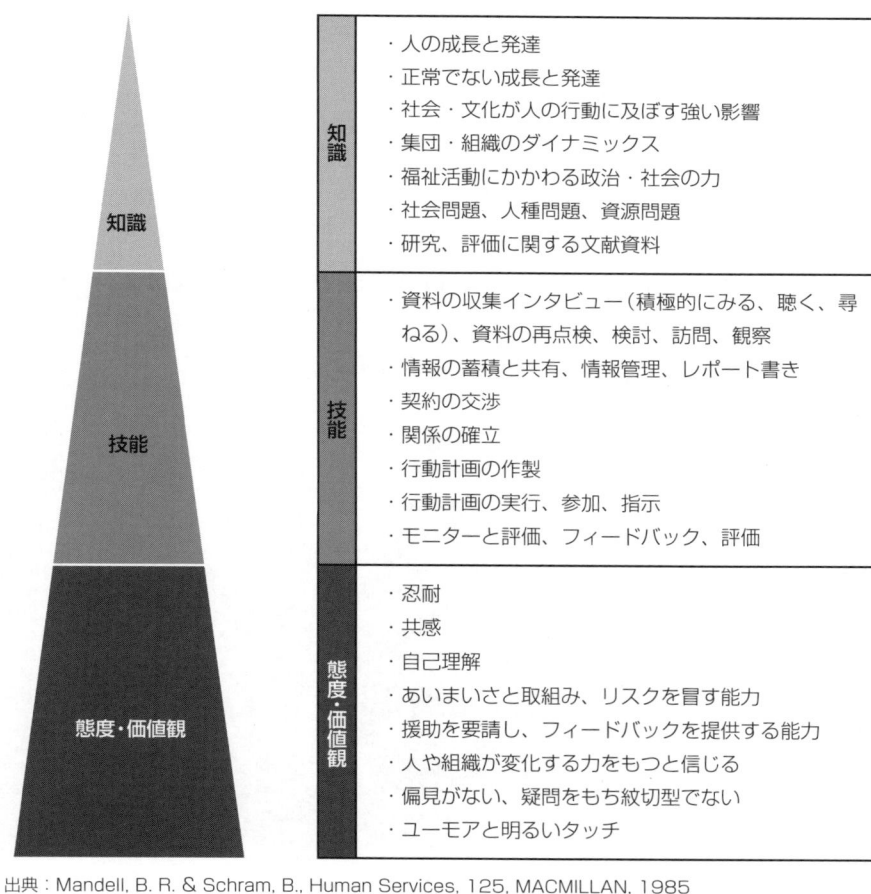

知識	・人の成長と発達 ・正常でない成長と発達 ・社会・文化が人の行動に及ぼす強い影響 ・集団・組織のダイナミックス ・福祉活動にかかわる政治・社会の力 ・社会問題、人種問題、資源問題 ・研究、評価に関する文献資料
技能	・資料の収集インタビュー（積極的にみる、聴く、尋ねる）、資料の再点検、検討、訪問、観察 ・情報の蓄積と共有、情報管理、レポート書き ・契約の交渉 ・関係の確立 ・行動計画の作製 ・行動計画の実行、参加、指示 ・モニターと評価、フィードバック、評価
態度・価値観	・忍耐 ・共感 ・自己理解 ・あいまいさと取組み、リスクを冒す能力 ・援助を要請し、フィードバックを提供する能力 ・人や組織が変化する力をもつと信じる ・偏見がない、疑問をもち紋切型でない ・ユーモアと明るいタッチ

出典：Mandell, B. R. & Schram, B., Human Services, 125, MACMILLAN, 1985

知識と技能について

下山晴彦は、臨床心理学は、実践活動（心理臨床的介入）、研究活動、専門活動の3部門から構成されているとして、専門性の構造を図表9-2のように示している。これらに関する知識と技能を系統立てて教育・訓練するのが、臨床心理学のカリキュラムの中心となるのはいうまでもないところである。わが国の臨床心理士認定に際しては、大学院修士課程終了および臨床経験を有することが最低の条件とされている。

図表9-3は、アメリカの指定大学院のカリキュラムのモデルである。アメリカでは1949年に、科学者－実践家モデル（scientist-practitioner model）を打ち出し、臨床心理学を研究活動と実践活動の統合体として明確に規定した。これは、最低でも5年間の博士課程の学習と博士号の取得、および1年間の現場研修（インターン）と

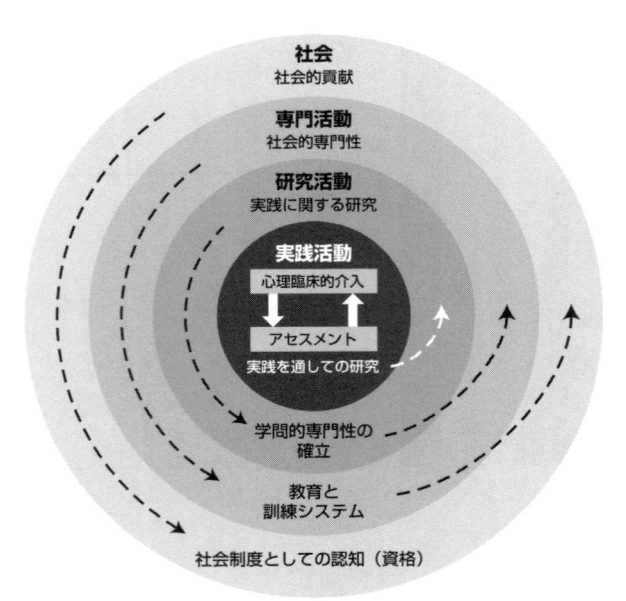

図表9-2 臨床心理学の専門性の構造

出典：下山晴彦・丹野義彦編『臨床心理学とは何か〈講座臨床心理学1〉』東京大学出版会、p.81、2001

いう長期間を要するものである。

　イギリスの臨床心理学では、認知行動療法を基本とする教育・訓練モデルを採用しており、イギリスの大学院のカリキュラムとしては、図表9-4のような例が示されている。

　これらの例のどれを見ても、臨床心理の専門家となるには、かなりの長期間の専門的学習と実習をしなければならないことがわかる。さらに、これらのコースを終了して「一人前の心理臨床家」として専門機関やクリニックで働くことになっても、さらにスーパービジョンを受け続けて、実践を通じて学習・研修を継続して、ケースから学ぶということの大切さを忘れてはならないのである。

図表9-3　アメリカの大学院博士課程における臨床心理学カリキュラム例

第1学年
秋学期：統計学／精神病理学／研究法／知能検査／多文化問題／修士論文研究
春学期：異常行動の生物的基礎／人格検査／面接法／心理学の歴史と体系／個人差研究／修士論文研究

第2学年
秋学期：心理検査／人格研究／多変量解析Ⅰ／臨床心理療法／臨床実習／修士論文研究
春学期：発達心理学／多変量解析Ⅱ／社会心理学／臨床神経心理学／臨床学習／修士論文研究

第3学年
秋学期：学習と記憶研究／人間と性／博士論文研究／臨床実習
春学期：専門性と倫理／選択科目／博士論文研究／臨床実践

第4学年
秋学期：選択科目／博士論文研究
春学期：選択科目／博士論文研究

第5学年
フルタイムの臨床インターンシップ

出典：下山晴彦・丹野義彦編『臨床心理学とは何か〈講座臨床心理学1〉』東京大学出版会、p.86、2001

図表9-4　イギリスの大学院の博士課程における臨床心理学カリキュラム例

第1学年
1学期：成人期の精神保健問題のための認知行動療法／民族・文化・性／生涯発達／臨床研究法1／専門活動に関する概論1
2学期：認知行動療法（連続－5週間）／倫理問題演習／システム論（5週間）／臨床研究法（連続－5週間）
3学期：児童の臨床1／知的障害の臨床1／臨床セミナー

第2学年
1学期：臨床セミナー／臨床研究法2／児童の臨床2／知的障害の臨床2／死の臨床コース
2学期：臨床セミナー／健康心理学／専門活動に関する概論2（連続）
3学期：臨床セミナー／老人の臨床／臨床神経心理学

第3学年
1学期：研究セミナー／嗜癖／心理学と法
2学期：臨床セミナー／グループワーク技能／実証に基づく介入
3学期：研究論文作

出典：下山晴彦・丹野義彦編『臨床心理学とは何か〈講座臨床心理学1〉』東京大学出版会、p.84、2001

2　記録とスーパービジョン

① 面接記録の意義

　臨床心理学的援助は、クライエントと援助者の間でなされる対話にその活動の中心がある。そこで適正な面接記録を残すことは援助活動の実際の中で重要な作業となる。
　第1に、面接記録は実際のケース運営上不可欠である。援助者はしっかり覚えているつもりでも、人間の記憶には制限がある。

前回の面接で出した宿題のことを忘れたり、前回の終了時点での約束を忘れるなどがあると、クライエントの信用を失うことになる。適切な時期に記録を読み返すことで、面接の展開がはじめの目標からずれて拡散していくことを防ぎ、援助のプロセス全体を統制することができる。記憶に頼っていては、面接の経過の中でどのような仮説が探索されたのか、すべてを正確に記憶しておくことは難しい。仮説を構築しなおさなければならないとき、適切な記録は新たな仮説を構築する糸口になる。

　2番目に、記録は職業的義務でもある。援助活動は援助者とクライエントの間のプライベートな行為ではなく、社会的に共有される専門的社会活動である。援助は社会的に認められた方法をとる必要があり、記録はそれを証明する手段になる。担当の援助者の不在時にクライエントに緊急事態が生じて、別の援助者が相談をしなければならない事態もあるかもしれない。また、他の機関へリファーしたり、援助者が交代する場合などにも、適切な記録があればその後の過程はスムーズにいくだろう。

　さらに、臨床心理学の発展は、実際の援助活動の記録があってはじめて成り立つ。事例記録を蓄積することは臨床心理学の発展に寄与することである。現在のクライエントに対する援助もこのような学問的蓄積にもとづいて行われているのであり、記録の蓄積はまわりまわってクライエント自身の利益となる。また、面接記録をもとにしたスーパービジョンや事例検討などは、援助者の技能を高め、サービスの質の向上につながる。

❷ 記録の内容ととり方、保管

　上記の意義に照らして、どこまでを記録するかというのは難しい問題である。記録には電話での会話なども含めて、クライエントとのすべての接触を記録しておくことが望ましい。治療過程のすべてに渡って記録をとる必要がある。面接場面でのやりとりの

内容だけでなく、その場面での行動も記述される。しかし実際の面接場面では、膨大なことが起きていて、すべてを記録することは現実的に不可能である。どのような情報が記録される必要があるのかはそれぞれの立場によって異なってくるが、この選択ができるようになることは、援助者としての成長でもある。

　記録内容は、客観的であることが重要である。解釈と事実とを混同しないよう記録しなければ、記録を見返したときに混乱してしまう。ただし事実を羅列するだけでは、適正な記録にならない。解釈や意見は、それが解釈や意見であることが明確にわかるように記録する。セッションごとの要約やその時点での見立てなども必要である。

　記録方法については、面接中に対話しながらメモをとる場合と、面接後に内容を思い返しながらメモをとる場合があるだろう。前者の場合では、情報量が豊富で正確になり、実際に話された内容に近いものを記録することができる。一方で、記録することに注意を奪われたり、記録されることをクライエントが意識してしまうというデメリットがある。後者の場合、面接中に対話に集中することができるが、一方で、情報が曖昧で主観的になりやすく、援助者が現在もっている地図だけに関連する記録になりやすい。情報の整理や治療的介入とその反応などのあるときには前者を中心とし、感情的な共感や支持が中心になっている場合には後者の方法によるなど、面接の中で場面場面で使い分けながら記録することになる。その他にも、クライエント自身に記入してもらう、録音や録画などで記録を残す、などの方法も考えられる。それぞれの方法にはメリット・デメリットがあるので、それらを考えた上で工夫して記録を残す。

　面接記録には守秘義務に関連する内容が含まれるので、施錠できる場所に保管する、記録にアクセスできるのはそのケースの関係者だけに限定するなど、管理には細心の注意が必要となる。このようなシステム上の配慮だけでなく、より実際的には、メモを机に置き忘れないなど、個人的なミスなどに対しても細心の注意

を払う必要がある。また、事例研究や事例検討などで面接記録を利用する場合にも、守秘義務の問題などに配慮が必要である。

３ スーパービジョン

　臨床心理学的援助は知識だけでは行えない。援助者には、対人関係を構築すること、ケースに対する有効な見立てを構築することも含めて、高度に専門的な技能の習得が必要とされる。援助技能は実地で磨く以外にない。各援助者は、手本を見ながら実習する、見立てや介入を他者から手直ししてもらうなどを通して習得する必要があり、これを行うのがスーパービジョン (supervision) である。優れた専門技術と指導能力をもち、師匠としての役割を果たす人をスーパーバイザー (supervisor)、指導を受ける人をスーパーバイジー (supervisee) とよぶ。

　実際のケース運営にあたっては、正解は存在しない。そのためともすれば援助者は、結果だけを基に独善的になることがある。スーパービジョンを受けることで、援助者は、自分の作った地図が適切であったのか、客観的な視点を得ることができる。援助者の立てた仮説自体を検討すること、別の仮説を提示されることで、見立てや介入の幅を増やすことができる。さらには援助プロセスにおいて、援助者の要因が持ち込まれなかったかを検討することなどを通して、援助者側の歪みを正し成長することが可能になる。

　援助者はケース運営に最大限の努力を傾けるが、必ずしも全てのケースがうまくいくとは限らない。ケースがうまくいかなかったからといって、援助者の努力のすべてが間違っていたり、取り消されるわけでもないが、このことで無用に落ち込んだりしやすい。他にも援助者は援助の過程でさまざまなストレスを抱えるが、スーパービジョンを受けることには、1人でストレスを抱えず、サポートをもらうという役割もある。

　スーパービジョンの形態には、個人スーパービジョンと集団

スーパービジョンなどがある。さらには、スーパーバイザー—スーパーバイジーという明確な指導関係はないが、同輩関係で事例検討を行うことやセルフ・スーパービジョンなども広義にはスーパービジョンであるといえる。スーパービジョンは援助者の成長にとって不可欠であり、援助者としての成長のそれぞれの過程でそれぞれの必要なスーパービジョンのあり方がある。

参考文献

1) Zaro, J. S. ほか著、森野礼一ほか訳『心理療法入門——初心者のためのガイド』誠信書房、1987
2) Huber, J. T. 著、林勝造訳『心理学と精神医学分野での報告書の書き方』ナカニシヤ出版、1981
3) 氏原寛ほか編『心理臨床大事典』培風館、1992

和文　事項さくいん

あ

- 愛着行動 … 130
- アサーション … 233
- アスペルガー障害 … 195
- アセスメント … 132
- アニマ … 36
- アニミズム … 128
- アニムス … 36
- アメリカ心理学会 … 3、105
- アルコール依存症 … 217
- アルツハイマー型痴呆 … 245
- 医学モデル … 38
- 移行対象 … 32
- 意識 … 26
- いじめ … 231
- 異常 … 8
- 異食症 … 210
- 依存症 … 217
- 依存性人格障害 … 117
- 一致 … 47、167
- イド … 26
- イメージ・トレーニング … 257
- 因子分析 … 113
- インフォームド・コンセント … 11、159
- 打ち消し … 28
- うつ病 … 224
- エス … 26
- エスノグラフィ … 173
- エディプス・コンプレックス … 20
- エナクトメント … 64
- 円環的認識論 … 60
- 演技性人格障害 … 116
- 横断的調査 … 185
- オペラント概念 … 24
- オペラント条件づけ … 40
- 音楽療法 … 94

か

- 絵画療法 … 91
- 解決焦点型アプローチ … 66
- 解釈 … 29
- 外的妥当性 … 176、182
- 回避性人格障害 … 117
- 快楽原則 … 26
- 解離性障害 … 104、198
- 科学者－実践家モデル … 268
- 学習原理 … 38
- 学習障害 … 231
- 覚醒剤依存 … 218
- 攪乱変数 … 181
- 影 … 36
- 過食症 … 210
- カスタマー・タイプの交流 … 67
- 家族 … 251
- 家族療法 … 62
- 課題画法 … 92
- カタルシス … 146
- 価値の条件 … 49
- 学校 … 230
- 家庭 … 251
- 家庭児童相談室 … 240
- 過程尺度 … 48
- 空椅子技法 … 52
- 環境閾値説 … 122
- 観察学習 … 43
- 関与しながらの観察 … 162
- 危機介入 … 234
- 記述的研究 … 184
- 基準妥当性 … 138
- 気づきトレーニング … 52
- 気分障害 … 198
- 虐待 … 201、251
- 脚本分析 … 57
- 急性ストレス反応 … 213
- 境界性人格障害 … 116
- 共感的理解 … 47、167
- 強迫性人格障害 … 117
- 恐怖症 … 105
- 拒食症 … 209
- 拒否 … 49
- 記録 … 270
- 禁断症状 … 217
- 緊張型 … 222
- クライエント … 6

クロルプロマジン	223
芸術療法	90
系統的脱感作	42、45
経絡	105
ケースカンファレンス	11
ケース・フォーミュレーション	161
ゲーム分析	57
ゲシュタルト療法	50
幻覚	221
元型	35
健康	188
言語連想検査	20、37
現実原則	26
現実検討能力障害	190
現象学的研究	173
検証可能性	177
5因子モデル	113
口愛期	29
行為障害	252
交感神経機能優位	83
抗精神病薬	194
向精神薬	216
構成的面接	140
構造分析	56
肯定的配慮を求める欲求	49
行動主義	23
合理情動行動療法	44
行動療法	7、38
広汎性発達障害	192
肛門期	29
合理化	28
交流パターン分析	57
交流分析	54
高齢者	243
国際疾病分類	189
心の理論	193、196
後催眠暗示	80
子育て支援	262
固着	28
古典的条件づけ	38
コホート法	185
コメディカルスタッフ	236
コンサルテーション	233、258、261
コンプレナント・タイプの交流	67

さ

催眠療法	79
作業療法	236
作業療法士	236
産業	246
自我	26
自我意識障害	221
自覚的障害単位	43
自我状態	55
自我心理学	31
自我の自律性	31
時間(期間)制限心理療法	65
自己	36
自己愛	33
自己愛性人格障害	116
自己意識	118
思考場療法	105
自己概念	49
自己管理訓練	43
自己健康管理プログラム	44
自殺	225
自助プログラム	44
システム・アプローチ	58
システム論的家族療法	7、63
自尊感情	263
疾患	188
実験グループ	179
実験計画	179
実現傾向	46
実験研究	178
実験的アプローチ	178
失見当識	219
実証的評価の重視	38
質的研究法	172
実念論	128
疾病	188
児童委員	240
児童虐待	201
児童相談所	240
児童福祉	240
自発的除反応	105
自閉性障害	193
社会生活技能訓練	194、223、236、238
社会的ひきこもり	205
社会福祉	239
自由画法	91

従属変数	179	スケーリング・クエスチョン	66
縦断的調査	185	スチューデント・アパシー	209
集中内観	76	ストレス対処スキル訓練	44
自由連想法	6、29	ストレス免疫法	257
主張性訓練	43	ストローク	56
受動的注意集中	84	スポーツ	255
守秘義務	272	性格検査	142
受容的音楽療法	95	性器期	29
受理会議	165	正常	8
準備状態	123	正常化	259
昇華	28	精神運動興奮（状態）	218
消去	40	精神交互作用	70
条件刺激	40	精神作業検査法	144
条件反応	40	精神疾患の分類と診断の手引き	190
小児期崩壊性障害	195	精神障害	190
情動ストレス・マネジメント法	257	精神障害者手帳	243
初回面接	163	精神病	189
自律訓練法	83	精神分析	16、25
事例研究	174	精神分析的心理療法	30
人格障害	115	精神分裂病	20、220
神経言語プログラミング	68	精神保健福祉士	236
神経性大食症	209	正の強化	40
神経性無食欲症	209	正の罰	41
進行麻痺	190	世代差分析	185
人工論	128	摂食障害	209
真実性	177	セラピスト	47
心身症	237	セルフトーク	257
身体障害者福祉手帳	242	セルフヘルププログラム	44
心的外傷	215	潜伏期	29
心的外傷後ストレス障害	213	せん妄（状態）	218
心的現実	34	相関的アプローチ	184
信頼性	137、176、177	相関的研究	184
心理学	2	双極性	224
心理学的タイプ論	34	相互作用説	122
心理教育	228	双生児研究	113
心理社会的発達課題	128	早発性痴呆	20、220
心理性的発達論	29、128		
心理テスト	140	**た**	
心理判定員	240	第1次予防	248
心療内科	237	退行	28
スーパーバイザー	273	第3次予防	249
スーパーバイジー	273	対象関係論	32
スーパービジョン	273	対照グループ	179
スキナーボックス	24	第2次予防	248
スクイッグル法	91	太母	36
スクールカウンセラー	12、231	対立分身対話法	52
スクリブル法	91		

項目	ページ
多重ベースライン計画	180
脱錯覚	32
妥当性	137、176
ダルク	219
単一事例研究計画	179
単極性	224
短期療法	7、65
男根期	29
断酒会	219
地域臨床	258
知性化	28
チック障害	199
知能検査	142
知能指数	142
痴呆性高齢者	244
注意欠陥・多動性障害	196
調査研究	184
超自我	26
調整的応答	182
直面化	30
治療	148
治療契約	153、166
治療構造	152、166
治療チーム	64
治療の終結	169
治療の中断	170
ツボ	105
ティーチング・マシン	24
デイケア	236
抵抗	29
定性的アプローチ	172
定量的アプローチ	172、178
テスト・バッテリー	141、236
転移	30
電気ショック療法	227
同一化	28
投影	28
投影法	143
統合失調症	74、220
洞察	30
同質の原理	95
統制グループ	179
動物磁気技法	5
ドーパミン	193
特性論	112
独立変数	179
ドメスティック・バイオレンス	251
トラウマ	215
取り入れ	28

な

項目	ページ
内観療法	74
内的恒常性	138
内的対象	32
内的妥当性	176、181
内容的妥当性	138
ナルシシズム	33
二重拘束理論	62
日常内観	78
乳幼児健康診査	260
乳幼児突然死症候群	204
人間性心理学	7
認知	257
認知行動療法	43
ネグレクト	202、252
寝たきり高齢者	244
能動的音楽療法	95
ノーマライゼーション	259

は

項目	ページ
パーソナリティ	48、110
バーンアウト	256
バウムテスト	92
破瓜型	222
箱庭療法	96
発達	118
発達課題	126
発達検査	141
発達段階	124
発達の原理	119
パニック障害	104
半構造化面接	176
反社会性人格障害	116
反芻	210
反動形成	28
ピアサポート	233
ひきこもり	205
非構成的面接	140
ヒステリー	18
ビッグ・ファイブ	113
否認	28
秘密保持	12

病院	235
病気	188
病識欠如	190
病態水準	236
標榜科	237
不安階層表	42
風景構成法	92
フェルトセンス	98
フォーカシング	98
フォローアップ期間	169
副交感神経機能優位	83
福祉	239
福祉事務所	240
不登校	230
負の強化	40
負の罰	41
普遍的無意識	35
ブリーフセラピー	65
プレイセラピー	86
プログレッシブ・リラクセーション	257
分析心理学	33
分裂病型人格障害	115
分裂病質人格障害	115
ベースライン	180
ペルソナ	36
変性意識状態	80
保育士	241
防衛機制	26
暴力行為	231
ホーソン効果	182
保健師	260
保健所	240

ま

未完遂ワーク	52
ミュージック・セラピー	95
ミュンヒハウゼン症候群	201
ミラクル・クエスチョン	66
ミラノ派	65
民族誌	173
無意識	26
無条件刺激	39
無条件の肯定的な配慮	47、167
無条件反応	39
明確化	30
メスメリズム	5

メランコリー親和性	225
面接記録	270
メンタル・スキル・トレーニング	257
妄想	221、226
妄想型	222
妄想性人格障害	115
森田療法	69

や

薬物依存症	218
役割演技法	52
有機溶剤依存	219
遊戯療法	86
夢の解釈	21
夢のワーク	52
幼児性欲	28
抑圧	26、28

ら

来談者中心療法	46、99、167
ライティング法	107
ラポート	140
力動的心理療法	30
リソース	81
リビドー	21、28
リファー	165
リフレイミング	160
量的研究法	172、178
リラクセーション訓練	41
リラクセーション反応	41
臨床	2
臨床家の倫理	10
類型論	110
レット障害	194
レディネス	123
老賢者	36
論理療法	44

わ

歪曲	49
ワンショット調査	185

欧文 事項さくいん

A

AA	219
A-B-A-B計画	180
actualizing tendency	46
ADHD	196
alcohol dependence	217
Alcoholics Anonymous	219
analytical psychology	33
anima	36
animism	128
animus	36
anorexia nervosa	209
antipsychotics	194
antisocial personality disorder	116
APA	3、105
archetype	35
art therapy	91
artificialism	128
ASKコンセプト	266
Asperger's disorder	195
assertion	233
assertiveness training	43
assessment	132
AT	83
attention-deficit/hyperactivity disorder	196
autogenic training	83
autistic disorder	193
avoidant personality disorder	117
awareness training	52

B

Baumtest	92
behavior therapy	38
behaviorism	23
BFTC	65、66
borderline personality disorder	116
Brief Family Therapy Center	65、66
brief therapy	65
bulimia nervosa	209
burnout	256

C

case conference	11
case fomulation	161
catharsis	146
childhood disintegrative disorder	195
clarification	30
client	6
client-centered therapy	46
CMI	237
cognitive behavior therapy	43
collective unconscious	35
condition of worth	49
conditioned response	40
conditioned stimulus	40
conduct disorder	252
confrontation	30
congruence	47
consciousness	26
consultation	233
Cornell Medical Index	237
CR	40
crisis intervention	234
CS	40

D

DARC	219
defence mechanism	26
delirium	218
delusion	221
denial	28、49
dependent personality disorder	117
dependent variable	179
depression	224
development	118
developmental stage	124
developmental task	126
developmental test	141
disillusion	32
disorientation	219
dissociative disorder	198
distortion	49

domestic violence ······················ 251
dopamine ································· 193
dream work ······························· 52
Drug Addiction Rehabilitation Center
·· 219
DSM-Ⅳ-TR ······························ 190

E

ego ··· 26
ego autonomy ···························· 31
ego psychology ························· 31
EMDR ·· 103
empathic understanding ··········· 47
empty chair technique ··············· 52
enactment ································· 64
es ··· 26
ethnography ····························· 173
external validity ······················· 176
extinction ··································· 40
eye movement desensitization
reprocessing ··························· 103

F

family therapy ···························· 62
feltsence ···································· 98
fixation ······································ 28
focusing ····································· 98
free association ························· 29

G

game analysis ··························· 57
general paresis ························ 190
Gestalt therapy ························· 50
great mother ····························· 36

H

hallucination ···························· 221
histrionic personality disorder ········· 116
HTPテスト ··································· 92
humanistic psychology ················ 7
hypnotherapy ···························· 79
hysteria ······································ 18

I

ICD-10 ···································· 189
id ··· 26
identification ······························ 28
identified patient ······················· 60
independent variable ·············· 179
infantile sexuality ······················ 28
informed consent ······················ 11
insight ·· 30
intellectualization ······················ 28
intelligence quotient ··············· 142
intelligence test ······················· 142
internal object ··························· 32
internal validity ························ 176
International Classification of Diseases
·· 189
interpretation ···························· 29
introjection ································ 28
IP ··· 60
IQ ··· 142

L

LD ·· 231
learning disorder ····················· 231
libido ··· 21

M

melancholic type ····················· 225
mental disorder ······················· 190
Mental Research Institute ········ 63
modeling ··································· 43
mood disorder ························· 198
MRI ··· 63
Munchausen syndorome ······· 201

N

narcissistic personality disorder ········ 116
negative punishment ················ 41
negative reinforcement ············ 40
neglect ···································· 252
neurolinguistic programing ······ 68
normalization ·························· 259

O

- object relations theory ········ 32
- obsessive-compulsive personality disorder ········ 117
- Oedipus complex ········ 20
- operant conditioning ········ 40

P

- painting therapy ········ 91
- panic disorder ········ 104
- paranoid personality disorder ········ 115
- peer support ········ 233
- persona ········ 36
- personality disorder ········ 115
- personality test ········ 142
- pervasive developmental disorder ········ 192
- phobia ········ 105
- pica ········ 210
- play therapy ········ 86
- pleasure principle ········ 26
- positive punishment ········ 41
- positive reinforcement ········ 40
- posttraumatic stress disorder ········ 213
- process scale ········ 48
- progressive relaxation ········ 257
- projection ········ 28
- projective technique ········ 143
- PSD ········ 237
- psychic reality ········ 34
- psychoanalysis ········ 16
- psychoeducation ········ 228
- psychology ········ 2
- psychomotor excitement ········ 218
- psychosis ········ 189
- psychosomatic disease ········ 237
- PTSD ········ 104, 213

Q

- QOL ········ 174
- quality of life ········ 174

R

- rapport ········ 140
- rational emotive behavior therapy ········ 44
- rationalization ········ 28
- reaction formation ········ 28
- readiness ········ 123
- realism ········ 128
- reality principle ········ 26
- REBT ········ 44
- refer ········ 166
- reframing ········ 160
- regression ········ 28
- relaxation training ········ 41
- reliability ········ 137
- repression ········ 28
- resistance ········ 29
- resource ········ 81
- respondent conditioning ········ 38
- Rett's disorder ········ 194
- role playing ········ 52
- rumination ········ 210

S

- sandplay therapy ········ 96
- schizoid personality disorder ········ 115
- schizophrenie ········ 220
- schizotypal personality disorder ········ 115
- scientist-practitioner model ········ 268
- scribble method ········ 91
- script analysis ········ 57
- self ········ 36
- self-concept ········ 49
- self-esteem ········ 263
- self-talk ········ 257
- shadow ········ 36
- SIDS ········ 204
- social skills training ········ 223, 238
- squiggle method ········ 91
- SST ········ 194, 223, 236, 238
- stroke ········ 56
- structural analysis ········ 56
- structure of psychotherapy ········ 152
- student apathy ········ 209
- sublimation ········ 28
- sudden infant death syndrome ········ 204
- SUDs ········ 43
- super-ego ········ 26
- supervisee ········ 273

supervision	273
supervisor	273
system approach	59
systematic desensitization	42、45
systematic family therapy	7

T

TA	54
test battery	141
TFT	105
therapeutic contract	166
therapist	47
thought field therapy	105
tic disorder	199
time-limited psychotherapy	65
topdog/underdog	52
transactional analysis	54、57
transference	29
transitional object	32
trauma	215
typology	111

U

UCR	39
UCS	39
unconditional positive regard	47
unconsciousness	26
undoing	28
unfinished work	52

V

validity	137

W

wise old man	36
writing method	107

欧文事項さくいん

人名さくいん

あ

- アイゼンク（Eysench, H. J.） …… 38、113
- アスペルガー（Asperger, H.） …………… 195
- アッカーマン（Ackerman, N.） …………… 62
- アドラー（Adler, A.） ………………… 6、19
- アリストテレス（Aristotle） ………………… 5
- アルチュラー（Altschuler, I. M.） ………… 95
- アンナ, O. ………………………………… 18
- アンナ・フロイト（Freud, A.） …………… 31
- ウィークランド（Weakland, J. H.） ……… 66
- ウィットマー（Witmer, L.） ……………… 2、6
- ウィニコット（Winnicott, D. W.） …… 32、91
- ウォルピ（Wolpe, J.） …………………… 41
- 氏原寛 …………………………………… 133
- ヴント（Wundt, W.） ……………………… 2、6
- エリクソン（Erikson, E. H.） ……… 18、128
- エリクソン（Erikson, M.） ………………… 66
- エリス（Ellis, A.） ………………………… 44
- オルポート（Allport, G. W.） …………… 112

か

- カナー（Kanner, L.） …………………… 193
- 金沢吉展 …………………………………… 10
- カプラン（Caplan, G.） ………………… 247
- カルフ（Kalff, D.） ……………………… 96
- 河合隼雄 …………………………………… 96
- キャッテル（Cattell, R. B.） …………… 113
- キャラハン（Callahan, R.） …………… 105
- ギルフォード（Guilford, J. P.） ………… 113
- クライン（Klein, M.） …………………… 32
- グリュンバルト（Grünwaldt, M.） ……… 97
- クレッチマー（Kretschmer, E.） …… 111、225
- クレペリン（Kraepelin, E.） …………… 189
- ゲゼル（Gesell, A. L.） ………………… 123
- コーネル（Cornell, A. W.） …………… 100
- コッホ（Koch, K.） ……………………… 92
- コフート（Kohut, H.） …………………… 18

さ

- 佐藤忠司 …………………………………… 11
- サリバン（Sullivan, H. S.） …………… 18、162
- シェルドン（Sheldon, C.） ……………… 111
- ジェンセン（Jensen, A. R.） …………… 122
- ジェンドリン（Gendlin, E. T.） …………… 98
- 下田光造 ………………………………… 225
- 下山晴彦 ………………………………… 268
- シモン（Simon, T.） …………………… 142
- ジャコブソン（Jacobson, E.） …………… 41
- シャピロ（Shapiro, F.） ………………… 103
- シャルコー（Charcot, J. M.） …………… 5、6
- シュテルン（Stern, W.） ……………… 123
- シュプランガー（Spranger, E.） ……… 111
- シュルツ（Shultz, J. H.） ……………… 83
- スキナー（Skinner, B. F.） ……………… 23
- スキャモン（Scammon, R. E.） ………… 122
- ソーンダイク（Thorndike, E. L.） ……… 24

た

- 鑪幹八郎 ……………………………………… 3
- テレンバッハ（Tellenbach, H.） ……… 225
- ド・シェイザー（de Shazer, S） ………… 66

な

- ナウンバーグ（Naunburg, M.） ………… 91
- 中井久夫 ………………………………… 92
- 成瀬悟策 ………………………………… 80
- 野田俊作 ………………………………… 19

は

- パールズ（Perls, F. F.） ………………… 50
- パールズ（Perls, L. P.） ………………… 50
- ハーロック（Hurlock, E. B.） …………… 119
- バーン（Berne, E.） ……………………… 54
- ハヴィガースト（Havighurst, R. J.） …… 126
- バック（Buck, J. N.） …………………… 94
- パブロフ（Pavlov, I. P.） ………………… 39
- ハルトマン（Hartmann, H.） …………… 18
- バンデューラ（Bandura, A.） …………… 44
- ピアジェ（Piaget, J.） …………………… 126
- ヒーリー（Healy, W.） …………………… 6

ビネー（Binet, A.）............ 142
ピネル（Pinel, P.）............ 5
ヒポクラテス（Hipocrates）............ 5
ヒル（Hill, A.）............ 91
フーコー（Foucault, M.）............ 133
フォークト（Vogt, O.）............ 83
福島章............ 16
フレデリック・パールズ（Perls, F. F.）...... 50
ブロイアー（Breuer, J.）............ 6
フロイト（Freud, S.）............ 5、6、25、128
ブロイラー（Bleuler, E.）............ 220
フロム（Fromm, E.）............ 18
ベイトソン（Bateson, G.）............ 62、66
ヘイリー（Haley, J.）............ 63、66
ベック（Beck, A. T.）............ 44
ペネベーカー（Pennebaker, J. W.）...... 107
ベルタランフィ（Bertalanffy, L. von）...... 58
ボーエン（Bowen, M.）............ 62
ホーネイ（Horney, K.）............ 18

ま

マイケンバウム（Meichenbaum, D.）
.... 44、257
マズロー（Maslow, A. H.）............ 7
マン（Mann, J.）............ 65
ミード（Mead, M.）............ 9
ミラー（Miller, J. G.）............ 59
村瀬孝雄............ 99
メスメル（Mesmer, F. A.）............ 5
森田正馬............ 69

や

ヤスパース（Jaspers, K.）............ 133
ユング（Jung, C. G.）............ 6、20、33、111
吉本伊信............ 76

ら

ライヒ（Reich, W.）............ 18
ラザラス（Lazarus, A. A.）............ 38
ランク（Rank, O.）............ 18、22
ランゲ-アイヒバウム（Lange-Eichbaum, W.）
.... 9
ローラ・パールズ（Perls, L. P.）............ 50
ロールシャッハ（Rorschach, H.）............ 143

ロジャーズ（Rogers, C. R.）...... 7、22、46、99

わ

ワトソン（Watson, J. B.）............ 40、123

監修者

杉原一昭　（元・東京成徳大学教授・心理学研究科長）

編集者

渡邉映子　（東京福祉大学大学院社会福祉学研究科教授）
勝倉孝治　（東京成徳大学人文学部教授）

執筆者（五十音順）

石﨑一記	（東京成徳大学人文学部教授）	3章2
市村操一	（東京成徳大学人文学部教授）	8章6
井上忠典	（高知大学教育学部助教授）	2章2
大塚裕子	（東京成徳大学大学院）	コラム3
岡田　明	（東京成徳大学教授・人文学部長）	2章12
勝倉孝治	（前掲）	2章5
鎌田大輔	（東京成徳大学大学院）	コラム8, 9
神村栄一	（新潟大学教育人間科学部助教授）	5章3
倉本英彦	（北の丸クリニック所長）	7章5, 6
黒沢幸子	（目白大学人間社会学部助教授）	8章1
小林厚子	（東京成徳大学人文学部教授）	2章7／4章3
小林卓也	（東京成徳大学大学院）	コラム1
斎藤義浩	（東京成徳大学人文学部助教授）	2章14／8章2
佐藤　純	（筑波大学心理学系講師）	2章15
佐藤至英	（北海道浅井学園大学人間福祉学部教授）	6章1, 2
敷野文子	（東京成徳大学大学院）	コラム4
白石智子	（磯ヶ谷病院医師）	7章8, 9, 10
鈴木克明	（秀明大学総合経営学部特任教授）	8章3／コラム10
徳田英次	（東京成徳大学人文学部講師）	2章13／5章1, 2, 4／9章2
永田陽子	（東村山市幼児相談室臨床心理士）	8章7
長畑正道	（東京成徳大学人文学部教授）	7章1, 2
西出隆紀	（愛知淑徳大学コミュニケーション学部助教授）	2章8, 9, 10
根津克己	（東京成徳大学人文学部助手）	8章4／コラム6
深谷和子	（東京成徳大学人文学部教授）	8章5
藤生英行	（上越教育大学心理臨床講座助教授）	2章4
藤本昌樹	（東京成徳大学人文学部助手）	2章18
堀江姿帆	（青山心理臨床教育センター心理士）	2章17
前田茂則	（帝京平成短期大学福祉学科教授）	2章6

牧野由美子	(聖徳大学人文学部助教授)	2章19
水野治久	(東京成徳大学心理学研究科助教授)	1章4
南　哲二	(ひがメンタルクリニック臨床心理スタッフ)	2章11
宮本信也	(筑波大学心身障害学系教授)	7章3, 4, 7
森　俊之	(仁愛女子短期大学幼児教育学科助教授)	3章1
山脇恵子	(山下医院カウンセラー)	コラム5
幸　郷子	(東京成徳大学大学院)	コラム7
渡邉映子	(前掲)　1章1, 2, 3／2章1, 3, 16／4章1, 2／8章3／9章1／コラム2	

監修者・編集者紹介

〈監修者〉
杉原一昭（すぎはら・かずあき）
1966年、東京教育大学大学院教育心理学専攻博士課程修了。
横浜国立大学教育学部助教授、筑波大学心理学系教授などを経て、東京成徳大学教授・心理学研究科長ならびに筑波大学名誉教授。教育学博士。
著書に、『事例で学ぶ教育心理学』『事例発達臨床心理学事典』(以上、福村出版)、『危機を生きる』(ナカニシヤ出版)、『今、子どもが壊されている』『子ども破壊』(以上、立風書房)、『新しい遊戯療法』(日本文化科学社)、『論理的思考の発達過程』『生きる力を育てる』(以上、田研出版)、『現代しつけ考』(日本経済新聞社)、『発達臨床心理学の最前線』(教育出版)、『事例でみる発達と臨床』(北大路書房)などがある。

〈編集者〉
渡邉映子（わたなべ・えいこ）
東京文理科大学(現・筑波大学)心理学科卒業。1958年、同大学研究科修了。
桐花学園長、國分学園長、千葉県袖ヶ浦福祉センター養育園長・治療教育室長(1973～)、Mt. Hood Community College(U.S.A.)教師(1989～)、東京成徳大学人文学部臨床心理学科教授(1993～)などを経て、東京福祉大学大学院社会福祉学研究科臨床心理学専攻教授(2005～)となり、現在に至る。
著書に、『福祉心理学』『内観療法』(以上、ブレーン出版)などがある。

〈編集者〉
勝倉孝治（かつくら・たかはる）
1970年、立教大学文学部心理学科卒業。1973年、立教大学大学院心理学専攻修士課程修了。1977年、東京教育大学大学院教育心理学専攻博士課程修了。
東京教育大学教育学部助手(1977～)、筑波大学心理学系講師(1979～)、上越教育大学学校教育学部助教授(1983～)などを経て、東京成徳大学人文学部臨床心理学科教授(1991～)となり、現在に至る。
著書に、『臨床心理学からみた生徒指導・教育相談』(ブレーン出版)などがある。

関係図書のご案内

生活にいかすカウンセリング心理学
思いこみをなくせば生き方が変わる
●國分康孝=著

「いやなやつ」と平気でつきあう法、「生きる意味」の見つけ方、「居場所」をうまく探す…恋人へ、妻・夫・子へ、上司・部下へ、「こころが疲れて重くなった」と思ったとき、カウンセリング心理学の第一人者が丁寧にあなたに語ります。
■定価1,890円

Q&Aと事例で読む
親と教師のためのLD相談室
●山口薫=編著

LD（学習障害）を中核とした軽度発達障害の子どもや、特別支援教育について、親と現場教師が抱える不安や疑問にQ&A方式で明確に答える。全国の小・中学校における先進的な事例も収載！ 親・教育関係者必読の一冊!!
■定価2,310円

高機能自閉症・アスペルガー症候群
「その子らしさ」を生かす子育て
●吉田友子=著

「がまんすることはどうやって教えるの？」「コミュニケーションの意欲をひきだすには？」そんな高機能自閉症・アスペルガー症候群の子をもつご両親の悩みに答える待望の育児ガイド。「その子らしさ」を生かしながら発達をサポートするヒント満載。
■定価1,890円

依存症（アディクション）
35人の物語
●なだいなだ、吉岡隆、徳永雅子=編集

アルコール／薬物／たばこ／食べ物／ギャンブル／クレジットカード／仕事／性／感情／暴力／児童虐待／アダルトチャイルド……。嗜癖に悩む本人と家族が、強迫的に執着していた日々と回復までの険しい道程を語る驚愕の体験談集。
■定価1,890円

高齢者の心理がわかるQ&A
ほんとうの高齢者を知るための、66の疑問
●井上勝也=監修

「年をとると知的機能は低下する」「高齢者は詐欺に引っかかりやすい」「高齢者は早くお迎えが来てほしいと思っている」……etc。これホント？ 高齢者の心理・行動にまつわる誤解とステレオタイプをとく、面白くて、タメになって、よくわかるガイドブック。
■定価1,890円

高齢者のための心理療法入門
成熟とチャレンジの老年期を援助する
●ボブ・G・ナイト=著
●長田久雄=監訳／藤田陽子=訳

悲嘆、回顧、うつ、痴呆、家族関係……etc。さまざまな課題をかかえる高齢者に対する心理療法（サイコセラピー）について、その理論と実際をわかりやすく解説。臨床心理士やカウンセラーのみならず、高齢者ケアにかかわるすべての専門職に。
■定価3,360円

高齢者の「こころ」事典
●日本老年行動科学会=監修

高齢者にみられる機能や能力、変化、生活、行動、嗜好の他、それらを取り巻く社会や現象、意識、さらには介護や心理療法等について、キーワードとなる語を幅広く拾い集め解説する。本邦初の高齢者の心理・社会事典。
■定価4,200円

痴呆の心理学入門
痴呆性高齢者を理解するためのガイドブック
●エドガー・ミラー、ロビン・モリス=著
●佐藤眞一=訳

本書は、痴呆に関する現在までの心理学的な知見を展望し、痴呆の心理学的特徴から、アセスメントやマネジメントを含む臨床上の問題などについて解説している。原書にない注や用語解説を加え、一般読者の理解にも配慮した一冊。
■定価3,150円

（表示価格には消費税が含まれています。）

はじめて学ぶ人の臨床心理学

2003年 4 月 20 日　第 1 刷発行
2020年11月 27 日　第18刷発行

監　修……………杉原一昭（すぎはらかずあき）

編　集……………渡邉映子（わたなべえいこ）・勝倉孝治（かつくらたかはる）

発行者……………荘村明彦

発行所……………中央法規出版株式会社
　　　　　　　　〒110-0016　東京都台東区台東3-29-1　中央法規ビル
　　　　　　　　営　　業　TEL 03-3834-5817　FAX 03-3837-8037
　　　　　　　　取次・書店担当　TEL 03-3834-5815　FAX 03-3837-8035
　　　　　　　　http://www.chuohoki.co.jp/

装　幀……………齋藤視倭子

カバーオブジェ・イラスト…………横田由紀夫

本文デザイン…………株式会社ジャパンマテリアル

印刷・製本……………株式会社太洋社

本書のコピー、スキャン、デジタル化等の無断複製は、著作権法上での例外を除き禁じられています。また、本書を代行業者等の第三者に依頼してコピー、スキャン、デジタル化することは、たとえ個人や家庭内での利用であっても著作権法違反です。

定価はカバーに表示してあります。

ISBN978-4-8058-2347-7

落丁本・乱丁本はお取替えいたします。
本書に関するご意見・ご感想をメールでお寄せいただく場合は、
reader@chuohoki.co.jpまでお願いいたします。